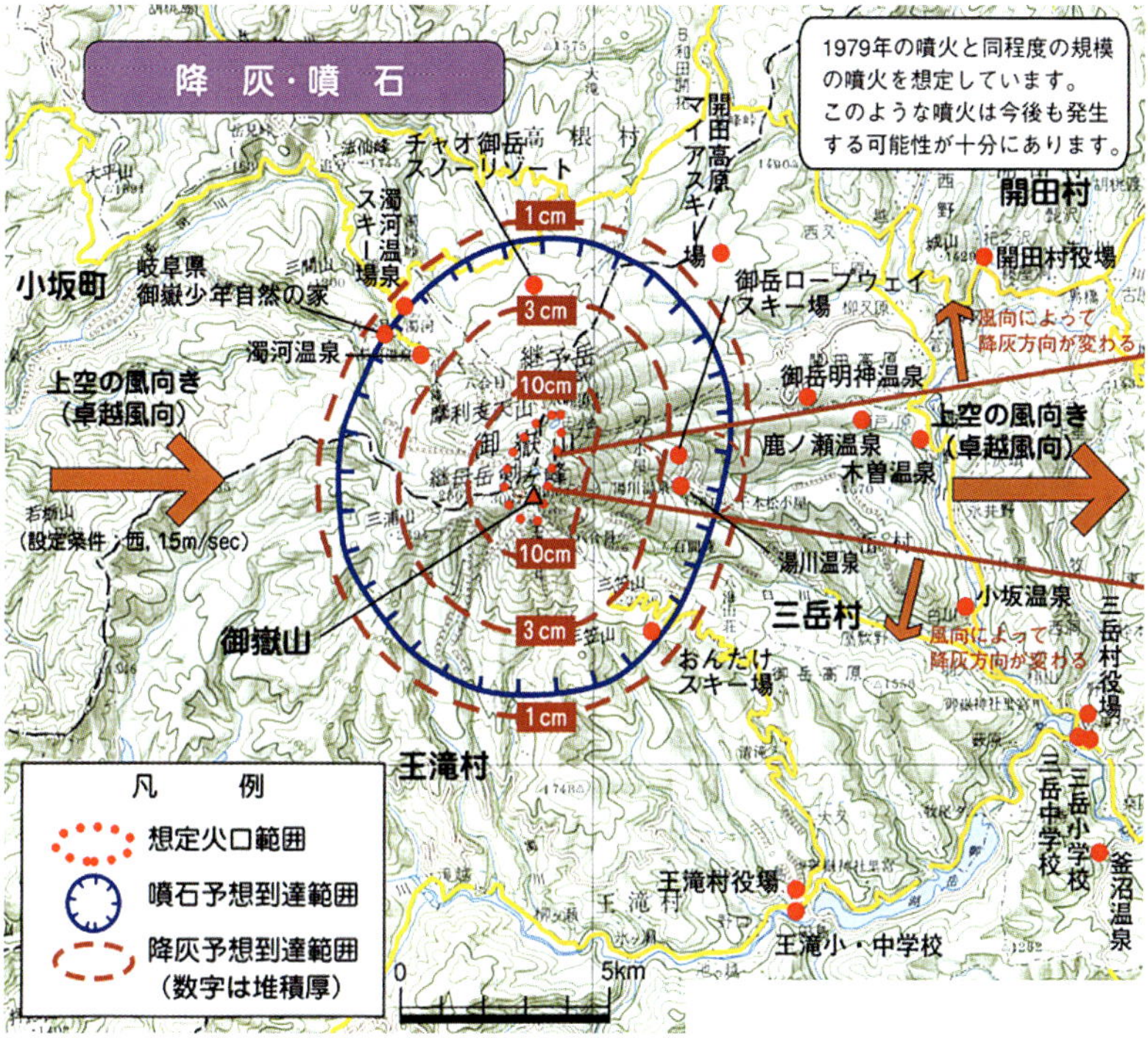

口絵 1　小規模噴火（水蒸気爆発を想定した）御嶽山火山防災マップ（2002 年木曽町（旧開田村・三岳村），王滝村，長野県発行）（出典：http://vivaweb2.bosai.go.jp/v-hazard/L_read/53ontakesan/53ontake_2h03-L.pdf）．p. 119 参照．

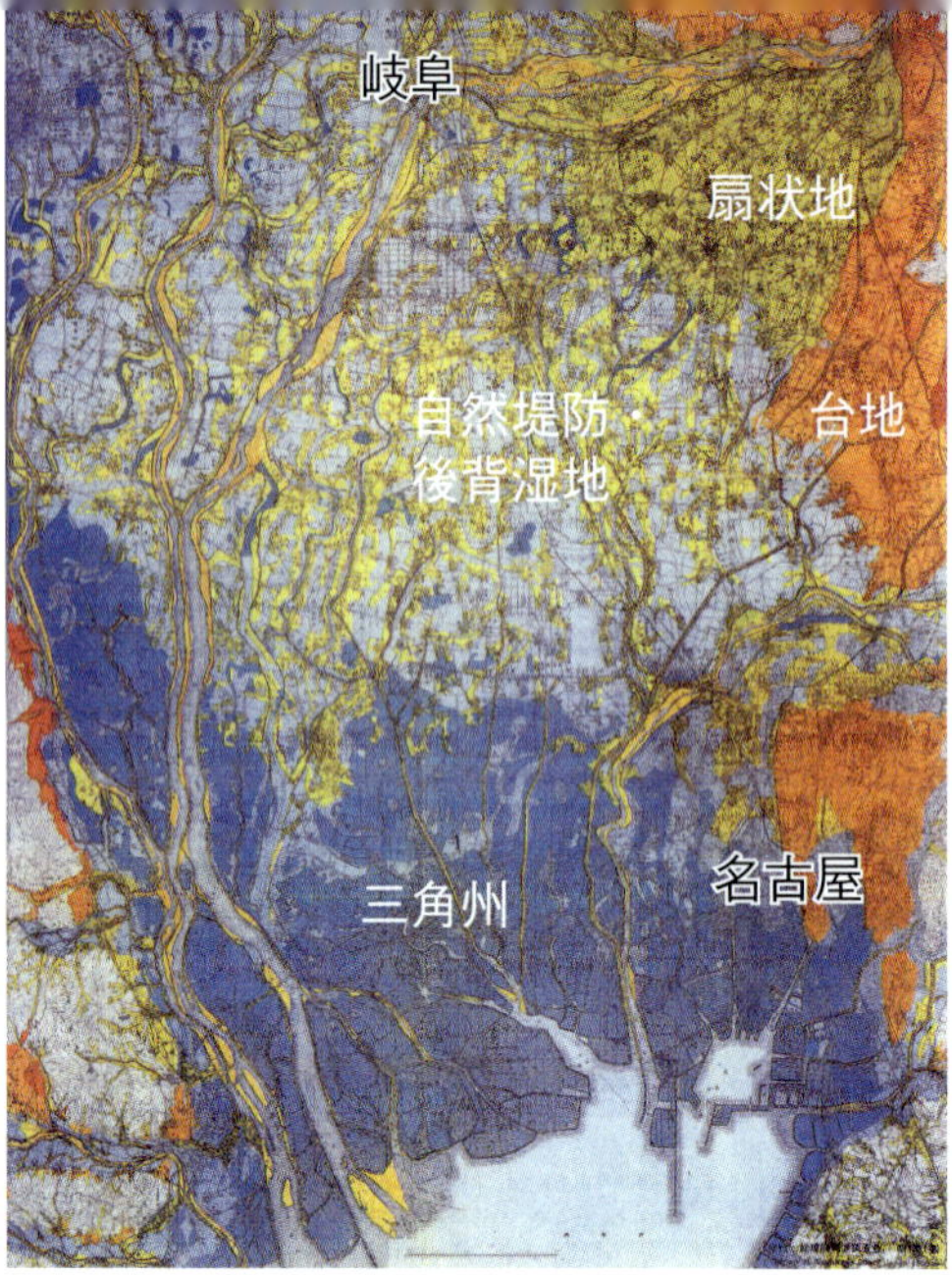

口絵 **2**　濃尾平野水害地形分類図(大矢雅彦による). p. 77 参照.

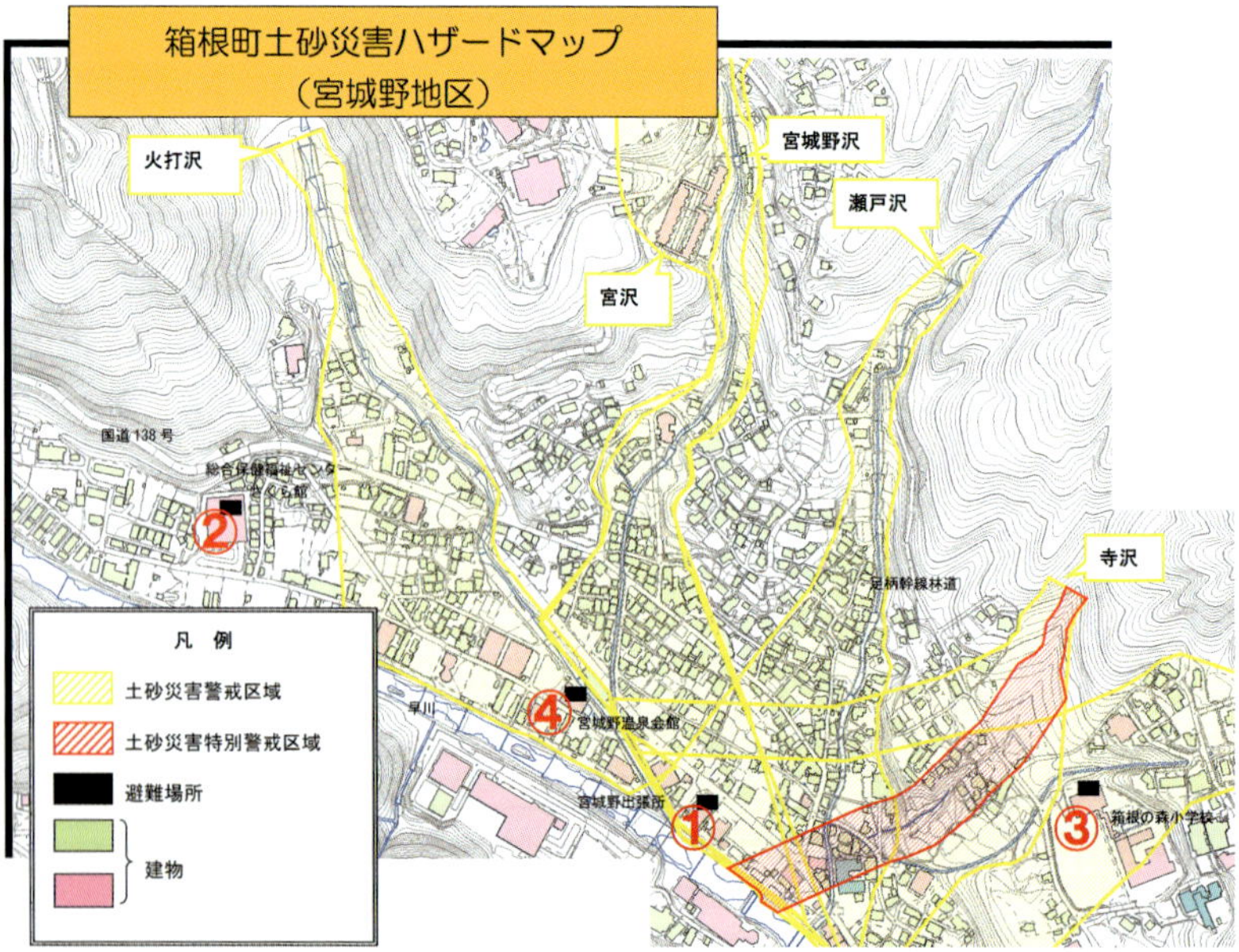

口絵 **3**　箱根町土砂災害ハザードマップ(宮城野地区). p. 96 参照.

防災・減災につなげる
ハザードマップの活かし方

防災・減災につなげる

ハザードマップの活かし方

鈴木康弘 編

岩波書店

はじめに

「天災は忘れた頃にやってくる」という言葉は、人間が災害を忘れやすいということを戒めているだけではありません。災害はそもそも起こるべき場所で繰り返し起きるのに、人間にはそのことがなかなか理解できないという意味合いが含まれているように思います。災害に遭うと、「長年ここに住んでいるが、こんな災害が起こるとは思っていなかった……」と言いがちですが、それは人間と自然の時計が違うために起きる「錯覚」であることが多いのです。

災害が起こる場所を教えてくれるのがハザードマップです。それは本来、人間の「英知」と防災の「願い」が込められた重要なものとも言えるでしょう。しかし、ひとたび予測が外れると、ハザードマップへの不信感が一挙に広がります。また、危ないと指摘されなかった地域の人が油断しがちです。ハザードマップを過信するとかえって逆効果になりかねず、見る人の気持ち次第で「功罪」が大きいとも言えましょう。

しかし、現状のハザードマップは、その功罪を慎重に検討しないまま、行政の都合で性急に作られることも多く、誤解を招きやすくなっています。作る側の意図がわかりにくく、住民が戸惑うことも多いようです。また、地震・水害・土砂災害・火山・津波など、災害の種類に応じて別々のハザードマップが作られ、さらに洪水については河川ごとに作られるなど、あまりにたくさんのハザードマップがあふれて混乱が生じています。

災害の起こりやすさは人々の暮らし方にも左右されます。自然に畏れを抱いて慎重に暮らしていた時代に比べて、現代社会の方が災害に対してかえって弱くなっているかもしれません。また火山や活断層との位置関係や、地形や地盤条件にも大きく左右されますから、住んでいる場所の地理的条件には注意を払うことが重要です。

私たち地理学者は長年こうした地理的条件や災害史を調べ、その結果をまとめた地図を作り、これに親しんできました。最近、自治体等が市民に配っているもの以外にも、災害をイメージできる地図には様々なものがあるのです。そしてそこから多くの情報を読み取ることができるのですが、残念ながらそのことはあまり知られていないかもしれません。

今日のハザードマップには問題もありますが、それでも、災害に対してどこが危険かを知るための唯一の情報源です。いわば「伝家の宝刀」とも呼ぶべきものなので、できるだけ丁寧に扱いたいと思います。

本書はこのような思いから、防災・減災に向けて今あるものを正しく理解し、様々な地図情報とあわせて、できるだけ有効に活用する方法を考えてみたいと思います。なお、本書で紹介する写真や図については、ハザードマップに関する関連情報とともに以下のサイトでも紹介しています。http://danso.env.nagoya-u.ac.jp/disaster_geography/

鈴木康弘

目　次

はじめに

第1章　ハザードマップをめぐる状況 …… 1
1　東日本大震災が投じた一石 …… 1
2　何がハザードマップをわかりにくくさせているか …… 6
3　ハザードマップ不要論があるとすれば …… 10
4　ハザードマップを活かすために …… 14

第2章　そもそもハザードマップとは何か …… 19
1　ハザードマップの定義を再考する …… 19
2　地理学と自然災害 …… 23
3　ハザードマップを支える基礎的な地理空間情報 …… 30
4　防災行政の取り組み …… 38

第3章　ハザードマップからわかること、わからないこと……47
1　津波ハザードマップ――津波来襲をイメージする……47
2　水害とハザードマップ――身近な地形からイメージする……72
3　土砂災害とハザードマップ――祖先からの言い伝えに学ぶ……91
4　火山ハザードマップ――火山の個性や様々な噴火を想定する……110
5　活断層地図と地震ハザードマップ
――地震被害のイメージを高める……130
6　液状化ハザードマップ――土地の成り立ちから予測する……156
第4章　わかりやすく役に立つハザードマップを目指して……167
1　ハザードマップは誰が誰のために作るべきなのか……167
2　地域住民の様々な実態に配慮したハザードマップ……178
3　学校でハザードマップを教える……196
4　3DグラフィクスやGISを活用する……207
おわりに……229
参考文献……233
執筆者一覧

コラム

公的地図と民間地図、標高、地形分類図、ボーリングデータ　35
ハザードマップ作成マニュアルの実際　42
津波（TSUNAMI）という災害　69
津波のシミュレーションは向上するのか　71
土砂災害の原因　95
山麓部の宅地開発と土砂災害――広島豪雨災害の教訓　99
宅地造成地における地盤災害とハザードマップ　106
噴火の際に「降下」する火山性物質、噴火に伴う「ながれ」　112
２０１３年台風第26号による伊豆大島土砂災害
――盲点となった土砂災害とハザードマップ　127
マグニチュード（M）と震度　135
活断層とは何か？　137
活断層近傍における土地利用規制の例　152
２０１４年長野県神城断層地震と活断層地図　153
メッシュによる評価の問題点　164
外国人向けハザードマップ　194
基盤地図情報（数値標高モデル）　217

第1章　ハザードマップをめぐる状況

1　東日本大震災が投じた一石

「想定外」の衝撃

ハザードマップは一般に「災害予測地図」あるいは「防災地図」と訳され、起こりえる災害を予め知らせることと、被害を防ぐために何をするべきかを伝えることのふたつの機能を持っています。そのハザードマップが我が国で盛んに作られるようになったのは、1995年の阪神・淡路大震災がきっかけでした。この震災は神戸や淡路島の街の真下にある活断層によって起こされ、住民にとっては「寝耳に水」でしたが、専門家はそのようなリスクがあることを地震が起こる20年以上前から知っていました。そのような状況は適切ではないという世論が高まり、情報公開に拍車がかかったとも言えましょう。

この震災より前は、災害リスク情報が国民に積極的に提供されることはなく、実際に過去に起こったという事実が明白な「災害実績図」ならともかく、「予測図」の作成は敬遠されがちでした。正確な予測は困難だという考えのほか、不安を煽《あお》ることはよくないとか、地価が下がったら財産権の侵害だとか、という意見も聞かれました。

今世紀に入り、情報公開の原則や、防災対策における「自助」の位置づけも重要視されるようになりました。そのため、地震のみならず水害や土砂災害、火山災害など、多くのハザードマップが急速に整備されてきました。しかし、行政が一挙に整備しはじめたハザードマップが、はたして防災や減災に役立っているかどうかについては疑問の声も上がりつつあります。ちょうどそんな矢先に起きたのが２０１１年東日本大震災でした。

２０１１年3月11日に東日本を襲った地震は、一般の想像をはるかに超える大災害を招きました。地震直後には「想定外」という言葉が飛び交いました。しかし冷静に見直すと、今回の地震は平安時代の貞観《じょうがん》地震に匹敵し、その再来の危険性があることを一部の関係者（政府、自治体、電力会社、研究者など）はわかっていました（添田孝史『原発と大津波　警告を葬った人々』岩波新書）。それにもかかわらず、対策上は「想定外」にしてしまっていたということでした。

すなわち福島第一原発が被災した背景には、「科学的に予測される事態であっても、対策上、必ずしも想定しなくてはならないとは限らない」という考え方がありました。厳しい想定は経済効率の追求にとって不都合なため、深刻な災害予測からはつい目を背けたいという社会心理も働きます。こうしたことが「想定」にバイアスをかけてきました。東日本大震災は、「想定」そのもののあり方や情報提供の仕方について、深刻な問題を投げかけたとも言えます。

ハザードマップはこうした社会構造そのものとも密接な関わりがあります。ハザードマップは災害の可能性を事前に想定し、周知するためにきわめて重要なものですが、本当に真価を発揮するには、

「作る」「提供する」「利用する」という全過程が正しく機能しなければなりません。まずは「想定」の正しさが成否を分けます。バイアスや軋轢に負けずに「想定」を正しくするには、作り手に覚悟が必要になることもあります。

また、マップに表現したことが誤解なく市民に伝わるか、それが適切な防災行動につながるかという問題も検討する必要があります。本書は、克服すべき多くの課題を整理し、解決のヒントを考えていきたいと思います。

「ハザードマップを信じるな」

東日本大震災においては多様な自然災害が起きました。東北地方の太平洋岸を襲った巨大な津波のほか、首都圏にも拡大した地盤液状化や、一部の地域を襲った強い地震動とそれに伴う地盤災害などがありました。それらについてハザードマップがどのように役立ったのか、役立たなかったのか、検証しなくてはなりません（それぞれの災害については3章で詳しく説明します）。

岩手県では明治三陸津波や昭和三陸津波でも大きな被害が起きていたため、「ここより先、津波浸水想定区域」という道路標識が大震災以前から立っていました。今回、その通りの災害に見舞われた場所もかなりありました。しかし、宮城県以南では明治以降の地震の際に被害が少なかったために、高い津波が想定されておらず、標識設置も遅れていました。ハザードマップは作成されていましたが、宮城県や福島県内では想定が甘くなっていました。

岩手県釜石市などでは、１８９６年や１９３３年の三陸津波の再来を想定していたにもかかわらず、今回の津波はそれを超え、想定外の被害が拡大してしまいました。ハザードマップを見て「自分の家までは津波は来ない」とか、「ここに逃げれば大丈夫」と思い込んでしまって命を落とす人もありました。現地において地震の前から防災教育にあたっていた社会工学者・片田敏孝氏は、ハザードマップが過信されることの弊害をすでに指摘していました。片田氏が行っていた「ハザードマップを信じるな、自分で危険性を判断しなさい」という防災教育が、今回の津波で実際に功を奏した話は有名になりました(片田敏孝『人が死なない防災』集英社新書)。

今回の震災が検証されていく中で、ハザードマップに対する信頼は失墜したかのように見えます。「重要ではあるが」という但し書きはあるものの、災害を予測することの困難さが強調され、ハザードマップの内容について不信感が高まっています。「信じるな」と言われてしまうと、一般市民はその言葉をどのように受け止めたらよいのかわからなくなってしまいます。

市民と行政の戸惑い

ハザードマップは全国各地で作成され、多くの自治体が全戸配付しています。しかし、受け取った市民は、これをどのように読み、活用すればよいのか迷ってしまうようです。捨ててはいけない大事なものとは感じるものの、そのままタンスの奥にしまいこんでいたら役に立つでしょうか。

「避難所の場所だけ覚えておけばよいのですか?」「災害発生後に見ればいいですか?」など利用法に関する疑問が多く聞かれます。また、「どうして自分の家のところだけ危ないのか?」「周辺一帯が危ないなら逃げ場がないのではないか?」「とりあえず安全そうだが、本当に信じていいのか?」など、内容に関する様々な疑問も聞かれます。

防災担当の自治体職員にも戸惑いがあります。「四角形のメッシュで表現されたハザードマップについて、その輪郭線を境に、なぜ評価が違うのかと住民から質問されても答えられない」「自分の家はどうなのかとピンポイントで尋ねられても、そこまでの精度はないと言わざるを得ない」「正しいから利用してほしいと言いつつ、一方で、すべて正しいとは思わないでくださいとも言わざるを得ない」などなど。こうした声にいかに応えるべきかについて、本書では地理学の立場から考えてみたいと思います。

地理学者はこれまで、「日本列島は湿潤変動帯にあるため、世界で最も自然災害を被りやすい風土にある」ということを解明してきました。自然地理学の研究対象は、活断層や火山、川や海の浸食・堆積、自然環境変動などであり、それらは災害に深く関わっています。地理学者はフィールド調査を通じて各地の災害史を知り、場所ごとで災害危険性が大きく異なることを痛感してきました。その実感を地図に示したものがハザードマップの原点でした。そのため、「ハザードマップはいい加減」とか「信じるな」と言われると、とても残念に思います。災害を正確に予測する困難さはあるものの、危険性の地域差は明瞭ですから、そのことが伝わらないとすれば現状のハザードマップの作り方が悪いのではないのかという思いを強く抱くこともあります。

本書はハザードマップを今一度見直し、ハザードマップを作る者、その内容を教える者、実際に防災対策に役立てる市民の立場になって、改善策を考えてみたいと思います。

2　何がハザードマップをわかりにくくさせているか

市民への配慮や丁寧さの不足

ハザードマップの原点は、先にも述べたように、地理学や地質学において50年以上前から作成されてきた様々な地図にあります。しかし、これとは別に住民向けの「防災マップ」として、2000年頃から盛んに整備されるようになったものもあります（2章に詳しく述べます）。

阪神・淡路大震災後に国民からハザード情報の公開を求める声が上がり、「安全神話の崩壊」や「想定外の災害」を繰り返さないようにするため、かつては非公開だった災害情報が積極的に公開されるようになりました。1999年に成立した情報公開法も、ハザード情報の開示を後押ししました。こうした経緯からは一見、国民の希望で情報公開が進んだかのようにも見えますが、実際には行政の都合が大きく影響していました。

財政的事情もあって、頻度の低い大災害に対しては防災対策工事を十分に行えません。そのため行政は国民の自助（自己努力）を促さざるを得ず、ハザードマップが大量生産されるようになりました。また、行政の「不作為の責任」も問われるようになり、危険情報を行政が知っていながら何もしないと責任を問われる事態になりましたから、情報を留め置くことができなくなったという状況もありました。

ハザードマップは本来、市民のためにあり、災害像が正しく伝えられなければなりません。それにもかかわらず、市民の立場から求められるハザードマップの質や内容がどのようなものか、十分な議論も行われないままに、地理学の視点から見れば粗製濫造と言わざるを得ない現状すら散見されます。

地理学や地質学においては、災害に関する情報を地図で示す際には、境界線の精度と地図の縮尺にこだわります。位置精度が悪い場合には境界線を実線ではなく破線で示し、漸移（変化）する場合は境界線をできるだけ引かないように工夫します。

また、保証できる位置精度に応じて地図の縮尺を決めます。安易に地図を拡大すると、細かい場所を見ようとして境界線の位置が誤解されるので、そうされないように細心の注意を払います。しかし、現状のハザードマップにはこうした丁寧な配慮はほとんど見られません。土地条件が急変する境界線は一般に曲線的なのに、便宜的に土地を四角形のメッシュに区切ることが多く、曲線は表現されません。ハザードマップの制作者の中には、「メッシュ内にボーリングデータが十分あればいくらでも詳細な評価が出来る」という人もいますが、やみくもにデータを増やせば良いわけではありません。

性格の異なるマップの混在

多少専門的な話になりますが、ハザードマップには、起こり得る具体的な災害像を表現したものと、様々な想定結果を足し合わせたものの2種類が混在しています。筆者はかつて前者を「個別表現型」、後者を「リスク合算型」と呼んだことがあります（鈴木康弘「ハザードマップ」、人文地理学会編『人文地理学事典』丸善出版）。

洪水ハザードマップは一般に後者にあたります。このマップは、様々な箇所の破堤によって生じる地点ごとの最悪のケース（最大浸水深）を合算して作成されています。そのためマップを見て、大河川沿いの平野の全域が、例えば3メートル以上浸水する災害が起こるかのように錯覚することがあります。しかし実際には一部の場所でしか破堤は起こらないため、平野全体が水没するような洪水が起こるわけではありません。このマップを見て、住民が「逃げ場がない」と感じてしまったら、それは誤解です。

２０１２年には、内閣府が南海トラフ沿いの大地震に関する予測を発表しました。その予測結果は複数の図からなり、「個別表現型」と「リスク合算型」が混在しています。内閣府は、プレート境界における大きなずれがどこで起きるかによって、東側ケース、西側ケース、陸側ケース、標準ケースの4種を検討しています。これらは「個別表現型」ですが、最後に5枚目の図として「リスク合算型」も示しています。すなわち各ケースの最悪の値だけを1枚に合算しました。

これは明らかに性格が異なるため、他の図と比較してはいけません。にもかかわらず、内閣府はこの5枚目の図を、自らが２００３年に公表した「個別表現型」の予測図と比較してしまい、従来の予測結果との比較表まで示して、２０１２年の想定がいかに大きいかを強調しました（図１・１）。発表直後の新聞報道も大半がこの論調となり、まさに不安を煽る不適切な内容であったと言わざるを得ません。

さらに、「シナリオ型」と「確率論型」の混在という問題もあります。前者はある想定（シナリオ）に従って実際に起こり得る災害の様子を表現したもので、わかりやすいのですが、後者は様々な想定から確率を計算して表現するため、なんとなくはわかるものの、その意味を深く理解しようとするとわ

【震度の最大値の分布図】

強震波形4ケースと経験的手法の震度の最大値の分布

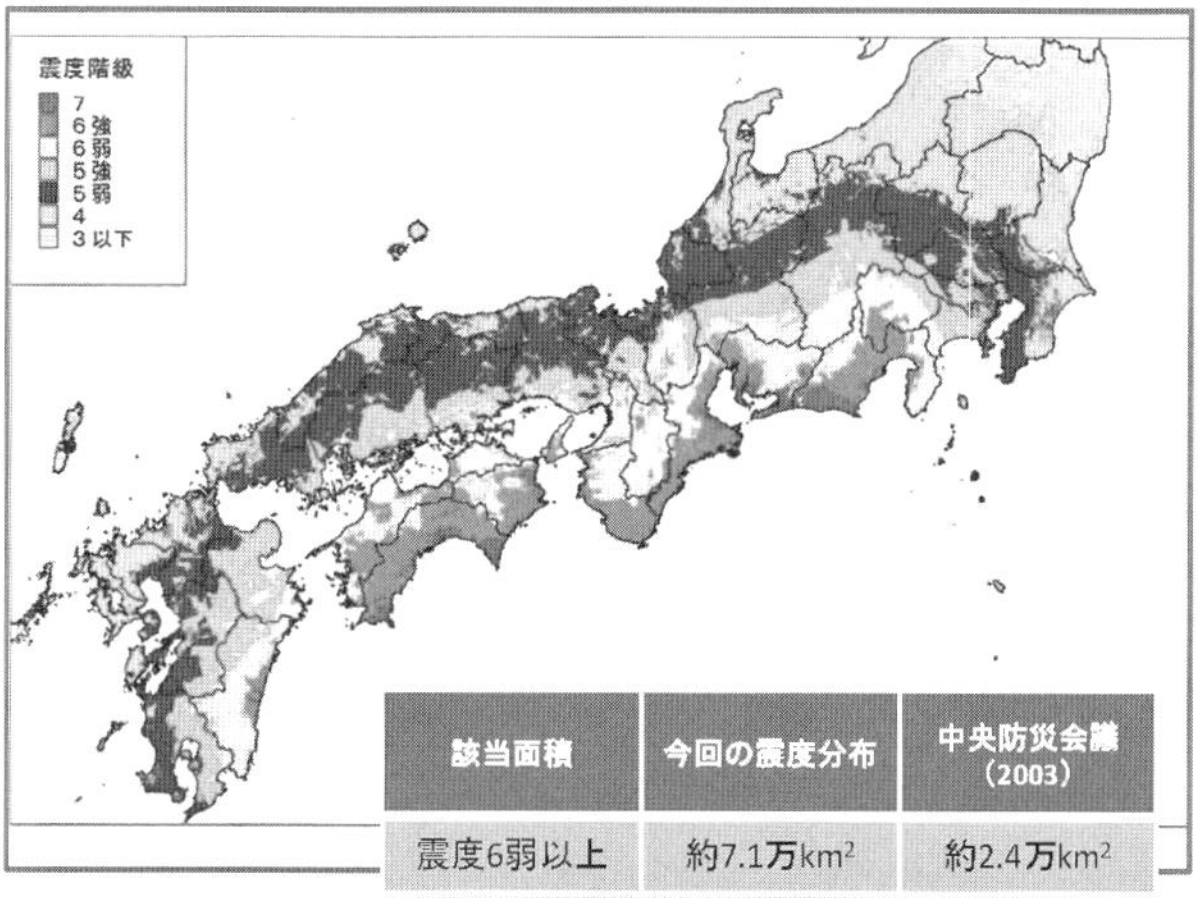

該当面積	今回の震度分布	中央防災会議（2003）
震度6弱以上	約7.1万km²	約2.4万km²
震度6強以上	約2.9万km²	約0.6万km²
震度7	約0.4万km²	約0.04万km²

【参考】

中央防災会議（2003）の東海・東南海・南海地震の震度分布図

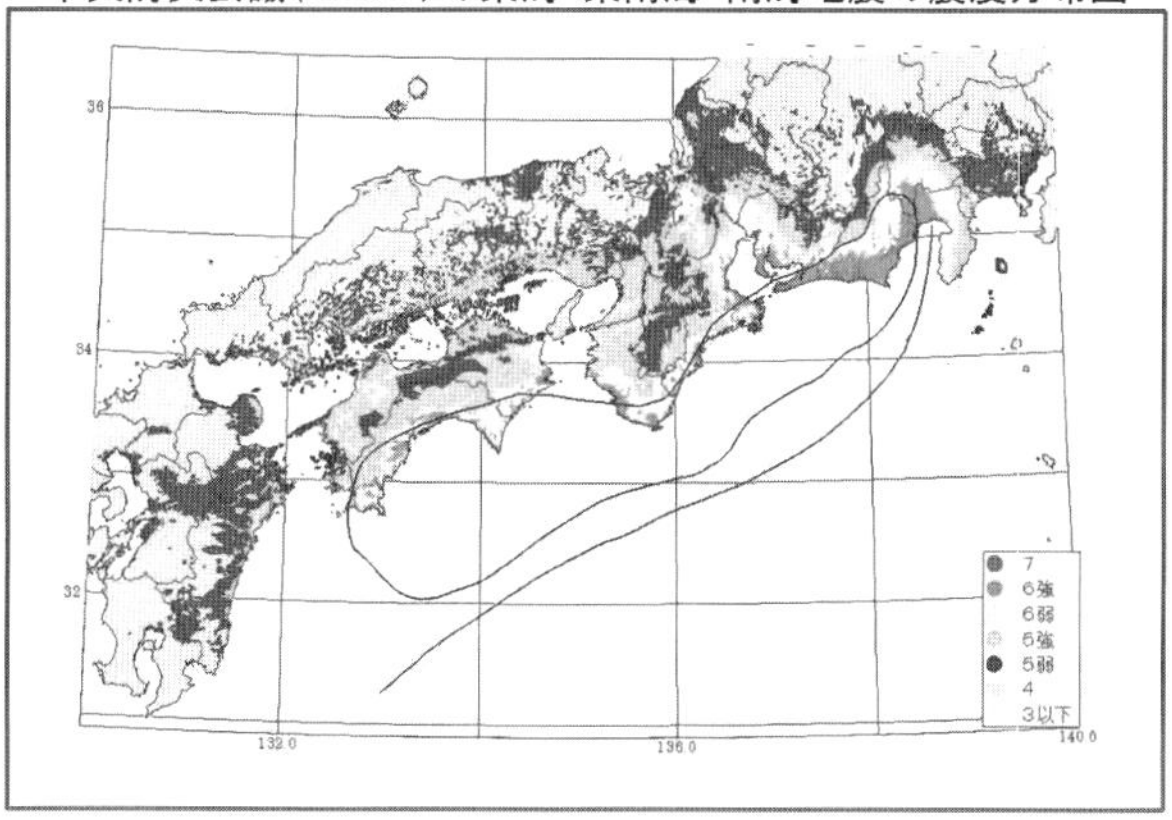

図 1.1　南海トラフ地震による震度分布の予測（内閣府，2012）．リスク合算型（上図）と個別表現型（下図）を比較してはいけない．

からなくなってきます。

その例として、「今後30年以内に震度6弱以上の揺れに襲われる確率」を示した地図があります。この図は、日本周辺で起きる地震が今後どこでどのような頻度で起きるかを予測して、それらによって各地が大きく揺れる確率を計算したものです。しかし所詮は確率ですから、それが低い場所で地震が起こらないわけではありません。実際、２００４年以降に地震が起きた場所は、むしろ確率が低いと評価されていた場所でした。長期を見据えた保険料率の算定や、政府の防災戦略づくりにとっては有効なのですが、一般の防災においては、どのように活かしたらよいか悩む場合もあります。

3　ハザードマップ不要論があるとすれば

ハザードマップ自体の問題

このような状況の中で「ハザードマップ不要論」があるとすれば、その理由として以下の点が考えられます。

まずは、「正確な予測はそもそも困難だから」というものでしょう。確かに自然現象は複雑で、正確な予測は容易ではありません。地震について言えば、一挙に破壊される断層の長さやずれの量はいつも同じとは限らないため、予測結果には不確実性があります。また、揺れの大きさを計算する際の不確かさもあります。ついコンピュータを盲目的に信じてしまいますが、実際にこの計算に携わっている人は、仮定の置き方次第で結果が大きく変わることを知っています。そのため、計算結果は参考値に過ぎないと言うこともあります。そうした声がハザードマップの信頼性を損なうこともあります。

　この問題は計算偏重が招いています。定量的な予測は、例えば建築物を設計するためには必要ですが、地理学の視点から見れば、場所ごとで土地条件による危険の大小があることは真実ですから、計算結果の値そのものよりも、その境界線の存在を明確に伝えることに主眼を置いた方がよいという思いを強くします。「揺れの大きさは厳密にはわからないが、この線を境に大小は大きく違う」という情報は住民にとって知りたい情報であり、対策をどの程度やるべきかや、どこに引っ越すか考える場合に有効になるでしょう。

　次に、「かえって誤解を招くような図が少なくないから」ということがあります。ハザードマップは、危険性の高い地域住民に対する警鐘として重要ですが、一方で、相対的に低いとされた地域の人に安心情報を与えてしまうという問題があります。阪神・淡路大震災の際、大半の住民が「関西には地震は来ない」と誤解していましたが、これは１９７０年代後半以降に、東海から関東の危険性があまりに強調されすぎたせいでしょう。

　先に述べた「個別表現型」と「リスク合算型」の混在の問題もあります。「リスク合算型」の地図を見て被害の大きさを過剰にとらえ、何をやっても助からないと諦めてしまう人もいるように思います。

　地図の縮尺には気をつけないといけません。縮尺とは、地図上の長さを実際の長さで割った値で、縮尺の「大きい」地図では地図上に地上のものが大きく表示されるため、細かい情報を読み取れます。ハザードマップの縮尺は、発生する現象がどの程度の位置的精度で予測されているかを十分勘案して決められるべきですが、そうしたことに配慮なく決められることが往々にしてあります。

縮尺が小さい（表現が粗い）ときには細部の情報はわからないにもかかわらず、勘違いして自分の家の危険性を読み取ってしまうこともあります。メッシュで表現された地図では、直線的な境界線には意味がないのですから、自分の家はどうかなど、細かい判断をしてはいけません。ついそれをしてしまい、大きな誤解が生じることもあり得ます。

提供方法や市民の理解力の問題

ハザードマップがうまく効果をあげていないのは、提供の仕方が悪いからかもしれません。ハザードマップを全戸配付することは一見親切そうですが、本人の意思に関係なく押しつけていることが気になります。例えば健康診断の結果は、自分の健康状態を知りたいと思って自発的に受けたからこそ受け容れられます。災害に対する危険度情報はどうでしょうか。それを知りたいと思う人以外には、「知りたくもないのに押しつけられた」と感じられていないでしょうか。行政の都合で、情報公開の義務を果たすためのツールであっては困ります。

市民が「知りたい」と思い、正しく理解でき、防災・減災行動につながるものでなければ価値がありません。心配になって、もっと詳細に知りたい（精密検査を受けたい）と思う人への案内も必要でしょう。

かつては、「ハザード情報は地価を左右して私有財産に影響を与えかねないから、公表すべきでない」という意見も多く聞かれましたが、情報公開が当たり前の今日ではほとんど聞かれなくなりました。しかし今もなお、個別の詳細情報を市民に伝えることには躊躇があり、行政は一般にそういう情報を持ちたがりません。詳しく知らない、知ろうとしない状況で、ハザード情報を市民に提供しようというのは矛盾です。

また、「地図を理解できない市民が多い」という理由もあります。都市化が進んだ結果、土地の自然条件に興味を持つ機会が減りました。地理教育が衰退して、地図を見る力が低下したという指摘もあります。地図上で自分の家や歩く経路を探せない人もいるようです。これに対し、スマートフォンの地図アプリで、自分の居場所をピンポイントで表示したり、コンピュータ上のハザードマップで住所による検索を可能にしたりする工夫も始まっています。

しかしこの問題は、位置がわかるかどうかという単純なことではありません。実際の生活空間のイメージがなければ、想定される災害像をそれと重ねることは不可能です。見知らぬ土地のハザードマップを見ても、災害の具体像について想像力が働かないのと同じです。地図を読んで、自分の空間イメージ（記憶）と重ねることができるかどうかが、ハザードマップの有効性を支える根底にあります。それこそが地理力というべきものですが、現代人のそれが低下しているとしたら、「ここは危険」という看板を現場に立てるしかありません。そのような取り組みも実際に始まっています（国土交通省「まるごとまちごとハザードマップ」）。

4　ハザードマップを活かすために

現状のハザードマップには様々な問題がありますが、それを少しずつでも改善するため、①今あるものをどのように市民サイドで役立てるか、②これから作るものはどのように改良したらよいか、を考える必要があります。また、③そもそもハザードマップを作る手続きにおいて何に気を付けるべきか、④ハザードマップを学校教育や生涯学習の場で教える際の留意点、⑤行政におけるハザードマップづくりと利用システム、についても議論する必要があります。次章以降においてこれを具体的に述べることになりますが、ここではその要点を簡潔に述べてみます。

利用して改善する工夫

まず、最初に、今あるものを市民サイドでどのように役立てたらよいかを考えてみたいと思います。それには現状のハザードマップを批判的に見直すことから始める必要があります。ハザードマップを見て、「災害危険度がなぜこのような分布になるのか」がわかるかどうかチェックしてみましょう。最近では、インターネットで地形図や地質図、航空写真、土地条件図などの資料を見ることが容易になりました（入手方法は2章、4章で紹介します）。これらの資料とハザードマップを比べて、災害危険度がどういう場所で高いかを、地形の成り立ちから考えることができます。２０１４年に噴火して多くの犠牲者を出した御嶽山でもハザードマップが作られていました（口絵1参照）。この図も火山地形分類図と見比べると噴火のイメージが湧きます。具体的な考え方は3章で詳しく解説します。

　危険度の分布が納得できたら、次に、日頃親しんでいる身近な生活空間に注目して、その空間的なイメージをハザードマップに重ね合わせてみましょう。いつも通る道沿いに、安全な場所と危険な場所があることがわかります。災害時の様子を想像して、自分がその場所ですべきこととすべきでないことを考えましょう。もし、そうしたイメージが全然湧かないようであれば、マップの出来が悪い可能性があります。家族や友人にも試してもらえば良否がわかるはずです。筆者自身もマップを見るといつもこの作業をします。そして良い地図と悪い地図が玉石混淆であることを実感しています。悪い地図は役に立たないので、それ以上見る価値はありません。

　第二に、これから作るものについてはどのように改善したらよいでしょうか。行政機関がハザードマップを作成する際には、マニュアルがある程度整備されていますが、その妥当性を再確認する必要がありそうです。データや予算が十分にあれば問題ないのですが、実際には多くの制約の中で作らざるを得ず、そのような時にはマニュアル通りではかえって不適切なものを作りかねません。

　そもそもハザードマップを作成する際に最も重要なことは、「生活実感と合致して市民が納得し理解できるものを作る」ことです。また、生死の境を分けかねない重要な情報を見極めて、それを積極的に伝えようと努力することです。マニュアル通りに機械的に作って「おしまい」ではなく、様々な関連情報と比較して、良いものになっているかどうか、妥当性をチェックする必要があります。

　危険度情報として市民に何を伝えるべきかを深く考えることこそ重要とも言えます。単なる避難所情報を伝えるツールではありません。また、計算は絶対ではないので、「計算したらこうなりました」

とだけ言うわけにもいきません。悩みは深いところです。

ハザードマップは災害の際の命綱となる、いわば「伝家の宝刀」です。安易に何度も「抜く」ものではなく、粗製濫造の罪は重いと言わざるを得ません。災害予測を真剣に考えて、それを伝える努力が必要で、作り手が真剣なら市民も耳を傾けます。土地勘のない人、地域への愛情のない人(業者)に作成を丸投げしてはいけません。

防災教育へつなげる

第三に、「誰がどのようなプロセスで作るか」が重要です。地理学者・宮城豊彦氏は、宮城県七ヶ浜町で、震災前から地元の人たちと津波ハザードマップを一緒に作ってきました(「一瞬の機転、高齢者60人救う――高台避難直後に波、宮城・七ヶ浜町、東日本大震災」朝日新聞2011年3月23日夕刊)。その経験から次のように述べています。「発災後にハザードマップを見る余裕はない。住民自らが作ったという記憶が住民を助けた。すなわち作る過程の住民参加こそが重要である」。

住民による手作りマップは生き生きとしています。作る際に現地を歩いて、地形と街並みを実感しているからです(4章でも詳しく紹介します)。最近はコンピュータの3D技術が進歩しました。しかもインターネットを利用して、比較的容易に3D体験を共有することもできるようになりました。航空写真やそれを3D化するプログラムの一部が無料で入手できるようになっていることも画期的です。地図を読む能力は年々低下していると言われますが、3D表現がこれを補ってくれる可能性に期待したいと思います(4章)。

先述の片田氏は、釜石市において津波避難に関する防災教育を行う際、生徒たちとともに津波の実態を学んで、それがどのように街を襲う可能性があるかについてハザードマップを見ながら考えました。そして率先的な避難の重要性を説きました。そして最後の最後に、「ハザードマップは正しいとは限らないので信じるな」という指導をし、生徒たちは「そうだよね」と納得したそうです。こうした学習が功を奏し、東日本大震災の際には指定された避難場所に留まらず、状況から判断してさらに遠方まで逃げて命を守りました。

「ハザードマップは大切だけど、信じるな」というパラドックスの真意をくみ取ることは一般には容易ではありません。「実感」を通して伝えることが重要です。

第四に、ハザードマップを教える立場の人はどうあるべきかを考えてみましょう。その答えは、丁寧なリスクコミュニケーター（なぜ危ないかを説明することができ、どうしたら良いかについて住民と対話できる人）であるべきということです。地形の成り立ちや地理に関する基礎的知識を持ち、作る側、利用する側の疑問や悩みを理解して、補えることが必要です。ときには利用者の疑問に答えられないことや、地図そのものに不備があることもあります。それでも「ハザードマップなんてこんなもんですよ」と言うのは禁句です。不用意に「ハザードマップを信じるな」とだけ言ってしまったら、せっかくの努力は水泡に帰してしまいます。ハザードマップを教える人は、教える前にまずは自らが深く悩む必要がありそうです。

防災行政はただハザードマップを作るだけでなく、防災教育への橋渡しに積極的に取り組んで欲しいと思います。学校や研究機関もその一翼を担うべきです。自治体はハザード情報を一元的に管理するための組織の設置や、解説員の育成制度を創設するなど、真にハザードマップが役立つ社会システムを作らなければなりません。

第2章　そもそもハザードマップとは何か

1　ハザードマップの定義を再考する

災害ごとに異なる定義

ハザードマップは、国立国語研究所によれば「災害予測地図」もしくは「防災地図」と訳されます。実際には、災害の種類や所掌する行政機関の違いによって、作成目的や内容が異なります。大きく分けて、「災害像を伝える地図」と「避難情報などを住民に周知する地図」とがあるということです。

水害ハザードマップは後者に重点が置かれています。市町村に作成義務が課せられていますが、その際、国や都道府県は洪水シミュレーション結果をまとめた「浸水想定図」を提供します。市町村はこれに避難所の位置や防災マニュアルを書き込んで、「ハザードマップ」にするのです（3章2節で詳述）。そのため水害の場合には、対策が書き込まれて初めて、行政上のハザードマップと呼ばれることになります。

しかし地震の場合には、ハザードマップをそのように狭義に解釈することはありません。厳密な取り決めはなく、活断層地図も広義のハザードマップと呼ばれます。震源を推定して地点ごとの揺れを計算した地震動予測地図も同様です。国際科学会議は全世界をカバーするグローバル・サイスミック・ハザードマップを作成しています（Global Seismic Hazard Assessment Program: http://seismo.ethz.ch/GSHAP/）。日本政府の地震調査研究推進本部は、２００５年から全国地震動予測地図を作成・公開しています（3章5節）。また、一部の地方自治体は50メートル四方のメッシュで詳細な地震動地図を作成し、これに避難所等の情報を盛り込んで、防災啓発につながるハザードマップを整備しています。

一方、東京都の地域危険度マップのように、場所ごとの危険度の違いを伝える手段として地図が用いられている場合があります。東京都の都市整備局は、１９７５年から地域危険度を公開しています。２０１３年に実施された7回目の評価においては、①建物倒壊危険度、②火災危険度（延焼の危険性）、③総合危険度（建物倒壊や延焼の危険性）、④災害時活動困難度について、町丁目単位で5段階評価をしています。評価が開始された１９７０年代は、行政が未だ災害危険度情報を積極的に市民に伝えようとしていなかった時代であり、その頃に東京都が開始したことは注目に値します。防災部局ではなく都市計画部局が行っていることに特徴があり、単に危険度を知らせるだけでなく、都市整備計画と直結するものとして位置づけられてきました。

この他、法律等を適用する際の地域指定のための地図も、ハザードマップの一部と見ることができます。徳島県は２０１３年に条例を施行し、中央構造線沿いを「特定活断層調査区域」に指定しました（3章5節のコラム参照）。この区域内に学校、病院その他の多数の人が利用する建築物や、危険物を貯蔵する施設を新築する場合には、活断層調査を行い、直下に活断層がないことを確認することが事業者に義務づけられました。条例が適用される地域を指定するため、縮尺5千分の１で活断層の位置

表2.1　ハザードマップの概念整理.

• 住民に対して避難情報など，直接的な防災行動を指導するための地図
• 災害がどのように起きるかのイメージ(災害像)を伝えるための地図
• 場所ごとの危険度の違いを伝えるための地図
• 法律等を適用する際の地域指定の根拠となる地図
• 現地に災害情報に関する標識等を立てる(まるごとまちごとハザードマップ)*

*本書ではハザードマップとして扱わない.

を詳細に記した「特定活断層調査区域の公示に係る図書（詳細図）」が、県により整備・公表されています。

さらに、国交省は２００６年から洪水ハザードマップの作成に加え、洪水関連標識を市街地に設置する取り組みを始め、「まるごとまちごとハザードマップ」事業と呼んでいます。通常の地図では伝えきれない情報を補うことや、地点ごとの災害伝承も兼ねる目的があり重要です。しかし、その場に看板を立てることは一般にマッピングとは呼ばないため、拡大解釈の感が否めません。

このようにハザードマップの定義は一通りではありません（表２・１）。災害ごとのハザードマップがどのような背景のもとで作成されるようになったかは、４節で詳述します。

ハザードマップを改めて定義する

ハザードマップを作るそもそもの目的には、「災害から逃げる」「事前対策を計画する」「災害を具体的に知る」の３要素があります。ハザードマップの種類として次の６種類があげられます（熊木洋太「ハザードマップとは」地図情報）。①実際に発生した災害を示した地図、②災害の発生に関わる土地の性質を示した地図、③災害の発生しやすさを示した地図、④災害の発生場所を予測した地図、⑤被害の状態を予測した地図、⑥災害発生後、個人や企業・行政などが、避難・救援・二次災害防止・復旧などを円滑に行うために必要な情報を示した図。

本書においてはこれにならい、ハザードマップを「自然災害の危険性に関連する種々の分布情報を、災害軽減を図るために紙や電子画面等（何らかのメディア）に表記したもの」と定義することにします。

そもそもハザードとは、一般に「損失を引き起こす事故の潜在力（ポテンシャル）」、「事故（天変地異）の脅威」などと訳されます。このため、地震災害を引き起こす地震動や、水害の原因となる洪水はハザードであり、その様子を示すものはハザードマップのひとつです。ちなみにリスクとは、「社会に対する危険」であり、損失の大きさを意識しています。災害危険性の概念にはハザードとリスクのふたつが混在しますが、「誰も住んでいない場所にはリスクはないがハザードはある」と考えれば理解しやすいでしょう。

防災を考えるためには、第一に、ハザードを客観的に評価することが重要です。第二に、社会条件を考慮したリスクを評価することが必要になります。そして第三に、住民の視点に立った具体的防災対策を決める必要があります。上述の3段階に応じたマップがそれぞれあるべきで、それらを広義のハザードマップと呼んでも差し支えありません。それぞれの違いを意識して有効活用されることが重要です。

本書においては、必要に応じて、洪水ハザードマップのような「防災地図」を「狭義のハザードマップ」と呼び、基礎的か応用的かを問わず「災害予測地図」を含む様々なマップを「広義のハザードマップ」として呼び分けることにします。

2　地理学と自然災害

地形と自然災害

地理学は、風土の特徴や人と自然の関わりを解明してきました。自然地理学の一部である地形学や気候学はとくに自然災害と密接に関わります。気候学者は、多雨や干ばつの原因や、気候変動とその影響を解明しようとします。地形学者は、地形の成因に注目しながら、活断層や火山、川や海の浸食・堆積過程などを研究しています。

日本は変動帯に位置し、プレート運動に伴う地殻変動が活発です。島弧を造る大規模な隆起のほか、活断層の活動による局所的な隆起と沈降、火山噴火による地形変化も著しいという特徴があります。隆起すれば崩れやすくなるため、浸食速度も世界最大です。気候変動に伴う海面変化もあり、海岸部はその影響を受けやすくなります。こうしたセンシティブな風土であるため、そこで起きる自然現象は、ときに人間にとって自然災害となります。

防災・減災がどこまで可能かを判断するには、今後の地形変化を正確に予測することが必要です。地形と自然災害に関する基礎的知識は、サステイナビリティ（社会の持続可能性）やレジリエンス（災害を克服する社会の復元力）の確保の仕方を議論する上でも必要不可欠なものです。

地形は、地殻変動と浸食・堆積により規則的に形成されます。地形学は地形の発達史を明らかにします。地形の形成は大規模な土砂移動を伴い、人間がこれに遭遇すれば災害となります。「地形が新しい」場所では、最近そのような事件が起きたことを意味します。逆に「古い地形（古くからそのまま残存している地形）」は安定していることになります。河川や海岸沿いの低地は地形が新しく、地すべりや斜面崩壊地も同様です。これに対して台地は相対的に地形が古いことになります（地形学では、同一の時代に同一の成因でできた「地形面」という概念を重視しますが、ここでは平易に「地形」と表現します）。

地形が古くても、将来、土砂移動が起きないとは限りませんが、その確率は相対的に低いと判断されます。一方、最近も活発に地形変化が起きている（地形が新しい）場所は、今後もその傾向が続く可能性が高いはずです。

以上の考えから、低地は台地より災害危険度が高いということになります。すなわち、河川沿いの低地においては氾濫が過去概ね数千年間継続していて、今後もその傾向が続きます。一方、台地は標高が比較的高いために洪水の影響を受けにくく、過去においても安定していたことを地形が語ってくれます（図2・1、3章2節で詳述します）。

ところで、地形は地層が堆積してできます。地形が新しければ地層も新しく未固結です。堆積によって形成された沖積低地で堆積物が細粒であれば、いわゆる軟弱地盤となります。こうした場所では地震の揺れが増幅します。従って沖積低地では地震に対する危険性も高くなります（3章5節、6節）。

地形学の研究は、地形分類図を作ることから始まります。新旧の地形の分布を地図上に示して地形発達史を考察します。地形分類結果は土地条件とも呼ばれ、その情報から災害危険度を判断することができます。最近では国土地理院がホームページで公開しています。

図2.1　(上)河川が作る地形．河岸段丘等の台地上には洪水は及ばない．(下)災害と地形の関係を示した図(いずれも教科書「高等学校 新地理A」(帝国書院)より)．

地形発達史研究による災害予測――これまでの実績

地形発達史研究は、先に述べた地形の相対的な新旧に加え、その形成年代を決めようとします。これを「編年」と呼び、地形を構成する地層の年代測定結果から検討します。これにより概ね最近の数十万年間に、いつどのように地形が変化して今日に至ったかを解明できます。これは、過去の災害史を有史以前に遡って復元することを意味しています。活断層研究や火山研究はその代表であり、有史以前の活動史も参考にして、今後の災害を予測することに役立ちます。

地理学においては、古くから災害履歴や土地条件が地図化され、それらがハザードマップの先駆となりました。とくに水害地形分類図や火山地形分類図をはじめ、「日本の活断層」や「日本第四紀地図」（ともに東京大学出版会）はハザードマップの基礎となっています。

水害地形分類図は３章２節で詳述するように、地形学者・大矢雅彦氏が１９５０年代に作成を開始し、その後、全国の主な河川で作成されるようになりました。火山地形分類図は地形学者・守屋以智雄氏が１９７０年代に作成を開始し、火山学にも大きな影響を与えました（３章４節）。水害地形分類図も火山地形分類図も、その後、国土地理院の事業として引き継がれ、広く整備が進みました（詳細は４節）。

「日本の活断層」は１９８０年に出版され、１９９１年には改訂版として「新編 日本の活断層」が纏められました。日本全国に分布する活断層を縮尺20万分の１の地図に表記したもので、マグニチュード７を超える大地震がどこで起きる可能性があるかを示した地図として注目されました。地質学者・松田時彦氏のほか、地形学者・貝塚爽平氏、岡田篤正氏、太田陽子氏、中田高氏、米倉伸之氏らが作成の中心となり、航空写真を判読して活断層の存在を検討する変動地形学的手法が採用されました（3章5節参照）。その手法の妥当性は今日、揺るぎないものになっています。

「日本第四紀地図」は1987年に刊行され、縮尺100万分の1で「地形・地質・活構造図」、縮尺400万分の1で「先史遺跡・環境図」が作成されました。日本の自然環境とその変遷や、人類活動の軌跡を総合的に理解できる基礎資料で、日本第四紀学会が作成にあたり、貝塚爽平氏が編集代表を務めました（3章4節）。これらの図の中には、約7万年前に起きた阿蘇火山の巨大噴火に伴う火砕流堆積物が中部九州を覆いつくしている様子を示したものもあります。これは未だに手に負えない巨大噴火に関する唯一のハザードマップでもあります。

このほか、災害予測に有用な情報を与える広義のハザードマップとして、「新編 火山灰アトラス」「日本の海成段丘アトラス」「活断層詳細デジタルマップ」「第四紀逆断層アトラス」「近畿の活断層」「九州の活構造」（以上、東京大学出版会）、「都市圏活断層図」（国土地理院）、「岐阜県活断層図」（岐阜県・名古屋大学）、「三重県内活断層図」（三重県・名古屋大学）などがあります。いずれも地理学者が中心となって作成されたものでした。

地理学と防災教育

小中高等学校の地理の科目では、郷土の環境や人々の暮らしを学びます。その延長で災害も視野に入りますが、従来、「防災」はとくに扱われてきませんでした。ところが、2009年の高等学校学習指導要領の改訂の際、地理Aにおいて「生活圏の諸課題の地理的考察」の一部として「自然災害と防災」が項目として明示されました。その内容は、「我が国の自然環境の特色と自然災害とのかかわりについて理解させるとともに、国内にみられる自然災害の事例を取り上げ、地域性を踏まえた対応が大切であることなどについて考察させる」というものでした。

２０１１年の大震災以降、防災教育の必要性はさらに高まり、文部科学省は２０１２年に「学校防災のための参考資料――「生きる力」を育む防災教育の展開」を改訂しました。その中で展開例が示され、小学校では、①安全なくらしとまちづくり(社会科)、②洪水の危険性を知ろう(理科)、…、⑥オリジナルな防災マップを作ろう(総合的な学習)、⑦わたしたちの地域の自然災害(総合的な学習)とされ、中学校では、①自然と郷土(社会科)、②自然の恵みと災害(理科)、…などとされました。また、高等学校では、①自然環境と防災(地理A)、②日本の自然環境(地学)、…、⑥地域の災害と復興を考える(総合的な学習の時間)などが示されています。これらをみても、社会科地理の重要性が高いことがわかります。

こうした中で、小中高等学校の地理の教育現場においても、自然災害と防災に関する指導が行われています。総合的な学習の時間を地理の教員が受け持つこともあり、地図や地理情報システム(ＧＩＳ)を利用した指導方法も様々に提案されています(詳細は4章3節)。

このように地理教育の重要度は高まっていますが、近年、高校教育においては危機的状況です。高校の「地理歴史科」は世界史、日本史、地理の3科目からなっていますが、１９８９年の学習指導要領で世界史が必修、日本史と地理は選択科目になったため、地理を学ぶ生徒の割合が減り、現在は半数程度にとどまっています。理科的な内容も含むため理系の生徒は大半が履修していますが、文系にとっては大学受験に不向きだと学校側が判断し、履修機会を与えないことも多くなっています。入試で地理が出題されず受験科目に選べない私立大学が増えていることも重大な問題です。そのような中で、世界史に加えて日本史も必修化しようという意見が政界から出され始めています。もし仮に世界史に加えて日本史も必修になれば、地理を学ぶ機会を完全に失いかねない状況です。

地理を軽視する見方の中には、地理が単に地名や物産を暗記する科目だという誤解もあります。最近の地理の教科書を見れば、それが誤りであることは一目瞭然です。地理は、世界各地を観察して人々の暮らしを知り、人と自然の関係や地域間のつながりを考える科目です。風土論や日本人論の基礎になり、多文化共生、地球環境、資源・エネルギー、国際関係、地域計画、地図情報など、現代的課題はすべて地理に関わります。気候変動研究も活断層研究も、その多くを自然地理学者が支えていますが、こうしたことはほとんど知られていません。

東日本大震災以降、防災教育面での役割も一層重くなっています。地理を学ぶことは、災害予測の限界や社会に内在する様々な脆弱性を理解し、復興のあり方や災害に強い国土づくりを考えることに通じます。ハザードマップから災害をイメージし、インターネットやＧＩＳを活用して分析することも重要で、スキルも含めて幅広く学ぶ地理教育こそ防災教育に不可欠なはずです。

かつて１９８１年頃までは地理も必修でした。歴史と地理は、時間と空間を把握する「両輪」ですから、本来は3科目必修が理想です。しかし最近はカリキュラムのスリム化が求められているため、3科目を学ばせるわけにはいきません。

日本学術会議は今後「両輪」をいかに確保するかという観点から、２０１１年に「誰もが学ぶ高校の必修科目」として、日本史と世界史を統合した「歴史基礎」と、グローバル化に対応する最低限の知識やスキルおよび考え方を習得させる「地理基礎」の新設を提言しています（以上は、著者が２０１4年7月19日付朝日新聞「私の視点」に投稿した内容を一部引用しました）。

3　ハザードマップを支える基礎的な地理空間情報

ハザードマップを作るために必要な情報

ハザードマップを作成するためには、地域の地理的条件と災害との位置関係に関する情報が必要です。ハザードマップ作成に共通して必要な地理的条件の情報としては、①山や川、集落や道路などの位置関係を正確に示し、様々な情報を載せるためのもとになる地図（「基図《きず》」）、②土地の標高、③土地利用の変遷や土地の改変などの土地の変化に関する情報、④元々どのように形成された土地かという自然的土地条件、などがあります。土地の性質を定量的に評価するためにはボーリング調査の資料も重要ですが、本書では、①～④を用いて土地の成り立ちを理解し、そこから土地の災害に対する危険性が高いか低いかを判断することがより重要であるとの立場に立っています。

ハザードマップの基図としては、国土地理院の２万５千分の１の地形図や自治体が作成する基本図など、公的機関が作成する地図が主に用いられています。市町村全体など、比較的広い地域が含まれるハザードマップでは国土地理院の２万５千分の１地形図が、自治体管内の地区ごとのハザードマップではより詳細な自治体の基本図が基図として多用されています。

基図では一般に等高線で地形の高低が示されていますが、洪水や津波、高潮などのハザードマップの作成にあたっては、より正確な土地の標高の情報が必要です。津波や高潮については、海面からの相対的な高さが問題になるため、標高の詳細な絶対値の情報が重要です。地域ごとに、標高何メートルまで海水が遡上するか、といった津波や高潮の高さの予測数値が標高で示されるので、危険性を判断するためには自分のいる場所の標高がわかる必要があります。一方、河川沿いの洪水の場合には、川の水位の標高との相対的な高さが問題になります。このような精度の高い標高は、従来は水準測量を行わなければ求めることができませんでしたが、近年、精度の高い標高値を面的に取得する技術として、航空レーザ測量が行われるようになり、その結果が数値標高モデル（コラム参照）として提供され、詳細な標高情報をだれでも入手できるようになっています。

一方、災害の発生は土地の成り立ちと密接に関係しています。例えば、一般に、盛土が施された場所では、切土の場所よりも脆弱性が高いと考えることができます。阪神・淡路大震災の際の神戸・西宮周辺や、東日本大震災の際の仙台周辺などでは盛土の部分や切土と盛土の境界線上などで著しい被害が発生しました。また、東日本大震災では、東京湾沿岸などの埋め立て地で大きな液状化被害が生じました。このように、土地の変化に関する情報は、ハザードマップを作成し理解する上できわめて重要な情報となります。

我が国では、明治初期から政府によって正確な地図の整備と更新が行われています。特に、参謀本部陸地測量部が作成した5万分の1地形図は大正期には全国整備がほぼ完成し、その後も定期的に再測量や部分修正などの更新作業が行われてきました。また、大正初期からは主要な地域について2万

5千分の1地形図の作成が始まりました。これらはほぼすべての版が保管されており、国土地理院で閲覧したり、謄本（複製）を入手することもできます。

さらに、明治初期に政府が作成した2万分の1の地形図として、関東平野をカバーする「迅速測図」や阪神地域の「仮製地形図」があります。このうち迅速測図は農業環境技術研究所が提供する「歴史的農業環境閲覧システム」で見ることができます（http://habs.dc.affrc.go.jp/）。また、迅速測図や仮製地形図から河川や湿地、水田、葦の群生地などの低湿地を抽出した「明治前期の低湿地データ」を、国土地理院の「地理院地図」で現在の地図と重ねて見ることができます。

航空写真の撮影は第二次世界大戦中から始まりましたが、特に、終戦直後の1945年から1948年頃にかけて米軍が撮影した航空写真や、1974年から1978年にかけて国土地理院が撮影したカラー航空写真はほぼ全国をカバーしており、近年の土地の改変以前の地形や土地利用を知ることができる貴重な資料です。これらは「地理院地図」で見ることができるほか、国土地理院の「地図・空中写真閲覧サービス」からダウンロードすることができます。

さらに、2節で述べたように、地形発達史的な観点から地形を見ることによって、洪水の被害を受けやすい場所や、地盤の揺れやすさ、液状化が起こりやすい場所などの情報を得ることができます。このような観点から地形を区分した地図は適切な災害予測や防災対策に不可欠な情報です。地形の区分を示した地図は「土地条件図」や「地形分類図」などの名称で、国土地理院や旧経済企画庁、国土庁などの公的機関によって広く整備が進められ、公開されています。

これらの情報は、印刷図や数値地図として日本地図センターや大規模な書店などで購入することができます。また、国土地理院の「地理院地図」で閲覧でき、データをホームページから直接ダウンロードすることができる情報もあります。

地理院地図

「地理院地図」は国土地理院が無償で提供しているインターネット上で利用する地図で、国土地理院の様々な地図や航空写真などを一般のウェブブラウザで見ることができます。簡単なマウスの操作で拡大、縮小ができ、縮尺に応じた表現の地図が表示されます（図2・2参照）。また、ページの左上にある「情報」というタブをクリックし、さらに「表示できる情報」をクリックすると、過去の航空写真や土地条件図、都市圏活断層図などのハザードマップの作成や理解に有効な情報や、最近発生した大きな災害に関する情報などを地図上に重ね合わせて見ることができます。右上の「機能」のタブをクリックすると、作図機能を使ってオリジナルの情報を地図に表示させたり、他のＧＩＳソフトなどを用いてｋｍｌ形式で作成された地図のファイルを読み込んで重ねて表示したり、その地点の緯度経度や標高などの詳細な情報を表示させるなどの機能があり、さらに、「３Ｄ」のタブをクリックすると地図が３次元表示され、マウスで視点を変えて見たり、３Ｄプリンタ用のデータを出力することも可能です。

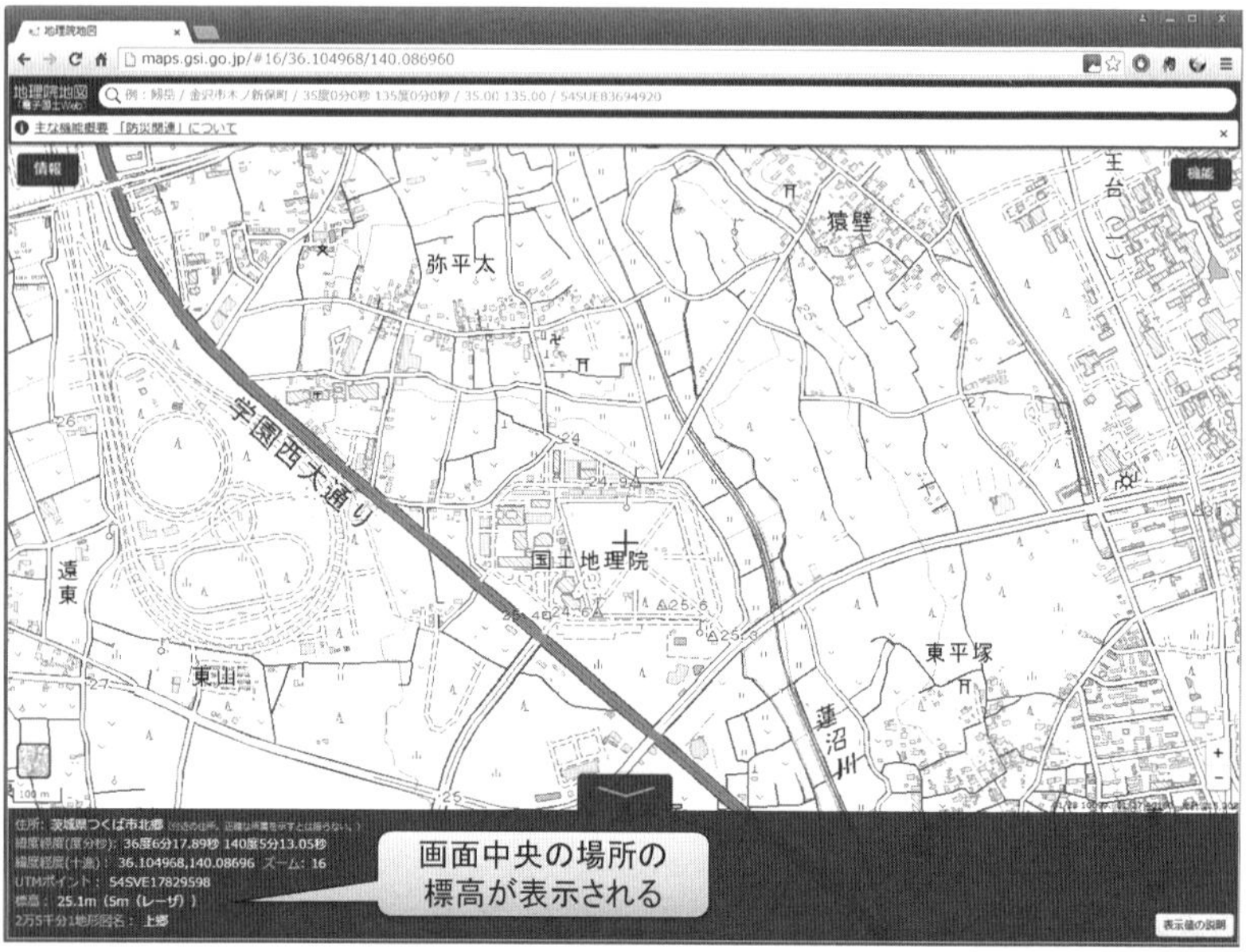

図 **2.2**　地理院地図(http://maps.gsi.go.jp).

公的地図と民間地図　ハザードマップの基図としてしばしば使われる国土地理院の2万5千分の1地形図は、行政や地域学習、レジャーなど、多様な目的で用いることができるよう、土地の起伏を等高線で示し、建物や道路、鉄道などをできるだけ省略することなく2万5千分の1の縮尺で正確に表した地図で、2014年に国土の全陸域のカバーが完成した。一方、自治体では、それぞれの行政目的に応じて様々な縮尺で地図を作成しているが、多くの自治体が行政の基本図として利用しているのは縮尺2千5百分の1の地図である。これは、都市計画法により、都市計画は縮尺2千5百分の1以上の地図で示すことと定められており、都市計画区域を有する自治体は縮尺2千5百分の1以上の地図を作成する必要があるため、これを他の行政にも用いることができるよう、基本図として整備しているものである。

この他、民間のウェブ地図が基図に用いられることもある。自治体や国土地理院の地図に比べて建物や店舗などの名称や病院、コンビニ、ガソリンスタンドなど防災上重要な役割を果たす施設などの情報が充実しており、目的と利用法によっては効果を発揮する場合もある。また、市民がボランティアで自由に利用できる地図を作成するプロジェクトである「オープンストリートマップ」の活用も広がりつつある。

標高　従来は、等高線から内挿して標高値を求めることが行われてきた。しかし、この方法では、等高線の間隔以下の微細な標高差を知ることはできない。例えば、2万5千分の1地形図では等高線は10メートルごとに表示されているため、10メートル以下の微細な地形は表現されていない。特に地形が平坦な地域では、洪水や津波、高潮対策のため、より精度の高い標高値が必要である。

航空レーザ測量は、航空機に搭載されたレーザ測距儀から地上に向けてレーザ光線を照射し、地表からの反射波を捉えて、航空機と地表の距離を直接計測するものである。航空機の正確な航跡の情報と、反射波が地表に反射したものか樹木や建物などに当たったものかなどの解析を行い、地表の詳細な標高値を数十センチメートルの精度で面的に求めることができる。これまでに国土地理院や国土交通省地方整備局、自治体などにより国土のおよそ3分の2の地域で航空レーザ測量が行われている。航空レーザ測量で得られた標高値は、一定間隔ごと（メッシュ状）の標高値（「数値標高モデル」または「DEM：Digital Elevation Model」）として処理されている。国土地理院のホームページからは「基盤地図情報（数値標高モデル）」という名称でダウンロードすることができる。

地形分類図　国土地理院では、2万5千分の1土地条件図を作成、公開している。大矢雅彦氏ほかが作成した「濃尾平野水害地形分類図」が1959年の伊勢湾台風による水害を的確に予測したこと（3章2節参照）を契機に、1960年から開始された。2万5千分の1土地条件図は、地形が、形態や成り立ちの違いに基づいて、「山地」「地すべり地形」「台地・段丘」「扇状地」「自然堤防」「谷底平野・氾濫平野」「海岸平野・三角州」「旧河道」「後背低地」「砂州・砂堆・砂丘」「切土地」「盛土地・埋立地」「干拓地」などに分類され、2万5千分の1地形図上に色分けして表示された地図である。また、防災関連施設の位置や地盤高が併せて表示されている。全国の主な平野部がカバーされており、印刷されて販売されているほか、国土地理院の地理院地図で他の情報と重ね合わせて見ることができる。

この他、国土地理院では、国が管理する全国の一級河川の流域について、「治水地形分類図」の整備を進めている。これは、堤防の管理や洪水対策などの治水対策を進めるための地図として作成されているもので、土地条件図と同様な地形分類が示されているが、特に、河川の旧流路については詳細に表示されている。地理院地図で見ることができる。

さらに、全国をほぼ網羅した地形分類図として、旧経済企画庁、国土庁が各都道府県に委託して整備した「土地分類基本調査」がある。縮尺は5万分の1で、地形分類図、表層地質図、土壌図の3種の地図と説明書がセットになっている。地形分類図の分類項目は地域によって少しずつ異なっており、一般に国土地理院の土地条件図より少ない。現在は国土交通省国土政策局国土情報課が管理しており、国土交通省のホームページで地図の画像を見ることができる。

火山地域については、噴火に伴う溶岩流や火砕流の流下、火山噴出物の堆積など、他の地域とはまったく異なる地形形成史をもつ(3章4節参照)ことから、国土地理院では、火山ごとに「火山土地条件図」を整備している。これまでに活動的な20の火山について作成されている。それぞれの火山ごとに噴火史や地形形成過程が異なることから、例えば、災害が遠方まで及ぶことが予想される富士山や十勝岳では縮尺5万分の1、噴火の影響範囲が比較的コンパクトな三宅島や桜島では縮尺1万5千分の1といったように、それぞれの火山ごとに火山防災上の観点から表示項目や縮尺が設定されている。火山土地条件図も印刷図として販売されているほか、地理院地図で見ることができる。

「都市圏活断層図」もハザードマップの作成に必要な地形の情報と考えることができる(3章5節参照)。都市圏活断層図は1995年の兵庫県南部地震により活断層が注目されたことを契機に、1995年から作成が開始された。多数の活断層研究者が協力して地形学的観点から活断層の位置の認定を行い、その結果を国土地理院が2万5千分の1地形図上に表示して公表しているもので、全国の都市域周辺の主要な活断層帯について刊行されている。当初は、他の地域と同じ基準で調査を行った結果として活断層が認定されなかったことを明示するために、まったく活断層の表示のない都市圏活断層図が刊行されたこともある。印刷図として販売されているほか、地理院地図で見ることができる。

これらのほか国土地理院が作成した情報以外のものも含めて、防災に役立つ様々な地理空間情報の所在やアクセス方法、利用手続きなどが一覧できるようまとめた「防災情報チェックリスト」がホームページで提供されている(http://www.gsi.go.jp/kikaku/Checklist.html#03)。

ボーリングデータ　地表からは見ることのできない地下の地質の状況や、地盤の揺れやすさ、液状化の可能性などの評価に用いる地層の締まり具合などを、地表から穴を掘って直接調査することをボーリング調査という。一般にハザードマップを作成することを目的としてボーリング調査が行われることはなく、道路、堤防などの公共工事や大規模な建物の建設などに併せて実施された調査のデータを用いるが、ボーリング調査の結果を公表する義務はないため、それぞれの事業者が保管するデータを提供してもらうなど、データの収集にはかなりの労力を要する。

　国土交通省では、同省が所管する道路、河川、港湾事業等で実施したボーリング調査のデータを「国土地盤情報検索サイト Kunijiban」で公開している。約９万４０００本のボーリングデータが登録されており、地図上で調査地点を検索することができる。

　また、防災科学技術研究所では、様々な機関が公開しているボーリングデータを一括して検索することのできるポータルサイト「ジオ・ステーション」を提供している。地図や住所などからボーリングデータの所在を検索することができるほか、一部のデータは直接閲覧することができる。

　ボーリングデータを用いれば地盤の揺れやすさや液状化の危険度を定量的に計算することができる。しかし、ボーリングデータを入手することは難しい上、工事が実施された場所のデータしかなく、対象地域の中の限られた地点における点の情報しか得ることができない。一方、地形の情報からは土地の成り立ちを面的に知ることができる。本書では、ボーリングデータに過度に依存することなく、地形発達史的観点から地形を観察し、土地の成り立ちを理解することで地盤の条件を推測する手法を重視するべきとの立場に立っている。

4　防災行政の取り組み

ハザードマップ整備に関する法的背景

国や地方自治体による様々な防災行政の基本方針は、災害対策基本法という法律で定められています。災害対策基本法は、社会の変化に対応するため、これまでもたびたび改正されてきましたが、2013年には、東日本大震災の教訓を踏まえて、住民が自ら行う防災活動や地域の様々な主体が自発的に行う防災活動を促進することを盛り込む法改正が行われました。この中で、災害時の住民の円滑な避難行動を促すために重要との観点から、一般的な規定として、市町村長にハザードマップの配布などを行い、住民に避難等に必要な情報を周知することに努めなければならないことが定められました。

防災行政は、災害の種別ごとに、それぞれの法律が定められ、国や自治体が執らなければならない具体的な施策が決められています。ハザードマップの作成が個別の法制度で明確に義務付けられている災害種別としては、洪水、土砂災害、津波、盛土造成地などがあります。

洪水については、2001年の水防法の改正で、洪水ハザードマップの作成と住民への提供が市町村長に義務付けられました。国や都道府県が、管理する河川の浸水想定を行い、市町村はこれをもとに避難に関する事項や洪水予報の伝達方法等を記載した洪水ハザードマップを作成することとされています。2005年には対象が中小河川にも拡大され、全国の約8割の市町村が洪水ハザードマップの作成に取り組まなければならないことになりました。

土砂災害に関しては、2005年に改正された土砂災害防止法（正式名称は「土砂災害警戒区域等における土砂災害防止対策の推進に関する法律」）で市町村長にハザードマップの作成が義務付けられました。

まず、都道府県が土砂災害に関する基礎調査を行い、これをもとに土砂災害警戒区域（イエローゾーン）と土砂災害特別警戒区域（レッドゾーン）を指定します。これにより警戒区域に指定された区域をもつ市町村の長は、区域ごとに土砂災害に関する情報の伝達や避難方法などを記載したハザードマップを作成して住民に配布することとされています。２０１４年に発生した広島市の土砂災害では、大きな被害が発生した地域では県による基礎調査が終了していたにもかかわらず警戒区域に指定されていなかったため、ハザードマップが作成されていなかったことが問題になったことから、２０１４年11月に、都道府県に基礎調査の結果を速やかに公表することを義務付け、市町村は警戒区域の指定が行われていなくても基礎調査の結果に基づき必要な防災対策を行うことができるようにする土砂災害防止法の改正が行われました。

津波に関しては、東日本大震災後の２０１１年12月に新たに制定された「津波防災地域づくりに関する法律」によりハザードマップの作成が制度化されました。これによると、都道府県知事は、大きな津波が発生すると予想される地震を想定して浸水のシミュレーションを行い、その結果、被害のおそれがある地域を津波災害警戒区域として指定し、警戒区域として指定された区域をもつ市町村の長は、津波情報の伝達や避難場所、避難路等の避難に関する事項を記載したハザードマップを作成してこれを住民に配布しなければならないこととされています。

一方、火山、地震、液状化、活断層などのハザードマップに関しては、法的な義務付けはなく、作成するかどうかは各自治体の判断に任されています。

火山ハザードマップの作成は１９９０年代に入ってから各地に広がり、地元自治体や火山ごとに設置されている火山防災協議会が作成に取り組んでいます。なお、法的義務ではありませんが、２０１１年に国の中央防災会議が「防災基本計画」を修正し、この中で、国、自治体、関係機関、火山専門家を中心として構成される火山防災協議会を設置し、同協議会での検討を通じて火山ハザードマップ、火山防災マップの作成、配布に努めることが定められていますが、さらに、２０１４年9月の御嶽山の噴火災害の教訓を踏まえて、火山防災対策をより強化するための検討が進められています。

地震については「地震防災対策特別措置法」に地震・津波ハザードマップの作成に努めなければならない、という努力義務の規定がありますが、具体的な内容に関しては決められておらず、地震のハザードマップを整備するかどうかは自治体の判断に任されています。実際の整備状況は都道府県ごとに異なり、地震動予測などの積極的な取り組みを行っている都道府県では多くの市町村がこれに基づく地震や液状化のハザードマップを作成しています。

活断層については、都市圏活断層図などの活断層の位置をハザードマップに表示し、活断層の活動に伴う地震動を地震ハザードマップ作成の際に取り入れているケースがあります。また、条例や都市計画に基づき活断層沿いの土地利用規制などの対策をとっている徳島県や横須賀市などでは、独自に詳細な活断層マップを作成しています。

２０１４年版防災白書によると、２０１３年3月末現在のハザードマップの公表状況は、洪水ハザードマップ１２７４市町村（対象１３４２市町村）、津波ハザードマップ４５６市町村（対象６３９市町村）、土砂災害ハザードマップ１３０１市町村（対象１６０６市町村）、火山ハザードマップ37火山（対象47火山）などとなっています（内閣府調べ。地震、液状化については統計がありません）。

ハザードマップ整備のためのマニュアルの現状

国では、ハザードマップの作成を行う市町村を支援するため、ハザードマップ整備のためのマニュアルを用意しています。中でも、法制度に基づき作成が義務付けられているハザードマップに関しては、その法制度を所管する省庁の担当部局が詳細なマニュアルを作成し、配布しています。

ハザードマップは災害から市民の命や財産を守るための重要な情報ですから、マニュアルに基づいて質の高いハザードマップを整備することは重要ですが、一方で、災害の様相は土地の成り立ちや土地利用の状況などによって地域ごとに異なることから、地域の特性の十分な検討も必要で、場合によってはマニュアルを逸脱した作成方法が必要な場合もあります。また、地域の防災力を高めるためには、市町村のハザードマップを踏まえつつ、集落レベルで地域独自のハザードマップを住民自らが作成することや、ハザードマップをどのように読み解くのかを知る勉強会といった、地域の自主的な活動が重要で、このような活動を進めるための、ハザードマップ活用のためのマニュアルの整備が望まれます。

ハザードマップ作成マニュアルの実際　洪水ハザードマップに関しては、国土交通省水管理・国土保全局が2013年3月に「洪水ハザードマップ作成の手引き（改定版）」を作成、公開した。水防法により洪水ハザードマップの作成が市町村に義務付けられ、整備率は9割を超えているが、ハザードマップが住民の適切な避難行動に十分つながっていない、との認識から、出水の状況と避難行動との関係を明確にし、住民が的確な避難行動を選択できるような、より実践的な洪水ハザードマップを作成することを市町村に求めている。さらに、住民説明会などの事例も豊富に紹介し、単なるマップの作成マニュアルにとどまらない内容となっている。洪水ハザードマップに原則必ず記載しなければならない「共通項目」として、浸水想定区域と浸水深、洪水時家屋倒壊危険ゾーン、避難所等、避難時の危険箇所、土砂災害警戒区域、水位観測所等の位置、マップ内に表示しなければならない事項として、避難行動の心得、避難情報の伝達方法、情報の取得方法、避難所等の一覧などが、地域の特性に応じて表示する「地域項目」として、河川の氾濫特性、避難時の心得、避難勧告等の発令の目安、地形や氾濫形態の特徴、過去の洪水の情報、水害に対する心構えなどが例として示されている。

土砂災害ハザードマップについては、2005年7月に国土交通省砂防部が作成、配布した「土砂災害ハザードマップ作成のための指針と解説」が用いられている。「共通項目」として、土砂災害警戒区域等とこれらの区域の土砂災害の発生原因となる自然現象の種類（急傾斜地の崩壊、地すべり、土石流）、土砂災害に関する情報の伝達方法、避難地に関する事項が定められ、「地域項目」としては、主要な避難路、避難勧告に関する情報、避難時の心得などが挙げられている。資料収集の方法、地区単位の設定方法、基図の作成、共通項目、地域項目の記載方法などが手順に従って示されている。

津波に関しては、2011年12月に制定された津波防災地域づくりに関する法律によりハザードマップの作成が義務化されたが、マニュアルとしては2004年に内閣府、農林水産省、国土交通省が作成した「津波・高潮ハザードマップマニュアル」が用いられている。マニュアルでは、地震規模、震源域、地盤変位などの外的条件を設定し、数値シミュレーションを行って浸水区域と浸水深を予測し、最悪の浸水状況を想定して、避難場所、避難経路などの住民の避難に関する情報と、住民の防災意識向上のための情報を記載することとされている。同マニュアルでは浸水区域、浸水深の予測やマップの作成をそれぞれ誰が行うかの明確な指定はないが、津波防災地域づくりに関する法律では、都道府県が津波浸水想定（浸水区域、水深）を行い、市町村が最大浸水深と情報の伝達や避難に関する情報を記載したハザードマップを作成することとされている。

火山については、1992年に当時の国土庁防災局が「火山噴火災害危険区域予測図作成指針」を作成した。現在はこれを改定した「火山防災マップ作成指針」（2013年3月、内閣府、消防庁、国土交通省砂防部、気象庁）が用いられている。この中では、「火山ハザードマップ」と「火山防災マップ」を区別して扱っており、「火山ハザードマップ」は各火山の災害要因（噴石、火砕流、火山泥流等）の影響が及ぶおそれのある範囲を地図上に特定したもので、避難計画や入山規制等を検討するための基礎資料と位置づけ、「火山防災マップ」は「火山ハザードマップ」に、避難計画に基づく避難対象地域、避難先、避難経路、避難手段などの避難に関する情報や、噴火警報等の解説、住民や一時滞在者への情報伝達方法などを追加したものと定義している。また、科学的調査研究をもとに過去の災害要因が及んだ範囲を示したものを「災害要因実績図」と呼んでいる。3節で紹介した国土地理院の火山土地条件図はこれにあたる。指針では、災害要因実績図やシミュレーションを利用した火山ハザードマップの作成手法が災害要因ごとに詳細に示され、また、これをもとに火山防災マップを作成する方法が事例とともに示されている。なお、火山防災マップを作成するためには火山防災協議会の設置が不可欠とされている。

地震に関するハザードマップのマニュアルとしては、内閣府が2005年3月に作成、公開した「地震防災マップ作成技術資料」が主に使われている。この資料では「揺れやすさマップ」と「地域の危険度マップ」の作成方法が解説されている。「揺れやすさマップ」は地域の揺れやすさをその場所の地盤の状況とそこを揺らす可能性のある地震の発生場所と規模の両面から評価し、予想される地震動の強さで表したマップである。地震動の推定方法としては、まず想定した地震の規模と震源からの距離で地下の岩盤の地震動を推定し、次に岩盤の上にある表層地盤の柔らかさでその揺れがどの程度増幅するかを推定する経験的手法が主に示されている。「地域の危険度マップ」は、揺れやすさマップで推定された地震動の大きさと建物の構造や建築年次などのデータを組み合わせ、地区ごとに建物にどの程度の被害が生じるかを示したマップである。

液状化に関しては、上記の「地震防災マップ作成技術資料」と、旧国土庁が1999年1月に作成した「液状化地域ゾーニングマニュアル」が用いられている。このマニュアルでは、既存の地形分類図から液状化の検討を行う地域の抽出(グレード1)、微地形分類を用いた液状化の可能性の判定(グレード2)、地表地震動の予測とボーリングデータを用いた地盤の液状化強度を考慮した液状化判定(グレード3)の3段階のゾーニング手法を示している。

第3章　ハザードマップからわかること、わからないこと

1　津波ハザードマップ――津波来襲をイメージする

津波ハザードマップの役割はふたつあります。ひとつは、事前に危険な場所を知り、防災や減災の観点からまちづくりや対策をすすめるための基礎的な情報を伝えることです。そしてもうひとつは、住民が地震を感じた後、迅速に安全な場所へ避難するための判断および行動を助けることです。本節ではこれら両者の役割を意識しながら、津波ハザードマップの現状と課題を述べたいと思います。

津波ハザードマップとは

2011年東日本大震災は大津波による多くの犠牲者を出し、ハザードマップのあり方に一石を投じました。図3・1は、2008年に公表された宮古市総合防災ハザードマップ津波編の、田老地区を示したページで、2011年東日本大震災より前に公表されていたものです。この地図における津波浸水深(津波の際に水に浸ると予想される深さ)は、岩手県が想定した1896年明治三陸地震津波、1933年昭和三陸地震津波、および宮城県沖連動型地震の津波シミュレーション結果をもとに、来襲

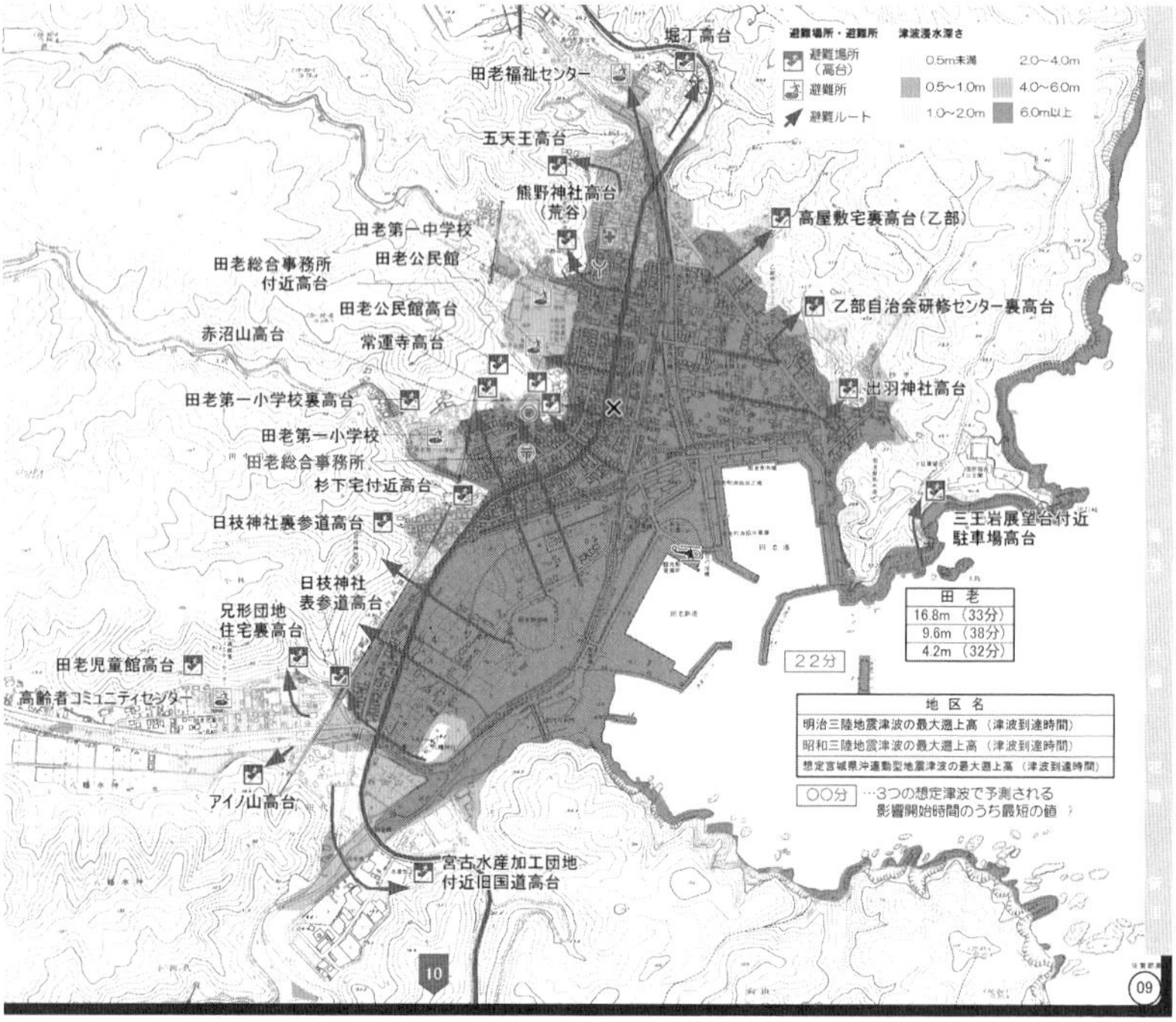

図 **3.1**　宮古市総合防災ハザードマップ津波編(2008 年公表).

する最大の津波浸水深を6段階に分けて示しています。さらに、避難場所（津波の際に避難すべき安全な高台など）と避難所（一定の期間、避難生活が可能な施設）が表示され、どの避難場所に逃げればよいかが矢印で示されています。そのほか、地震発生から津波来襲までの時間や公共施設、国道なども表示されています。図3・1に示した部分にはありませんが、この宮古市のハザードマップには防災の心得やマップの使い方、想定以上の津波が来る可能性、日頃からの対策事項、津波に対する心がけなども書かれており、住民の視点でつくり込まれた、すぐれたマップのひとつでした。しかし、東日本大震災より前には、津波ハザードマップが整備されていた自治体は少なく、整備されていても標高を色分けした地図に避難場所や避難所が書かれているだけのものもありました。

東日本大震災以降は、ハザードマップが急ピッチで整備され、未整備地域は2014年7月までにかなり少なくなってきています。全国の津波ハザードマップは国土交通省「ハザードマップポータルサイト」(http://disapotal. gsi. go. jp/viewer/index. html?code＝4)で閲覧が可能です。これをみると、標高を色分けしただけのものもまだある状況ですが、計算結果だけでなく過去の実績を表示しているものや、避難経路まで詳しく書かれているものも増えてきています。紙媒体として全戸配布されているもの、複数の地図情報と重ね合わせることができるWeb-GISベースのもの、あるいは浸水の様子や被害の推移を動画で閲覧できるものまで、周知に向けた工夫も多様です。津波に対する危機感の度合いで、ハザードマップへの力の入れ方も違うかもしれません。

東日本大震災における津波ハザードマップ——なぜ問題になったか

東日本大震災を目の当たりにして、誰しも何か自分にできることはないかと考えたかと思います。我々も例外ではありません。震災２日後、地震直後に撮影された航空写真が国土地理院から公表されたことを知り、これを食い入るように観察しました。私たち地理学者は、航空写真を２枚並べて地表の現象を立体的に判読する訓練を日頃からしています（詳細は４章４節を参照）。その技術を活かして高精度な津波被災地図をいち早く作ることで救援や復興に貢献できるのではないかと考え、日本地理学会の有志20名ほどで縮尺２万５千分の１の「津波被災マップ」を作成しました（日本地理学会災害対応本部津波被災マップ作成チーム、２０１１）。その判読中、写真からいろいろな状況が見えてくるため、様々な思いが湧いてきました。被災者は津波に襲われてどのような思いをしながら、どんな行動を取ったのだろうか。十分に逃げられたのだろうか。事前に準備ができていたのだろうか……。涙が止まらなくなることもありました。そして作成をすすめるうちに、震災前の津波ハザードマップはどのようなものだったのか、役に立ったのかについても気になってきました。

以下では、私たちが作成した「津波被災マップ」と震災前のハザードマップを比較しながら、東日本大震災に伴う津波の実情をみていきたいと思います。

福島県沿岸部　福島県が津波ハザードマップ作成の際に想定した地震は、今後予想される宮城県沖の地震（マグニチュード８・２）、福島県沖の地震（同７・７）、および過去に起きた明治三陸地震（同８・６）でした。これらのうち宮城県沖の地震と明治三陸地震は、震源が福島県よりだいぶ北にあるため、津波はあまり大きくなりません。福島県沖の地震も規模があまり大きくないので、やはり大きな津波になりません。その結果、事前の予測では、住宅が流される浸水深の目安である2メートルを超えるような地域はほとんどないという結果になり、堤防の内陸側まで被害を受けるようなことも想定されていませんでした。予測結果の例を図3・2に示します。

しかし、実際は10メートルを超える津波が数キロメートルも内陸へ浸入しました。避難場所のなかには浸水してしまったところもあります。それでも、この地域には台地(海成段丘)が海岸沿いに広がっていることが多いため、高台に逃げて助かったケースも多かったようです。高台がなく海岸の平野が広かったらもっと大きな被害が出たかもしれません。なぜ想定をはるかに超える津波が今回押し寄せたのか、それを想定することは本当に困難だったのかなど、多くの問題が残されました。

仙台平野と石巻平野　宮城県が想定した地震は、今後発生が予想される宮城県沖地震(連動型)と過去に実際に起きた昭和三陸地震です。これらの地震による津波は波長が短いため、押し波の継続時間が長くなりません。そのため津波は奥まで入らず、平野部における浸水は沿岸部に限られると想定されていました(図3・3)。想定する津波を選定する際、近代以降の観測結果のみが重視されたため、こうした地震しか想定の対象になりませんでした。

ところが平安時代の869年には、貞観地震津波が起こっていました。津波堆積物や古文書調査によると、貞観津波は仙台平野の内陸数キロメートルまで遡上しています。今回も、高さ10メートルを超える津波が押し寄せ、海岸から3キロメートル以上も内陸に浸入しました。貞観津波や今回の津波は波長が長く、押し波から引き波へと移行するまでの時間が長かったので、内陸奥深くまで浸水してしまったのです。

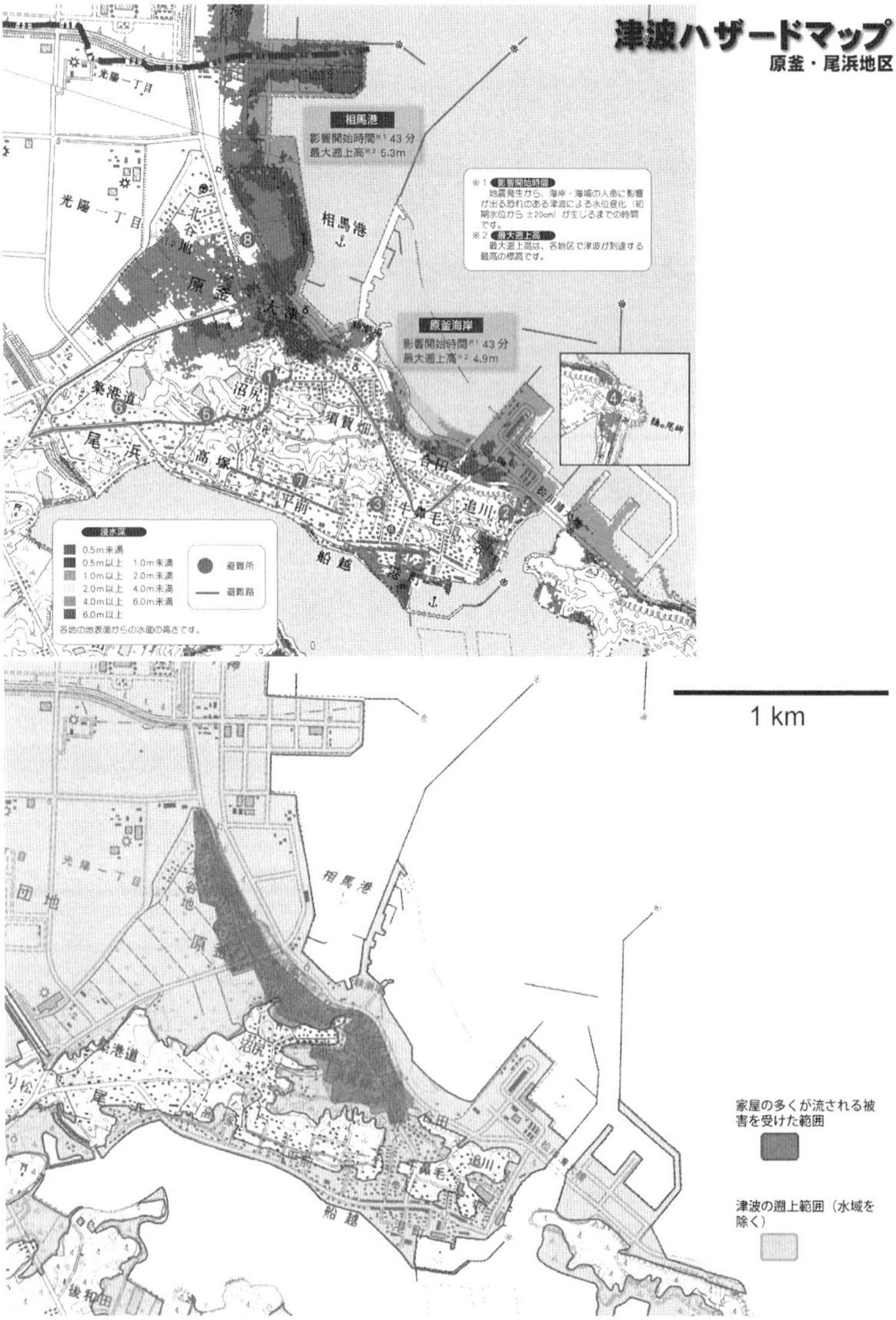

図 **3.2**　福島県の津波予測(上，相馬市津波ハザードマップより)と 2011 年の津波被害(下，日本地理学会による)．

図 **3.3**　宮城県の津波予測（上，岩沼市津波ハザードマップより）と 2011 年の津波被害（下，日本地理学会による）．

石巻平野においても、ほとんど浸水しないという事前の予測に反して、内陸数キロメートルまで浸水しました。東松島市の野蒜《のびる》地区では1メートル以下の津波に襲われると予測されていましたが、実際には約5メートルの津波が襲いました。この地区は地元になじみが薄い人が多く住む新興住宅地であったこともあって、今回の津波で死亡率がとくに高くなってしまいました。津波は東側から西側に向かって浸入して大きな被害が出ました。事前のシミュレーションでもおそらく東から津波が来るという想定になっていたと思われますが、ハザードマップには津波の向きが明示されないため、野蒜地区の西部の住民は、目の前にある西側の海(松島湾)の方を気にしていたのかもしれません。また、運河があって橋が少ないことも避難を妨げ被害を拡大させた可能性が高かったと思われます。

気仙沼市街地と気仙沼市波路上地区　市役所や駅はやや内陸にあったため津波に襲われませんでしたが、気仙沼市街地はハザードマップに示された浸水範囲よりはるかに広い範囲が浸水しました。気仙沼湾は奥まっていて、明治や昭和の津波の際のように東側の唐桑半島や大島が津波を防いでくれると住民は思っていたようですが、今回の津波ではそうは行きませんでした。

津波が襲った沿岸に広がる市街地には、比較的高層の建物が多くあり、これらは避難場所に指定されており、そこに避難して多くの人が難を逃れました。ただ、これらの建物は津波襲来後、孤立してしまいました。後日談によると、ここに避難した人たちは、長期にわたって建物内に留まらざるをえなくなりました。建物を超える津波が来るのではという不安、食料や水の心配、迫る火災の恐怖など、救助されるまでの間、多くの不安と戦わなくてはならなかったそうです。

津波に襲われた場合、波が完全に引くまでの間は屋外を移動できませんし、津波火災が誘発される

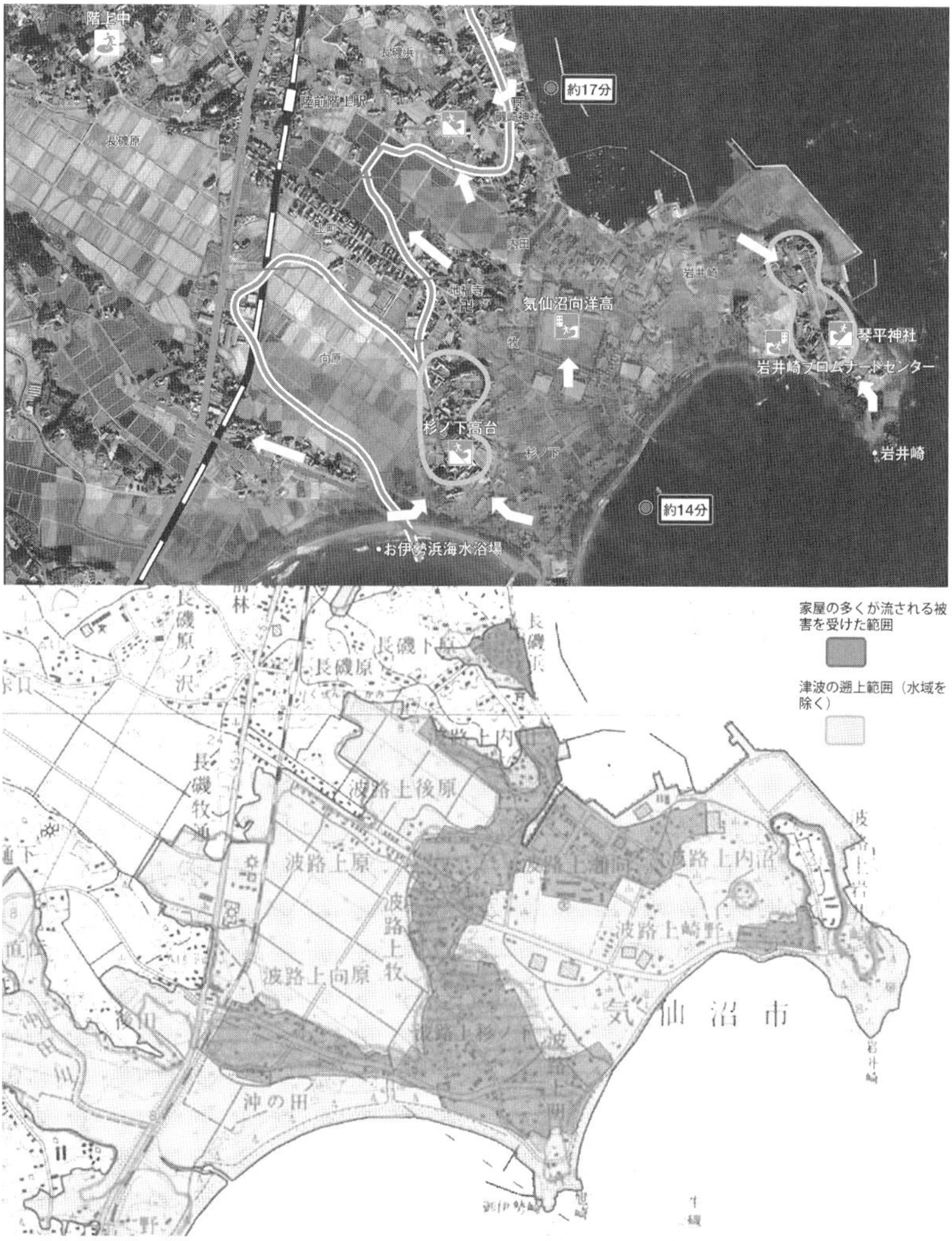

図 **3.4**　気仙沼市波路上地区の津波ハザードマップ(上)と 2011 年の津波被害(下，日本地理学会による)(上図の背景図には IKONOS 衛星画像が使用されている．©日本スペースイメージング(株))．

ことも珍しくありません。気仙沼の火災は避難場所まで達することはなかったようですが、被災地に取り残される津波避難ビルにおいて、避難後に発生する問題もこれから考えていかなければなりません。

気仙沼市街地の南方、波路上《はじかみ》地区は三方を海に囲まれています(図3・4)。波路上という名前も津波由来を思わせます。実際に、過去に何度も津波の被害に遭い、明治三陸津波の後、集落を高台に移転させました。津波ハザードマップでは、高台に移転した集落は浸水を免れるはずでした。ところが、今回の津波は予想を超えました。そのため、移転集落も避難所も高い津波に襲われ、多くの犠牲者を出しました。聞くところでは、住民は過去に津波が来襲した方角を気にしていたところ、背後の南から津波に襲われたそうです。このことが犠牲者を多くしてしまいました。

釜石市街地と釜石市鵜住居地区　釜石湾には、沖合に湾口防波堤が総工費約1200億円をかけて建設されていました。今回の津波はこの防波堤を越え、防波堤自体も壊してしまいました。しかし効果がなかったわけではなく、防波堤は釜石市街地における津波による浸水を6分遅らせ(地震から28分後に浸水するはずのものを34分後に)、津波の高さを4～6メートル(防波堤がない場合の4～5割)低減できたとされています。山が迫る狭い平野全域が浸水しましたから、湾口の防波堤には費用対効果が低いという声もあります。しかし、6分の猶予は、地震後すぐに津波に襲われる危険性がある地域では、少なくない時間のようにも思えます。

釜石市街地の北方、鵜住居《うのすまい》地区は大槌湾の湾奥にある小さな平野です。ここでは、ハザードマップの想定をはるかに上回る津波が押し寄せ、安全だと思われていた谷の奥まで津波が入り込んでしまい

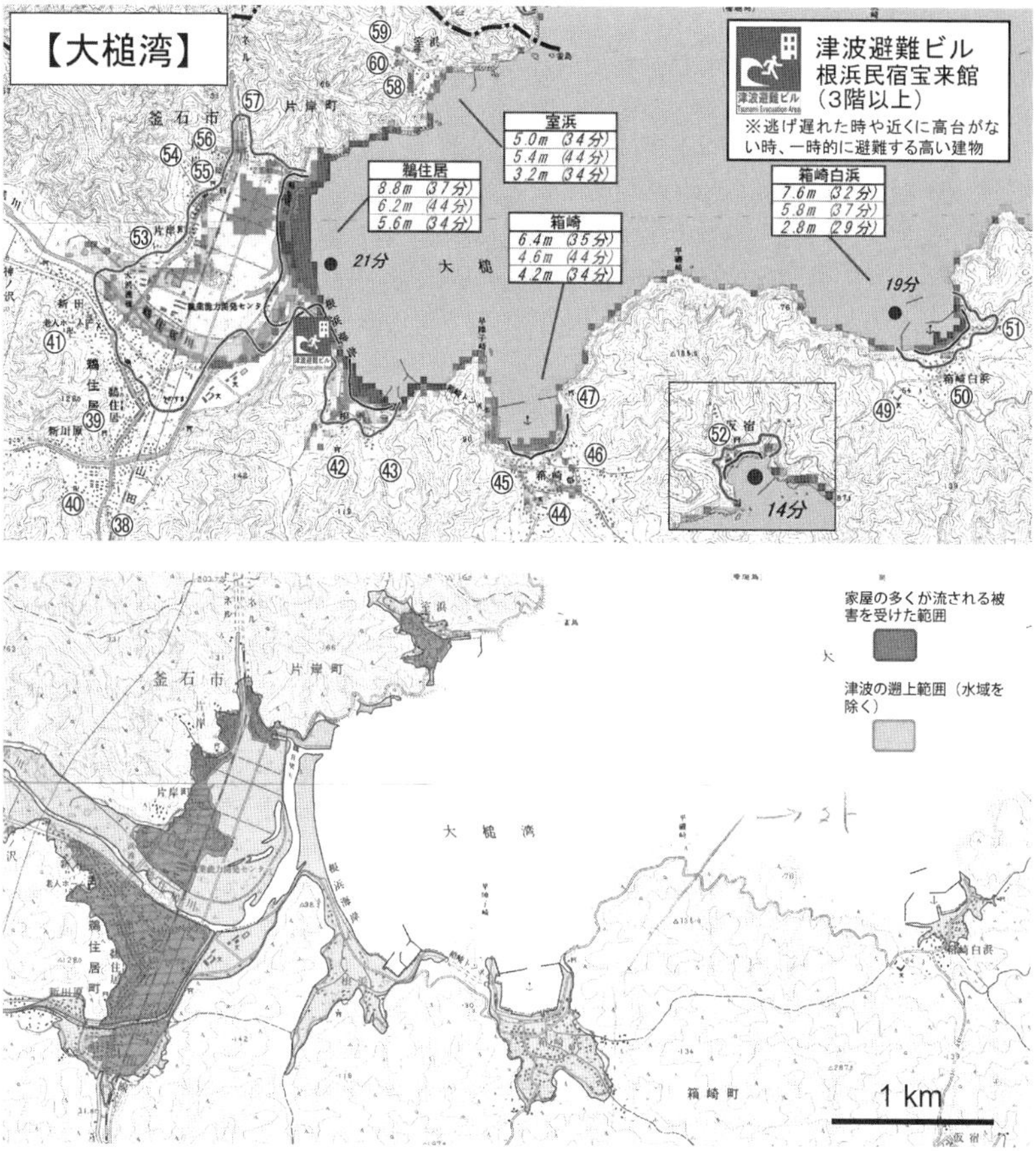

図 **3.5**　釜石市鵜住居地区の津波一次避難場所の地図(上，釜石市津波浸水予測図より)と 2011 年の津波被害(下，日本地理学会による)．上図の地名の下の数値は上から明治三陸地震，昭和三陸地震，想定宮城県沖連動地震による津波の最大遡上高と津波到達時間を示す．

ました（図3・5）。ここは、「釜石の奇跡」と呼ばれて一躍有名になった場所です。予想より大きな津波に襲われましたが、防災意識の高かった小中学校の生徒や児童が臨機応変な対応をした結果、助かりました。このことは、「ハザードマップを信じるな」という教訓として知れわたることになりました。これは、ハザードマップの誤った理解と利用が被害を拡大させたことに対する象徴的な言葉だと思います。

こうした「奇跡」と同時に、この地区では対照的な悲劇も起きており、地区防災センターで100人前後の方が亡くなったとされています。この地区防災センターは、出張所や公民館などの行政施設をかねた施設で、避難者が避難生活をする拠点である「拠点避難所」に指定されていましたが、津波一次避難場所ではありませんでした。この施設が防災センターと名づけられたのは、当初、国の補助金（地域防災拠点整備モデル事業補助金）を使用して3階建以上の津波避難ビルを建設することが検討されたことに起因します。ここは明治三陸津波では浸水した範囲内でしたが、岩手県のハザードマップでは津波浸水範囲外でした。補助金を利用するためには浸水想定範囲内でなければならなかったため、市は補助金を諦めざるを得ませんでした。そして一般財源を基軸として、財政負担の少ない2階建の防災センターを建てることになりました。

住民には、この防災センターは避難場所ではないことを説明しながらも、津波を危惧する意見に対しては、浸水想定の範囲外であるため大丈夫とも言ってきました。しかも、この地域の防災訓練の際にはこの防災センターが避難場所として利用されていました。こうした込み入った事情から、このセンターがいざというときの避難場所でないということが十分周知できませんでした。そして、あの日、多くの人々がこの防災センターに避難し、津波にさらわれました。

「もしも防災センターが浸水想定の範囲内だったら3階建を作れたのに」、「もしここが避難場所でないことが周知されていたならば住民は別の場所に避難したのに」と考えてしまいます。このように、ハザードマップに関わる様々な問題を、鵜住居地区で起きたことから学ばなければなりません。

宮古市街地と津軽石地区　宮古市では、盛り上がった黒い海面が堤防を越えて市街にあふれだす様子をとらえた衝撃的な映像や写真が広く報道されました。

宮古湾の湾口付近に位置する宮古市街地では、想定された浸水域と実際の浸水範囲はかなりよく一致しました。ところが、宮古湾の奥にある津軽石《つがるいし》地区では、ハザードマップに示された範囲よりかなり奥まで進入します。津軽石地区では、海岸において高さ8・4メートルの津波が、標高3・5メートル付近まで遡上する想定でしたが、実際には11メートル程度の津波が標高6・5メートルから10メートル付近までも遡上したのです。

今回発生した津波は想定されていた短波長成分を有していたため、湾口付近では想定通り高い津波が起こりました。ところが、想定と異なり押し波が長時間継続する長波長成分も有していたことで、湾奥では予測を上回って津波が侵入したと考えられます。今回の津波が、長波長と短波長が合わさった津波であったことは、釜石沖に設置されていたGPS波浪計でも観測されています(図3・6)。

宮古市田老地区　宮古市街地の北方、田老《たろう》地区は明治三陸津波で人口の8割以上を、昭和三陸津波でも人口の3割以上を亡くすという悲劇を繰り返してきました。その苦い経験から、昭和三陸津波の翌年から巨大防潮堤の建設が始まりました。防潮堤は長さが約2・5キロメートル、高さは10メート

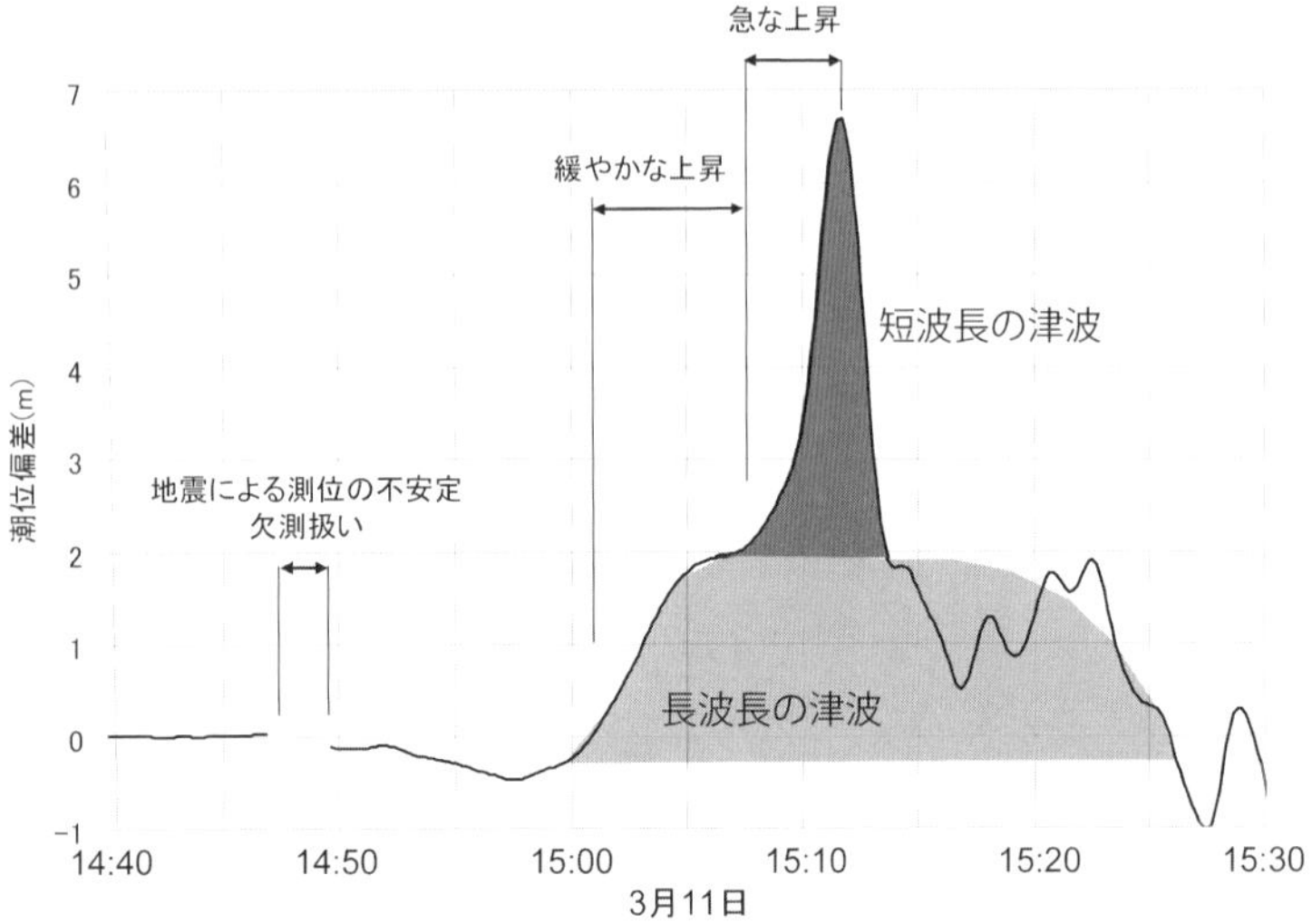

図 **3.6**　釜石沖の GPS 波浪計で観測された津波の波形(独立行政法人湾港空港技術研究所ホームページより).

ルにものぼり、日本版「万里の長城」とさえいわれる巨大なもので、起工から実に45年目の1978年に完成しました。この防潮堤は世界的にも有名となり、日本の津波対策の象徴として、内外の多くの行政関係者や研究者が視察に訪れていました。

ただし、明治三陸津波の高さは15メートル以上あり、そのクラスの津波が来襲すると防潮堤を乗り越えることは建設当初からわかっていました。そのため田老地区のハザードマップには、防潮堤を越えて市街地一面が浸水することが示されていました。宮古市と合併前の田老町は防災教育にも熱心に取り組み、2003年に津波防災の町を宣言し、防潮堤におごらない防災力向上に努めていました。

今回の津波は防潮堤をはるかに越え、ハザードマップに示された浸水想定範囲に浸入しました。川の流れの方向と直交する向きに建設されていた堤防の一部は破壊され、強固な門だけが残りました。田老地区の死亡率は堤防が壊れた乙部で高く、人口の10パーセント近くになりました。乙部が他の地域と比較して高台までの距離が遠いことも原因だったかもしれません。堤防が破壊されなかった古い堤防の内側の地域における死亡率は5パーセント程度でした。

田老地区の津波を報じた新聞記事によれば、3階建ぐらいの高さで二重に備える「世界一の堤防」への過信や、堤防によって来襲する津波が見えなかったこと、またラジオなどで伝えられた津波の予想高さが堤防の高さより低かったこと、あるいは第一波の後に自宅に戻って犠牲になった人がいたことなどが指摘されています。

ほとんどすべてが破壊されてしまっている田老地区において、最初に作られた堤防だけが立派に残っていることに虚しさを覚えます。防災先進地域であった田老の経験は、災害と向き合うこれからの私たちに様々な教訓を与えています。

人的被害はどのような場所で大きかったのか

自然災害は、地震や津波といった自然現象である自然ハザードと私たちのもつ脆弱性とが出会うことで発生します。つまり、自然ハザードにさらされる場所に人や社会が存在しなければ災害は発生しません。人命に関して言えば、地震発生後、津波が来襲するまでの間に高台など安全な場所に避難すれば少なくとも人的被害はなくなります。

２００４年スマトラ地震による津波に襲われたインドネシア・アチェ地方では、住民は津波という現象を知りませんでした。一方、東北地方では津波をよく知っている人々が津波に襲われました。このふたつを名古屋大学の高橋誠教授らが比較したところ、１００パーセントに近い建物被害が出た地域における犠牲者の割合は、アチェ地方のほとんどの集落で60パーセント以上になるのに対し、東北地方ではほとんどの集落（小字単位で集計）で10パーセント以下だそうです。これは、今回の津波に際し多くの人々が高台に避難し、難を逃れたことを意味しています。

今回の津波による人的被害の大小を語ることは、被災者に申しわけなく心が痛みますが、今後の教訓を得るためにあえてその特徴を見てみたいと思います。

東北の被災地域では、犠牲者の割合が小字ごとに大きく異なります。図３・７、８は山元町、南三陸町、気仙沼市、釜石市における小字ごとの死亡率と全壊率の関係を示しています。ここで、死亡率12パーセント以上の小字（タイプA）はどのような場所にあるかに着目してみましょう。仙台平野のな

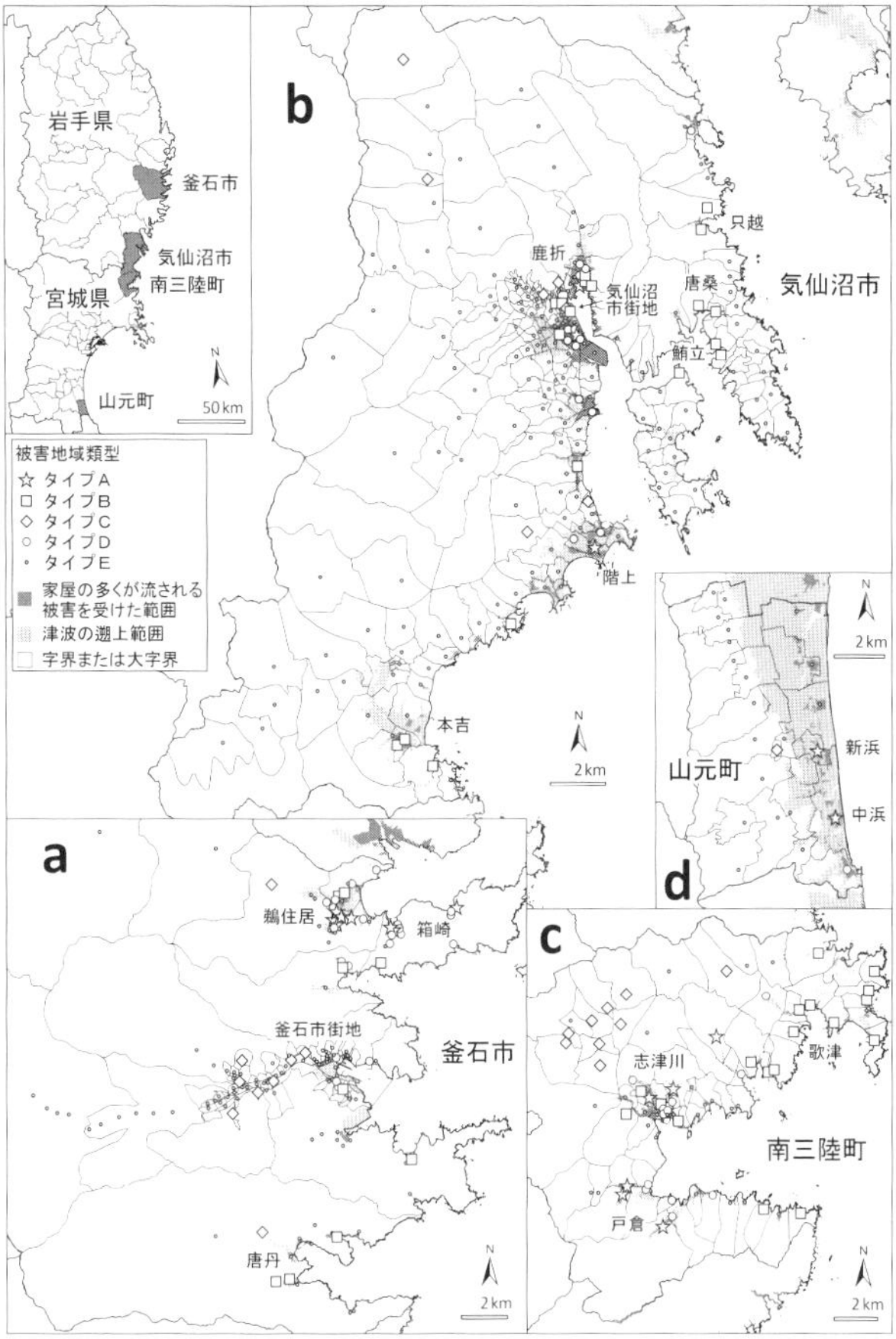

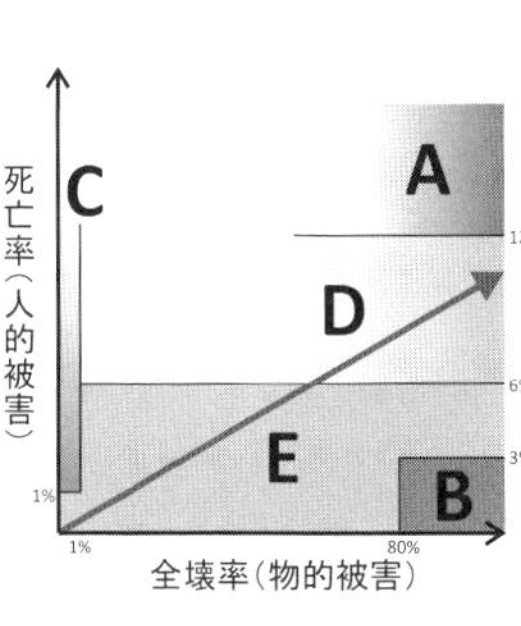

図 **3.7**　山元町，南三陸町，気仙沼市，釜石市における小字ごとの死亡率と全壊率による被害地域の類型(高橋誠・松多信尚による).

図 **3.8**　死亡率と全壊率による被害地域の類型モデル図(高橋誠・松多信尚による).

かにある山元町では、海岸近くに位置する小字で死亡率が高く、高台への避難が難しい場所で死亡率が高くなったと考えられます。しかし、南三陸町などのリアス式海岸の地域では、海岸の近くの小字よりも、海が見えない谷の奥や広い平野の内陸側の小字で死亡率が高いことがわかります。逆に、全壊率が高く、津波の威力は大きかったのにもかかわらず死亡率が低いタイプBの小字は、昔からの人々が住む比較的小さな浦に位置しています。

前項で取り上げた、波路上地区や鶉住居地区などの例を考えても、津波に遭遇したとき、津波の挙動を予測できた地域では死亡率が低く、予測できなかったり予測が裏切られたりした地域では死亡率が高いようです。また、被害が小さかった集落は古い集落で、被害が大きかったところは新興住宅地であることも少なくなく、地域の特性への理解の低さが被害を拡大させた可能性もあります。

津波挙動の予測と的確な避難行動を促したのは、まさにその土地の地理的な条件への認識に他なりません。このことに注目して、津波ハザードマップの抱える問題をさらにさぐってみたいと思います。

津波ハザードマップの問題

津波ハザードマップを作る際には、地震がどこでどのように起こるかを想定し、その際の断層運動による海底の隆起・沈降を予測して、それによる津波がどのように伝わり、どのように陸上に遡上するかの計算(シミュレーション)をします。そして浸水範囲と浸水深を表示して、さらに避難場所や避難経路なども記します。このマップは、まちづくりや対策にも活かされますが、「ある程度の津波までは防潮堤などの津波対策によって被害が出ませんが、それを超えると危ないので、あとはこのマップを参考に自己責任で逃げてください」という目安でもあります。また、その予測を超えることもありえることが必ずどこかに記されているはずです。しばしばハザードマップは無料配布されますが、解説まで熟読し、マップの意味を正確に理解できる住民は少なく、多くの人は自分の家や職場など気になるところを確認するだけです。自己責任で行動しなくてはならない場面があることを伝えたいのに、「ここまでしか来ない」「津波のことは考えなくてよい」というお墨つきをもらったと勝手に思い込んでしまうこともあります。すなわち、十分な知識と理解がないと、防災にとってハザードマップは逆効果になることさえあるのです。

七ヶ浜町では、地元の自主防災組織が東北学院大学の宮城豊彦教授と一緒にハザードマップ作りを行い、住民がハザードマップの限界を正しく知っていました。そのため、東日本大震災に際しては、想定より大きい津波に襲われながらも、自主的に避難して難を逃れました。この場合のハザードマップは、地理的な情報を踏まえながら地元の視点で住民が自らつくり込んだ作品といえるでしょう。ハザードマップ作成のプロセス自体が、住民の地理的条件への認知度を向上させ、被害の軽減につながったといえそうです。宮城氏は、自治体が作った完成品を渡すのではなく、未完成な状態のマップを住民に提供し、住民の手で完成させることを提案されています。この作業は、住民の地理的条件への認知度を向上させ、公助の限界から自己責任で行動しなくてはならない場面があることを周知させるために役立つのではないかと思います。

津波ハザードマップには科学的な問題もあります。津波のシミュレーションにはどうしても誤差があります。また、津波を引き起こす地震自体の想定にも不確実性があるというのが現状です。宮城県や福島県のハザードマップが東日本大震災の津波の現実と大きく乖離していたのは、ひとえに今回の地震を想定していなかったからです。地震の想定は、もっと様々な方法で検討されるべきでしょう。一部の地形学者は海底活断層に注目しています。その進展が、津波を発生させる地震想定の精度を上げるのではないかと期待されます。

津波ハザードマップを活かすためにどうしたらよいか

これまで述べたように、津波ハザードマップは、「完成品」として過信するのではなく、手にとって活用する、あるいはつくり込むことが重要です。また、地震や津波は繰り返し発生します。過去に起きた地震は未来の地震を想定するうえでヒントを与えてくれます。したがって、浸水想定の計算結果だけでなく、過去の津波の際の「実績」を考慮することが重要です。

日本には長い歴史の記録があります。有史以前についても地質や考古の調査によって津波の歴史が編まれています。こうしたことに注目して、愛知県東三河地域防災協議会は、津波の歴史を詳しくまとめたパンフレットを作って啓発活動を行っています（図３・９）。ハザードマップと併用して、このような「災害実績図」を整備することが重要です。それを見て、過去の津波ごとにその高さに大きな違いがあることを知ることで、例えば「前回大丈夫だったから今回も大丈夫」といった、経験に基づく誤った判断を減らせる可能性があります。１００年から１５０年に1度、規則的に起きている南海トラフの地震ですら、毎回同じではないことがわかっています。不規則性に注目しながらも、それでも概ねどの程度なのか大づかみに把握する観点も重要でしょう。

図 **3.9**　津波の歴史に関するパンフレット(愛知県東三河地域防災協議会).

内閣府は、東日本大震災を受けて、南海トラフで発生する巨大地震として、歴史的に知られているものだけでなく、「あらゆる可能性を考慮した最大規模」の津波を発表しています。それによると、想定した地震によっては30メートルを超える津波が押し寄せる地域もあります。これは過去の津波より、場所によっては3倍から4倍も大きい値です。こうした津波が本当に来るかどうかは、いまのところわかりません。一部の過疎地では、あまりの津波の高さに驚いて、諦めムードが強くなってしまったともいわれます。このように、最悪ケースばかりが強調されることは、防災上けっして好ましいことではありません。諦めて思考停止に陥るのではなく、まずは起こり得る津波の可能性を知り、そのような津波に遭遇したとしても自己責任で助かる方法を、先人が経験して今日に言い伝えられている教訓なども参考に考えた方がよいのではないでしょうか。

もうひとつ難しい問題は、どのように臨機応変に対応するかということです。東日本大震災では、予測と異なるレベルの津波が起きた地域で多くの方が犠牲になっています。それでも七ヶ浜町のようにハザードマップを柔軟に理解し、自主的に二次避難、三次避難が行われた地域では、多くの人が助かっています。

筆者は、適切な避難行動にとって重要なことは、どこからどの方向を見ると海が見渡せるか、あるいはどの方角にどれくらい歩くとどこに着くか、といった身体化された地理的知識とイメージ力ではないかと思います。これらは住民にはある程度備わっていて、ハザードマップや過去の災害実績図（例えば津波被災マップ）を見れば、安全な場所はどこか、浸水域が拡大する場所はどこか、などを感覚的に理解できるはずです。津波がどこから浸入し、どのように流れ、どのように引いていくのかを想像することも難しくないでしょう。

ただし、そのためには地図を読む力が必要となります。地図を読む力は、一朝一夕に向上しないので、学校教育において地理教育を重視する長期的な取り組みが必要でしょう。理解を助けるために、4章4節で紹介するような3D技術を用いた方法も有効でしょう。自分たちの住む地域のハザードマップを町歩き観察をしながらつくり込んでいくとか、見慣れた風景に津波の動画を重ねるなど、住民がすでにもっている地域の空間的なイメージに重ね合わせるといった方法がよいと思います。また、津波ハザードマップを地域のリーダーが熟知していること、あるいは短時間で助け合いの小集団を形成できるような地域コミュニティが維持されることも、津波防災を考えるうえでとくに重要だと思います。

南海トラフの巨大地震による津波はもとより、日本海側でも巨大津波の痕跡が次々と見つかってきています。しかし、海底活断層は調べ尽くされてはおらず、完璧な想定はできていないのが現状です。想定の精度を可能な限り高めていく科学の進歩はもちろん必要ですが、それを待つだけでなくハザードマップをじっくり見ながら東日本大震災の教訓を整理することは非常に重要だといえるでしょう。

津波（TSUNAMI）という災害　津波は世界各地で発生し、「Tsunami」は万国共通語である。その理由として、1880年に世界最初の地震学会が設立されるなど、当初から世界をリードしてきた日本の地震学研究者が「Tsunami」という言葉をしばしば研究発表で用いたことや、実際に世界を震撼させた津波が、1896年明治三陸津波、1923年大正関東地震、1933年昭和三陸津波など、日本で立て続けに起きたことなどがあげられる。なかでも「Tsunami」という言葉が万国共通語として一般に定着した理由は、1946年にアリューシャンで発生した地震による津波だった。この津波はアラスカ州の南アリューシャン列島で発生し、遠く離れたハワイで大きな被害が出た。このときハワイには多くの日系移民が住んでいたため、「Tsunami」という言葉が市民の間で使用され定着し、さらにこの津波を受け、1949年に今でも重要な観測機関であるPacific Tsunami Warning Center（太平洋津波警報センター）が組織されたことも、Tsunamiが万国共通語になるきっかけとなった。

「津波」の言葉の由来は、船の船着き場や港町を意味する「津」に起こる「波」であると言われる。これは、津波が普通の高波とは違う長波長の波であるため、海が深い沖合では海面の小さな昇降にすぎなかった波が、海底が急激に浅くなる沿岸部で大きく成長する。そのため、沖にいた船乗りはまったく気がつかなかったのに、岸に戻ってみると大きな被害が出ているという現象を指している。文献で「津波」が初めて出てくるのは江戸時代初期に発生した慶長三陸地震の記録中と比較的新しく、実際には昭和初期まで、津波のことを「海嘯《かいしょう》」と呼ぶこともあった。「海嘯」とは中国から伝わった言葉で、津波、高潮だけでなく干満に由来して川を逆流して発生する波も含んでおり、今ではあまり使われない。日本で造られた「津波」が日本人なら誰でも知っている言葉として定着したという事実は、日本人にとって津波が身近な災害であったことを意味している。

被害地域の人口に対して極端に犠牲者が多い地震がある。その多くは津波か火災が原因である。津波は実に多くの人の命や財産を奪ってきた。津波災害の特徴として、被害地域と無被害地域が遡上境界ではっきりと分かれること、地震で発生する津波は地震から津波来襲まで数分から数十分以上（地球の反対側なら1日程度）の時間差があることがあげられる。これは、地震を感じてから津波が来襲するまでの時間に津波が来ない高台などの安全な場所に避難することができれば、人の命だけに限れば助かることを意味する。ところが、その時間的猶予は限られており、自治体などの誘導を待って逃げたのでは間に合わない。逃げるかどうか、どこに逃げるのか、どうやって逃げるのかを、一緒にいる仲間、たまたま居合わせた人たちといった比較的小規模な集団、または自分自身で判断しないといけない。それが津波という災害である。

津波のシミュレーションは向上するのか　津波をシミュレーションするには、地震によって発生した波がどのように海域を伝播し、陸地付近でどのような挙動をするのかを、領域やメッシュごと、経過時間ごとに計算することが必要である。ここで、計算に必要となる情報は、①津波発生時の海面が盛り上がる高さや範囲である地殻変動（地震を起こした活断層の形状とずれた量、および誘発する地すべりの位置と規模）、②伝播する海底の地形（海の深さ）、③および陸域の地形（標高）、④陸域での粗度（津波の流れやすさ）である。

②、③、④は津波ごとに異なることはないが、計算に用いるメッシュの大きさで計算結果は異なる。メッシュが細かければ、より真実に近い計算結果になるが、計算時間は膨大になり、細かくする限界もある。したがって、計算には一定の誤差が生じる。

①に関しては地震によって異なり、正しく推定することは現在の科学ではできない。しかし、①をできるだけ正しく推定することがシミュレーションやハザードマップの作成に最も重要である。つまり現状では津波の想定には限界がある。

津波災害を想定するうえで最も重要な地殻変動は断層の形状とすべり量によって推定される。しかし、地震波や余震分布で推定される断層面は固い岩盤がずれ動く地下深部であり、津波に大きな影響を与える地下浅部（海底近く）の断層の位置形状は不明な点が多いうえ、地震時の断層面上のすべり分布を予測することは不可能なのが現状である。それどころか、地震によって誘発される海底地すべりの発生場所を予測することはさらに難しく、津波発生時の海面の変動の推定には限界がある。実際、2011年東日本大震災の津波の波源でさえ、未だによくわかっていない。

将来発生する津波の波源を推定するためには、どこでどんな地殻変動が生じたのかを知ることが重要である。海底地形にはそのヒントが隠されている。なぜなら海底は川の流れなどによる侵蝕作用を受けにくいため、何百回何千回と起きた地震による地殻変動が累積して、崖や盛り上がった地形として残っている。したがって、海底地形を分析すると、この先どこで地震が発生するかを推定できるはずである。現在、その海底地形を用いて、陸上の活断層を発見するのと同じような手法で海底活断層を見つける努力が研究者の間で進められており、今まで推定されていた断層とは異なる断層が指摘されつつある。近い将来、津波を起こす地殻変動の推定の確度が上がり、津波シミュレーションの精度も向上することが期待される。

2　水害とハザードマップ——身近な地形からイメージする

洪水と水害

「水害」というと、水による災害全般をさすこともありますが、ここでは「洪水」による災害とします。洪水は河川水、湖沼水、海水などが通常の量より増えたり、通常の範囲からあふれ出したりする現象で、要するにふだんは来ないところまで水が来るという現象です。そして、「洪水」により人間の生活や活動がダメージを受けた場合は、これを「水害」といいます。「地震」と「地震災害」も同じような関係です。

洪水は大雨や急激な雪どけ、結氷、高潮などにより発生します。前線や低気圧、積乱雲の発達などにより大雨が降ると河川や湖沼に水が集中してあふれ、洪水になります。また、豪雨の際に排水不良のために地表に水がたまる洪水もあり、内水氾濫《ないすいはんらん》と呼ばれます。山地を流れる河川が多量の土砂や礫《れき》を流してあふれる場合は「土石流（災害）」と呼び、これは次節の土砂災害で扱います。

春先の急激な雪どけによる洪水は融雪洪水と呼びます。河川下流部が結氷しているとき、上流の融雪で多量の水がもたらされ洪水が起きることがありますが、これはアイスジャム洪水と呼ばれます（ジャムは渋滞の意味）。アイスジャム洪水はシベリアやヨーロッパなどの河川のほか、日本でも北海道の河川で発生することがあります。火山噴火で山の雪や氷河がとけて洪水や土石流を起こすこともあります。

津波も水害の一種ではありますが、地震や火山体の崩壊などにより発生するため、ここでは除外しておきます。高潮は津波とは異なり、台風や発達した低気圧により海面が吸い上げられる「海面の吸い上げ」と、強風の「吹き寄せ」の両方が重なって海水位が高くなる現象です。このために沿岸部で浸水が発生します。東京湾や伊勢湾、大阪湾など南にひらいた内湾の奥などでくり返し発生していま す。また、ベンガル湾のサイクロンやメキシコ湾のハリケーン、北海やバルト海沿岸の冬の低気圧などによっても発生しています。1999年台風18号では、熊本県不知火《しらぬひ》町（現、宇城《うき》市）で死者12名を出す災害となりました。

このほか、氷河湖の決壊や、天然もしくは人工ダムの決壊による洪水もあります。天然ダムは土砂崩れなどにより川の水がせき止められるものなので土砂災害のところで扱います。

ハザードマップの作成状況

２章でも述べられているように、水防法は市町村に防災地図としてのハザードマップ作成を義務づけています。こうした地図をここでは狭義の洪水ハザードマップ（以下、洪水ハザードマップ）と呼びます。一方、災害予測地図を含む様々なマップを、広義の水害ハザードマップと呼ぶことにします。

洪水ハザードマップ（狭義）作成の経緯　近年になって、多くの自治体が洪水ハザードマップを作成・公表するようになりました。内閣府によれば、洪水ハザードマップを作成・公表しているのは１２７４市町村（２０１３年3月31日現在）で、全国の市町村の70パーセント以上にもなります。これほど多くなったのは、２００５年の水防法の改正で、浸水想定区域をもつ市町村（１３４２市町村）に作成義務が課せられるようになったからです。

このような動きは、１９９４年建設省（当時）河川局通達の「洪水ハザードマップ作成の推進」にはじまります。その後、１９９８年８月の水害で福島県郡山市の洪水ハザードマップが注目されました。この水害では、郡山市が配布した洪水ハザードマップを見た住民は、見なかった住民よりも早く避難を始めたことがわかりました。これは群馬大学教授、片田敏孝氏により紹介され、洪水ハザードマップの効果が明らかになったのです。

また、２０００年9月の東海豪雨では、愛知県名古屋市内で庄内川支流の新川が決壊し、名古屋市やその周辺に大きな被害が出ました。しかし、当時は庄内川だけが洪水予報対象の河川で、新川は洪水ハザードマップの対象外だったのです。このことから、２００１年の水防法改正により洪水ハザードマップの対象河川は、国が管理する河川ばかりでなく、都道府県が管理する河川にまで拡大され

（222河川）、洪水ハザードマップの作成は市町村の「努力義務」となりました。

さらに、2004年7月の新潟・福島豪雨や福井豪雨では、信濃川水系の五十嵐《いからし》川、刈谷田川、中之島川などと、九頭竜《くずりゅう》川水系の足羽《あすわ》川、清滝川などで堤防が決壊し、多くの浸水被害が起こりました。これらを踏まえ、2005年には再び水防法が改正され、対象河川は、中小河川を含む約2200河川に増え、対象市町村の「努力義務」は「作成義務」となりました。その後急速に作成が進んだ結果が、はじめに述べた整備率70パーセント以上という数字なのです。このため、現在ではハザードマップといえば、この洪水ハザードマップを思い浮かべる人が多いと思います。

国土交通省河川局治水課によれば、洪水ハザードマップは、「堤防決壊、洪水氾濫等発生時の浸水情報及び避難に関する情報を住民にわかりやすく提供することにより、人的被害を防ぐことを主な目的とし」、浸水想定区域や避難情報が記載され、市町村長(特別区を含む)が作成し住民へ配布されるものとされています。

そこに表示されるべき項目は、①浸水想定区域と浸水深、②洪水時家屋倒壊危険ゾーン、③避難所等、④避難時の危険箇所、⑤土砂災害警戒区域、⑥水位観測所等の位置、などで、あわせて⑦避難行動の心得、⑧情報伝達の方法、⑨避難所等の一覧、⑩津波災害警戒区域に関する事項その他を記載するよう定められています。①浸水想定区域と想定される浸水深は、河川管理者である国(国土交通省)や都道府県から市町村に提供されます。これをもとに、市町村は避難所や避難時の危険箇所、土砂災害警戒区域等の情報を用意します。地図の縮尺は、住民が自宅や避難路等を識別することのできる1万分の1～1万5千分の1程度とされています。

表3.1　洪水ハザードマップ整備に関する略年表.

1994	建設省河川局通達「洪水ハザードマップ作成の推進」
1998	福島県郡山市の洪水ハザードマップが注目される（避難行動）
2000	東海豪雨
2001	水防法改正（努力義務）
2004	新潟・福島豪雨，福井豪雨
2005	水防法改正（作成義務）
2013	水防法改正（地下街・要配慮者利用施設・大規模工場等での避難）

さらに2013年の水防法改正により、地下街・大規模工場・要配慮者利用施設（主として高齢者、障害者、乳幼児その他の特に防災上の配慮を要する者が利用する施設）等では避難計画等を作成することなどが追加されました（表3・1参照）。

広義の水害ハザードマップ　いっぽう、本書で繰り返し述べているように、災害の発生やそれが予測される地域を示した地図が広義のハザードマップです。広義のハザードマップの歴史は長く、江戸時代の1792年の「島原大変」では、雲仙普賢岳噴火と地震による眉山《まゆやま》の崩壊、それによる火山性津波が対岸の熊本を襲った様子が絵図に描かれています。また、1847年の善光寺地震では、地すべりで千曲川上流に天然ダムが形成され、その崩壊により善光寺平で大洪水が発生した様子を描いた絵図（図3・10）などが数多く残されています。これらの絵図を描いた人々は、災害の状況を他者に伝え、記録に残し、悲劇をくり返さないために作成したのでしょう。

明治時代以降、国家の測量に基づく地図がつくられるようになると、さまざまなかたちで災害状況図や災害履歴図が作成されてきました。ここでこれらを詳しく紹介するのは省略しますが、災害履歴を地図に示すのは、広義のハザードマップの第一歩であることを強調しておきます。

水害地形分類図　水害ハザードマップの元祖は水害地形分類図でした。1956年、総理府資源調査会土地部会水害小委員会の多田文男委員長と大矢雅彦専門委員による『水害地域に関する調査研究第1部』付図、濃尾平野水害地形分類図(口絵2)が作成されました。この研究は、平野は洪水の繰り返しで形成されるのだから、平野の地形の分布を調べればその地形をつくった洪水の歴史が示され、将来洪水が発生したらどのようなことがおこるかがわかる、という視点から行われたもので、これはまさしくハザードマップの考え方といえます。

ここで示された平野の地形というのは、台地や段丘などのように等高線で表現することのできる明瞭なものではなく、洪水の挙動を反映した比高が1メートルに満たないわずかな起伏や、堆積物や土壌の水分条件などの差などで区分されるものでした。このため、航空写真の判読(ステレオ画像判読)と現地調査により作業がすすめられました。その結果、平野の地形が扇状地、自然堤防、三角州等に分類されました。

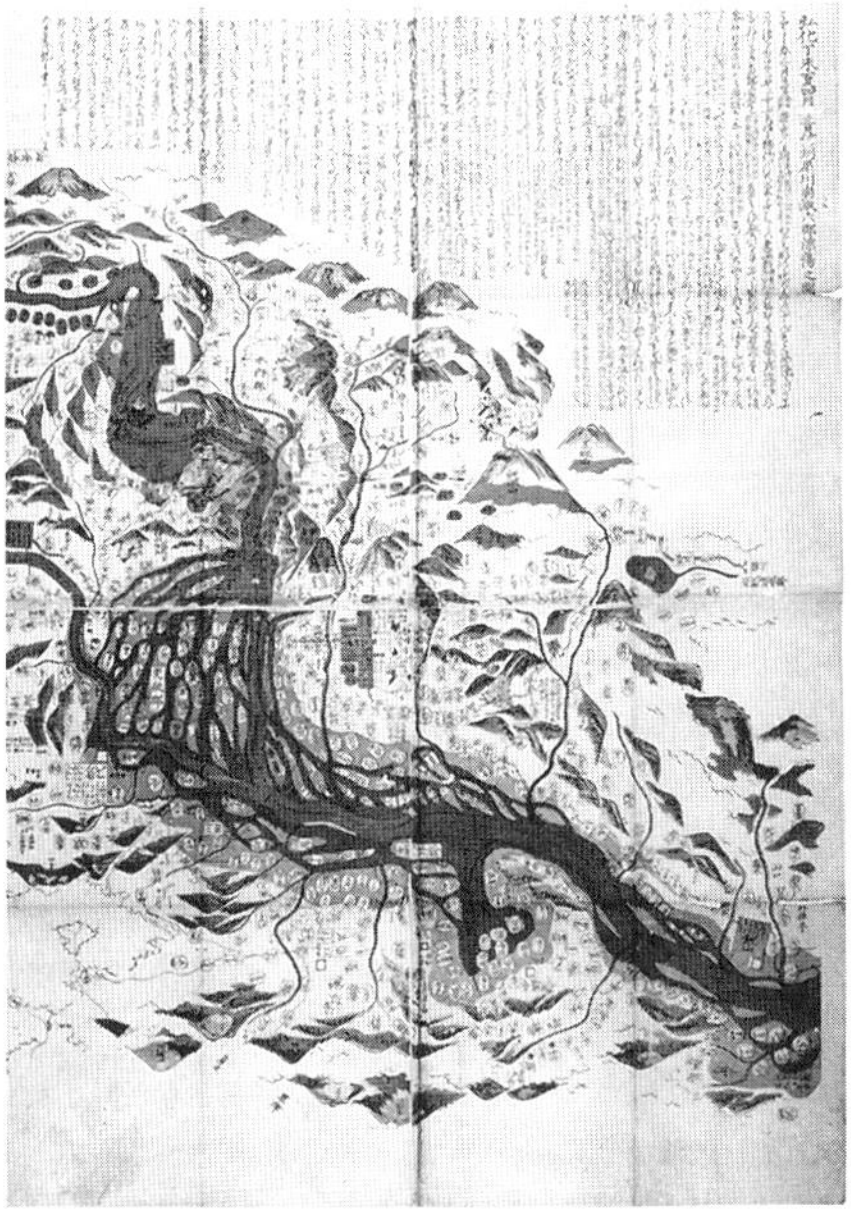

図3.10　1847年善光寺地震後の洪水(国立公文書館所蔵).

この図の凡例を見ると、扇状地

上位、同下位（通常は冠水せず）、同下位（異状の洪水時に冠水する扇状地中の低平な部分）、三角州（自然堤防など高燥な部分、通常は冠水せず）、同（異状の洪水時に冠水する、後背湿地など）、同（異状の洪水時に冠水する、旧流路など）、同（洪水時に最もよく湛水する最も低平な部分）、というように、平野の地形を分類し、それぞれの地形に対し予測される洪水時の状況を示しています。このため「水害地形分類図」と名付けられたのです。

このような図が生まれた背景として、１９４５年の終戦以降、荒廃した国土で大規模水害が相次ぎ、多くの国民が洪水や高潮の猛威を目のあたりにしたことがありました。１９４５年には枕崎台風による広島・山口の水害、１９４７年にはカスリーン台風による利根川・北上川水害、１９４８年にはアイオン台風による北上川水害、１９４９年にはデラ台風、キティ台風による東京湾の高潮、１９５０年にはジェーン台風による大阪湾高潮、１９５３年には西日本水害、というように水害が連続したのです。とくに、１９４９年と１９５０年の東京湾や大阪湾岸の高潮災害の背景には、戦前から続く地盤沈下があったといわれ、濃尾平野にも同様の危険性があることが指摘されました。

水害地形分類図を作った総理府資源調査会の前身は、１９４７年に発足した経済安定本部資源委員会でした。その初代事務局長は河川工学者の安芸皎一教授（内務省土木試験所および東京大学）でした。そして資源委員会誕生の契機をつくったのは、ＧＨＱ技術顧問エドワード・アッカーマン博士という地理学者で、彼はのちにＴＶＡ（テネシー河谷開発公社）副総裁もつとめました。明治大学の石井素介名誉教授（元資源調査会）は、資源調査会に地理学者が参加したことは重要だったと指摘しています。

水害地形分類図が作成された後も、１９５７年の諫早《いさはや》水害、１９５８年の狩野《かの》川台風など大規模水害が続きました。さらに、1959年9月の伊勢湾台風による高潮で濃尾平野南部は大災害となりました。そして、中日新聞が「地図は悪夢を知っていた」という記事で水害地形分類図の存在と、高潮浸水範囲が水害地形分類図の予測に一致したことを紹介しました。

ところで、総理府資源調査会は内閣総理大臣直属の機関で、審議結果は資料・報告・勧告の3段階に分かれ、勧告の場合は内閣総理大臣が予算措置をとることになっていました。1959年から建設省地理調査所(現、国土交通省国土地理院)で「土地条件図」の作成がはじまる際、大矢氏は大蔵省(現、財務省)に説明に行ったと述べています。

濃尾平野の水害地形分類図は、国土地理院の「土地条件図」や経済企画庁・国土庁の「土地分類調査」に引き継がれています。また、大矢氏による独自の水害地形分類図も複数作成されました。また、1970年代に当時の建設省により作成された「治水地形分類図」も、近年国土交通省により改訂がすすめられています。これらは広義の水害ハザードマップといえます。

洪水ハザードマップをみてみる

自治体の作成する洪水ハザードマップと、水害地形分類図をはじめとする広義の水害ハザードマップを見ながら、洪水時の対応や事前の備えについて考えてみたいと思います。

土地条件や水害の歴史を知る——荒川低地の事例　埼玉県南部の志木市と朝霞市は荒川右岸(下流に向かって右側)に位置し、荒川の洪水ハザードマップを作成・公表しています。

「志木市洪水ハザードマップ」(2006年作成、図3・11)は縮尺1万分の1で、荒川が氾濫した場合

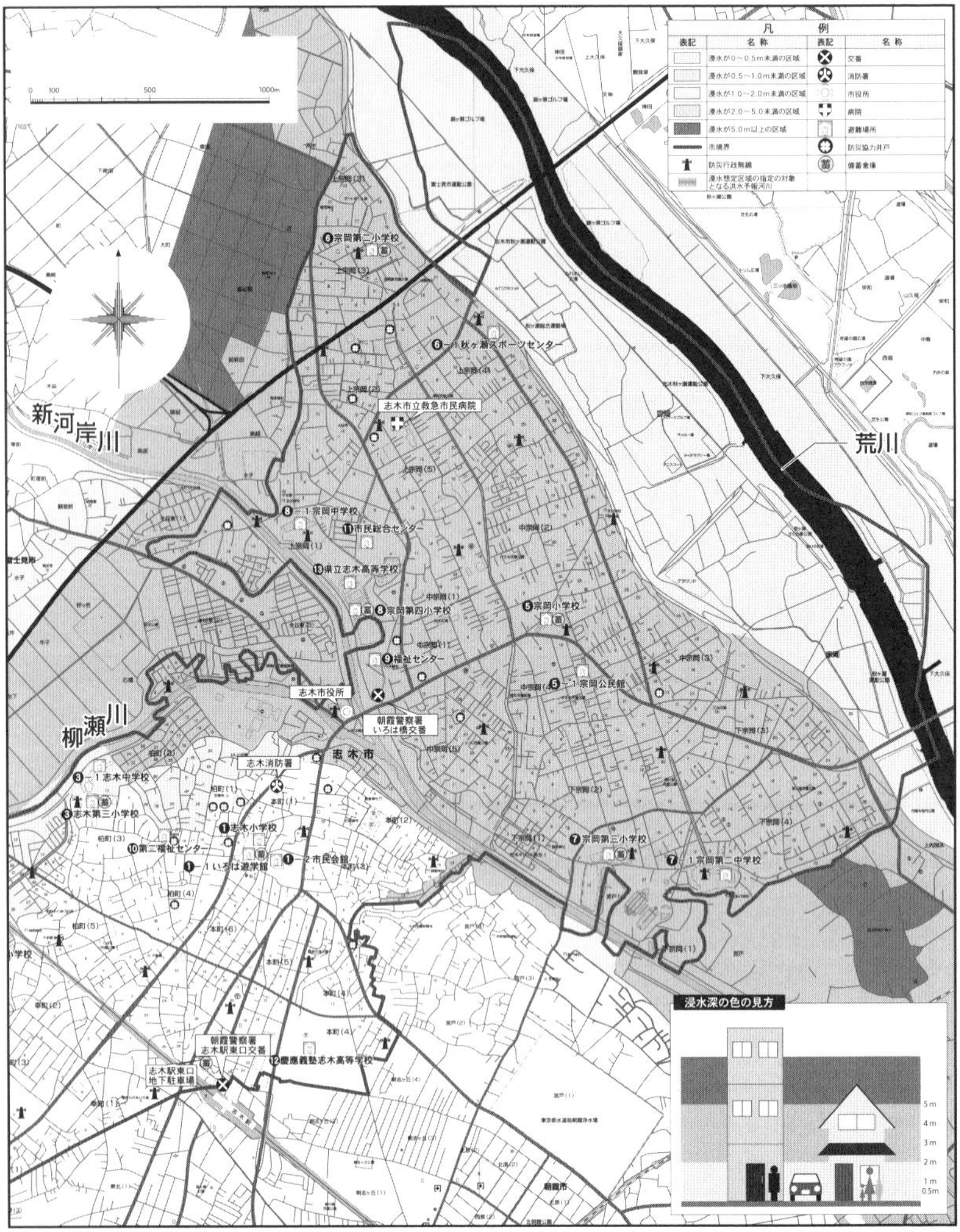

図 **3.11**　志木市洪水ハザードマップ(志木市ホームページより，部分，地名を追加).

と、武蔵野台地から流れる新河岸《しんがし》川・柳瀬川が氾濫した場合の2種類があります。このうち荒川の方を見ると、上述の新河岸川・柳瀬川と荒川にはさまれた部分は、すべて2～5メートルの浸水深になると水色で示されています。この部分には4箇所の避難所(小学校)があり、緊急避難時には(2階まで浸水するため)「3、4階が使用できる」と書かれています。「状況に応じて避難所を開設する施設」とされる公民館や福祉センターは、赤字で「水没」と書かれているので、使えないということでしょう。市役所は新河岸川と柳瀬川の合流点に面し、両河川にはさまれた場所にあります。市役所の浸水深は、別の場所にある救急市民病院とともに2～5メートルとなっています。

「朝霞市荒川洪水避難マップ」は縮尺1万5千分の1で、もう1種類の「朝霞市新河岸川洪水避難マップ」もあります。いずれもカラー航空写真の上に浸水深が彩色されて示されています。荒川洪水避難マップを見ると、荒川沿いのかなりの部分と、新河岸川沿いの一部が浸水深5メートル以上となっています。荒川と新河岸川にはさまれた浸水深5メートル以上の地区に避難場所はなく、浸水しない地区の小学校などが指定されています。しかし、そこへ行くには新河岸川や黒目川をわたる必要があります。市内の新河岸川の橋は2箇所で、いずれも浸水深5メートル以上の場所にあります。以上のように、志木市と朝霞市は荒川に接し、かなりの部分が2メートル以上の浸水となり、洪水対策上の課題を多く抱えているように見えます。

次に洪水ハザードマップとともに、広義の水害ハザードマップとして土地条件図や地形分類図を見てみます。

国土地理院の土地条件図や、筆者も作成に加わった建設省荒川上流工事事務所発行の「荒川地形分類図」（１９９６年）では、志木市と朝霞市は荒川低地と武蔵野台地にまたがっていることがわかります。そして、武蔵野台地の中を柳瀬川と黒目川が谷をつくっている様子もわかります。また、新河岸川は武蔵野台地と荒川低地の境界部を流れています。こうしたことから、まず、武蔵野台地は洪水による浸水の可能性がほとんどないということがわかります。一方、荒川低地では洪水が起こりやすく、浸水深はすべて2メートル以上とされています。

土地条件図や荒川地形分類図からは、志木市の宗岡の部分に旧堤防が分布することも読みとれます。この旧堤防は、荒川と新河岸川の間の宗岡地区をぐるりと取り囲むように続き、宗岡が「輪中《わじゅう》」であったこともわかります。

さらに、明治時代の地形図（図３・12）を見ると、荒川や新河岸川の流路は激しく蛇行しています。また、宗岡の輪中堤より下流側には、荒川の堤防がなかったことがわかります。荒川低地は水田地帯で、自然堤防の上に集落が分布していました。また、宗岡の「輪中」には１９１０年の洪水後につくられた「水屋《みずや》」（洪水対策用に盛土をした上に建てられた倉庫）が数多く分布し、明治時代も洪水常習地帯であったことを物語っています。

このように、この地域は明治時代まで荒川の堤防が部分的にしかつくられず、ながらく洪水常習地帯であったところでした。その後に荒川の河川改修がすすみました。１９４７年にはカスリーン台風により関東平野は大水害となりましたが、荒川下流の被害は少なくてすみました。一方、東京都に近接しているため、戦後急速に都市化がすすみ、中小河川である新河岸川の水害が激化しました。荒川には堤防がつくられましたが、荒川の水位が上昇すると新河岸川の水が排水できなくなり、内水氾濫

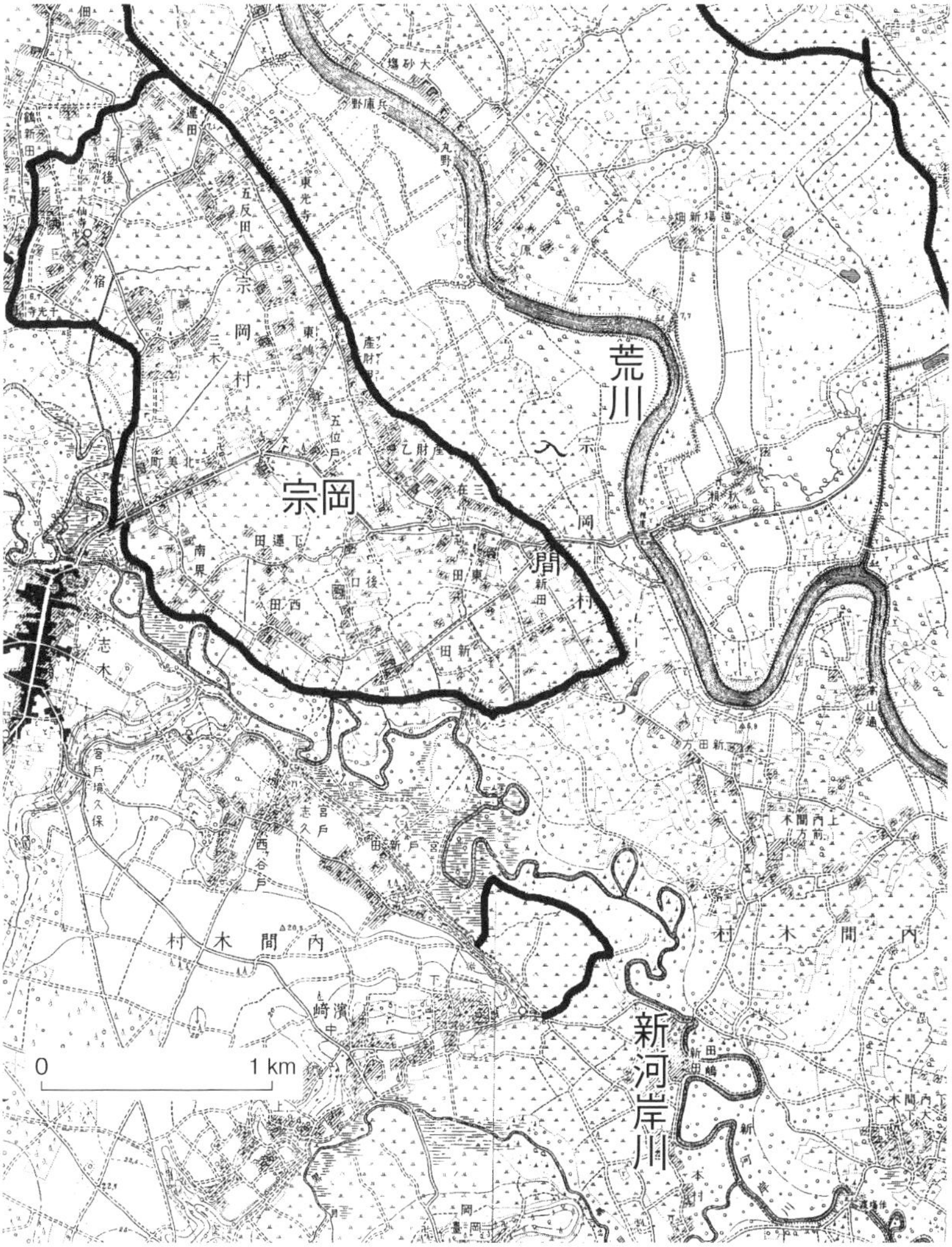

図 3.12　明治時代の地形図．1909 年発行 2 万分の 1 正式図「志木」「浦和」に堤防（太線）を加筆．

を繰り返すようになりました。新河岸川沿いには工場や産廃処理場などが立地し、多くの住宅は高い盛土の上に建てられました。新河岸川は１９８０年に総合治水対策特定河川に指定され、度重なる水害の対策として、旧荒川合流点付近に朝霞水門と朝霞遊水池が建設されました。

先述のとおり、洪水ハザードマップを見ると、場所によって浸水深が大きく違います。その理由は洪水ハザードマップだけではわかりませんが、地形分類図や旧版地形図などを見たり、その地域の開発の歴史をたどったりすることによって、その土地の特色と水害の関係がようやく見えてくるのです。

この地域では急速に都市化がすすみ、土地条件や水害の歴史にかかわらず人口が集中しました。そして洪水になると、台地上の避難場所に行きたくても途中の中小河川をわたることができず、避難場所は水没、という事態を招くかもしれません。そのような最悪の場合を想定した避難計画を立てて、住民の協力の下でそれを周知させることが必要でしょう。何より早めの避難が重要です。また、安全な場所はどこか、常に考えることも重要だと思います。

メッシュマップの問題——新宿区の洪水マップの事例　東京都新宿区の洪水ハザードマップ（図3・13）は、縮尺1万分の1で、浸水深は小さな四角形のメッシュごとに色わけされています。区内には東京都の中小河川である神田川が流れていますが、神田川沿いに濃い色（浸水深2メートル以上）のメッシュが分布しています。また、地下街や地下鉄の出入口も示されています。避難場所が浸水域にあることはほとんどないのですが、神田川沿いではないところにも濃い水色のメッシュがあちこちに見られます。よく見ると、避難場所である早稲田大学キャンパス内にも薄い水色のメッシュ（浸水深1〜2メートル）が二つあります。このほか、0・2〜0・5メートルの浸水深を示す黄色いメッシュは区

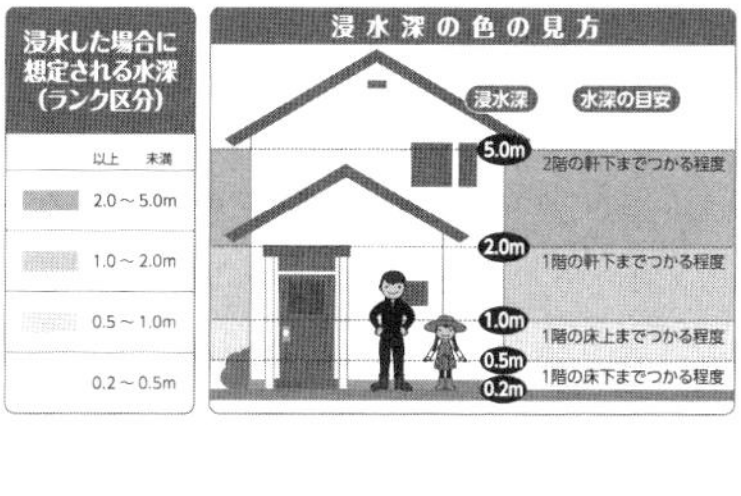

図 3.13　新宿区洪水ハザードマップ(新宿区ホームページより，部分，北を上に回転，縮尺を追加)．

内の至るところに分布しています。

この図を作成した新宿区は、東京都が提供した浸水予測結果に基づいて浸水範囲を示したと記しています。不思議なことに、神田川のすぐ脇でも白色（浸水なし）だったり、近くに川がないような場所に深い浸水域があったり（新宿七丁目付近など）しています。また、「雨の降り方や土地の形態の変化、河川や下水道の整備状況により」洪水の様子は変わります、とも書かれています。

新宿区は武蔵野台地に位置し、神田川やその支流が台地の中に谷をつくっています。そのため、本来は水色のメッシュは周囲よりも低い神田川や支谷の谷底付近に並ぶはずです。しかし、前にあげた新宿七丁目付近などは谷の連続性がわかりません。また、区内のあちこちにある黄色いメッシュの分布をみると、このメッシュの範囲がほんとうに浸水するのかと疑問に思ってしまいます。

その理由はメッシュの大きさにあるのでしょう。このメッシュの大きさは長辺が約50メートルで、シミュレーションとしては非常に細かいレベルですが、住民の感覚ではその四角形が意味するところがよくわからないのではないでしょうか。こうした場合も、土地条件図（図３・14）などと比較してみれば、神田川の谷以外にも台地に大小の谷地形があり、そこには水が集中しやすいこと、狭い谷の場合はそこがメッシュ一つ分の浸水域として表現される場合もあることがわかります。

自分の住む土地を知ること

洪水ハザードマップと、水害地形分類図をはじめとする広義の水害ハザードマップを比較してみると、それぞれに長所・短所があります。両者を組み合わせてどのように利用すればいいか、以下で考

図 **3.14**　新宿周辺の土地条件図(地理院地図より，図 3.13 と同じ範囲)．色の濃い部分が台地，薄い部分(道路を除く)は谷(図に注記)．

えてみたいと思います。

洪水ハザードマップは、過去の降水量や流量の最大値や１００年に1度の確率値などを整理し、対象とする河川の堤防の決壊地点を複数選んで氾濫シミュレーションを行って作成されます。その結果は場所ごとに、浸水深が50センチメートル以内、1メートル以内、1～2メートル、2～5メートル、5メートル以上、というように定量的にはっきりと数値で表示されます。その結果、自分の住む場所やその周辺がどのくらい浸水するのかを読みとることができます。

しかし、数値が非常に具体的な反面、中小規模の洪水のときはどうなるのかを知ることはできません。また、浸水のおそれがない場所(白色で表示)は絶対に安全なのかどうかもわかりません。あくまでシミュレーションをした結果の数値であり、その場所がなぜ浸水するのか、隣と比べてなぜ浸水深が深いのか(浅いのか)という理由はわかりません。結局、なぜそうなるのかはわからないけれども想定がそうなっているから、という結果を受けいれるしかありません。これでは降水量や洪水の規模などの前提条件が異なる場合に判断するのは難しいです。

大河川の破堤(決壊)を想定した「洪水ハザードマップ」以外に、排水不良による浸水である内水害のハザードマップの必要性が指摘されていますが、実際に内水氾濫を想定して浸水深を図示するのはすすんでいません。下水道による排水を計算したシミュレーションを行って「内水ハザードマップ」を作成したところもありますが、多くの自治体では、内水ハザードマップとして過去数年間における浸水実績図を示しています。そこには、これは「浸水する箇所を予測するものではありません」とわざわざ明記しているものもあります。立体交差のアンダーパスなどを「道路冠水予想箇所」として示したものもありますが、宅地等の浸水を予想するのは困難ということでしょう。

いっぽう、水害地形分類図の情報は定性的なもので、浸水深を知ることはできません。また、「扇状地」や「自然堤防」のような専門用語が示されているため解説が必要です。緊急時にゆっくり読んでいるひまはありません。しかしあらかじめじっくり見ておけば、地形がどのように形成されたかを理解することができて、その場所がなぜ浸水する可能性があるのかを理解することができます。そして浸水深が示された洪水ハザードマップと見比べたとき、河川沿いの微高地である自然堤防では、周辺に比べて土地がやや高いので浸水深が浅く、後背湿地や旧河道は低いために浸水しやすく浸水深も大きくなる、ということが納得できるでしょう。国土交通省や都道府県が整備している「土地条件図」や「治水地形分類図」、「地形分類図」(土地分類調査)などでは、このような土地の特色が示されています。その土地の特性を住民や行政が理解することにより、避難行動や対応が合理的・効果的にできるのではないでしょうか。

水防法改正により、洪水ハザードマップの整備・改訂がすすんでいます。堤防が決壊した後、浸水域が時間ごとにどのように変化するかを示す「動くハザードマップ」も開発されています。けれども、様々な条件で起こる洪水を、必ずしも正確に再現できるわけではありません。一定条件の洪水で、どのくらいの浸水が起こるかの一例です。これを見て、最寄りの避難場所にどのように逃げるのか、あるいは自宅内避難や浸水対策をするのかの参考にしてください、というのが本当の意図です。

そうであるなら、地形分類図からその土地がどの川の洪水の影響を受けるのか、どのような自然のはたらきでつくられた場所なのかを知り、さらに、過去の水害で浸水した範囲や、土地利用の変化

（昔は田んぼや沼だったところが開発された等が旧版地形図を見ればわかります）などの土地の歴史を知ることにより、自分で危険性を判断できるようになります。

自分の住む地域がどのような場所かを知ることは大変重要です。過去の水害の歴史については、地元に言い伝えがある場合があります。その他、市町村史に書かれていることや、博物館・資料館に記録が残っていることもあるかもしれません。水害の慰霊碑や土地の開拓記念碑などが残されているかもしれません。

昔は田んぼや沼だった、という情報は、旧版地形図を見ればわかります。国の事業として、国土地理院やその前身の地理調査所や陸軍参謀本部などが明治時代から地形図をつくってきました。これらの「旧版地形図」は国土地理院の地方測量部へ行って、収入印紙を貼って申請書を提出しないと入手できないのですが、最近は部分的ですがインターネットでの公開（埼玉大学谷謙二氏による「今昔マップ」など）がされています。もっと手軽にインターネットで見られるようになってほしいものです。

実際に現地に行って確認するのはもっと確実です。河川の堤防の高さは、洪水の規模を知る基準になります。堤防の上に立って、川の水面と住宅地の土地の高さの差をみてください。本流と支流はどのように合流していますか。水門や排水機場（ポンプ場）があるところは、本流の水位が高くなると排水が困難になりやすい場所です。

氾濫原に古くからある神社やお寺、旧家、本家、旧街道などの多くは、自然堤防などのやや高い土地にあります。洪水常習地帯では、水屋や水塚《みづか》というような水害対策の盛土があったり、避難用の船を持っていたりしました。電柱などに過去の洪水の水位を示している自治体もあります。川の近くに水防倉庫や水防サイレンなどがあるかどうかを確認するのも大切です。大きな河川から離れた台地の上でも、谷地形のところでは大雨のときに水がたまりやすいことがあるので気をつける必要があります。

身近でよく知っている土地の土地条件図、治水地形分類図、地形分類図などを見て、自治体の「洪水ハザードマップ」と見比べてみてください。地形用語がわかりにくいときは、「旧河道」、「後背湿地」、「旧湿地」、「盛土地」、「浅い谷」などに注目してみてください。これらはインターネットで公開されています（2章3節参照）。

自分の住む土地の歴史を知ることは、安全で快適な生活を送るために必要であるとともに、土地への愛着を生み、さらに快適な生活を求める原動力になります。

3　土砂災害とハザードマップ──祖先からの言い伝えに学ぶ

土砂災害のハザードマップとは？

土砂災害とは、斜面を土砂が移動して発生する災害のことです。気象庁は「降雨、地震及び火山噴火等による土砂の移動が原因となる災害」とし、防災科学技術研究所は「山や崖などの斜面を構成する岩石や土などが重力によって下方に移動を起こすことによって生じる災害」と説明しています。

土砂の移動には、ゆっくり動くもの、速く動くもの、落下するもの、すべり落ちるもの、流れるもの、水を多く含むものなど様々なパターンがあります。日本ではこれらを山崩れ、崖崩れ、斜面崩壊、地すべり、土石流などと呼んでいますが、英語ではこれらの大部分を「ランドスライド」と呼ぶようです。このような土砂の移動を、地形学では「マスウエイスティング」とか「マスムーブメント」(集団土砂移動)と呼びます。「マス」とはマスコミやマスプロ、マスゲームのマスで、「集まり」や「集団」を意味します。また、移動した土砂が堆積してできる地形にもいろいろなパターンがあり、落下した土砂がある一定の角度で斜面につもっているものから、水とともに流れてきた土砂が広がったものまで、様々です(コラム参照)。

地形発達史の観点から見ると、山地では低地に比べて位置エネルギーが相対的に大きいため、重力によりあらゆるものをより低い場所に移動させようとする力が働いていて、山地から低地に土砂が移動し続けています。特に、大雨や地震、火山噴火などの際には、大量の物質が一気に下方に移動する場合があります。土砂災害は、このような大量の物質の移動が山麓に暮らす人々の営みに被害を与えることと考えることができます。

山地で移動を開始した土砂は、やがて山麓の傾斜の緩い地点に達すると、運動エネルギーを失い移動を停止します。山麓にみられる扇状地や沖積錐などは、このようにして山地から移動してきた土砂が堆積してできた地形です。山地から常に土砂が供給されるため、こうした場所では今後も山地から土砂が移動してくる可能性が高く、土砂災害にあう危険性が高いということになります。

土砂災害のハザードマップにも、水害と同様に広義と狭義のものがあります。市町村が作成・公表している狭義のハザードマップは、「土砂災害防止法」という法律に基づくものです。土砂災害防止法においては、「土砂災害」は以下の三つを例示しています(図3・15も参照)。

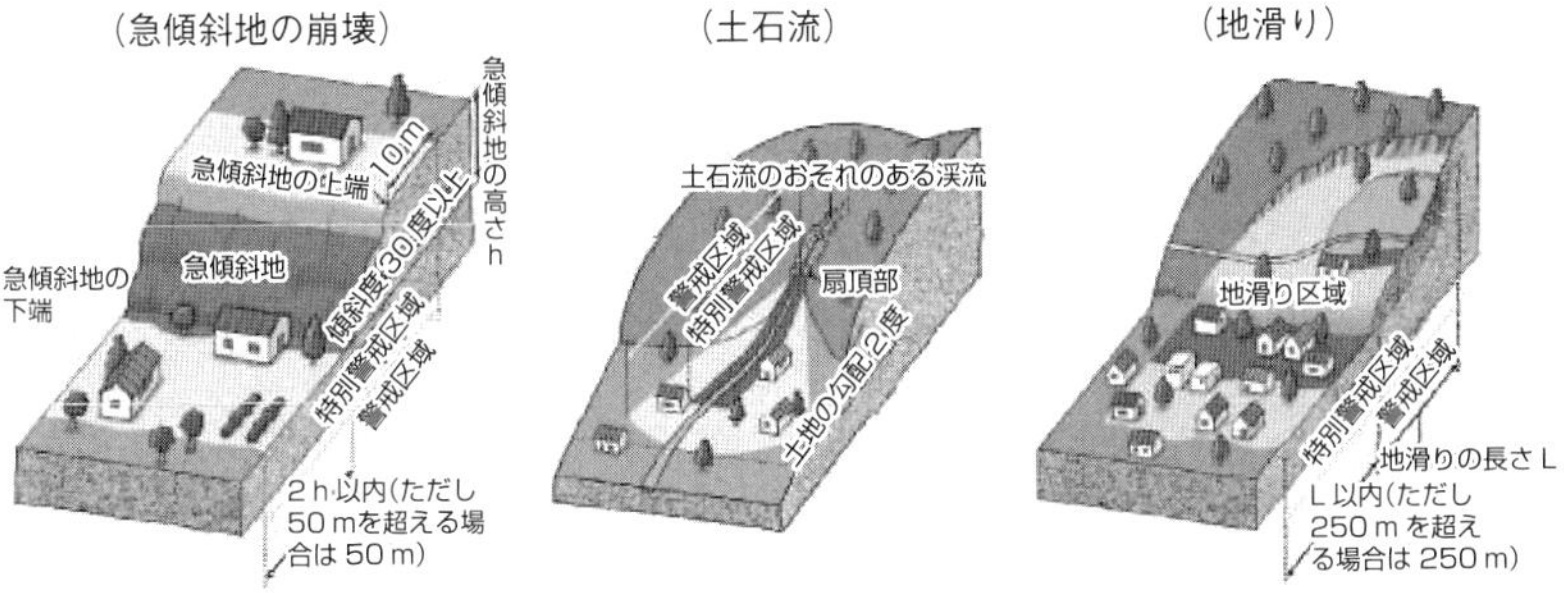

図 3.15 急傾斜地の崩壊・土石流・地すべりの説明(国交省).

①急傾斜地の崩壊：傾斜が30度以上である土地が崩壊する自然現象。②土石流：山腹が崩壊して生じた土石等又は渓流の土石等が水と一体となって流下する自然現象。③地すべり：土地の一部が地下水等に起因してすべる自然現象又はこれに伴って移動する自然現象。これらを発生原因として国民の生命又は身体に生ずる被害を土砂災害と呼んでいます。

土砂災害防止法は、正式には「土砂災害警戒区域等における土砂災害防止対策の推進に関する法律」という長い名称で、2000年に公布された比較的新しい法律です。名称にもあるように、この法律は、都道府県が「土砂災害警戒区域」(イエローゾーン)や「土砂災害特別警戒区域」(レッドゾーン)を定め、これをもとに市町村がハザードマップ等を印刷配布して周知したり、(都道府県が)特定の行為の制限をしたりすることを定めています。

土砂災害ハザードマップを作成するための指針は、国土交通省が作っています。この指針をもとに、都道府県が基礎調査をして、「土砂災害警戒区域」と「土砂災害特別警戒区域」を指定します。警戒区域に指定される場所は、人家がある場所のうち、全国一律で以下の条件を満たす場所とされています。「崩壊」の場合は、(イ)

傾斜30度以上で高さ5メートル以上の急傾斜地、(ロ)急傾斜地の上端から水平距離10メートル以内、(ハ)急傾斜地の下端から高さの2倍の距離以内(50メートル以内)。「土石流」の場合は、発生のおそれのある渓流の扇頂部から下流で勾配2度以上の場所。「地すべり」では、(イ)地すべり区域、(ロ)地すべり区域下端から地すべり地塊の長さに相当する距離(250メートル以内)。

市町村は、土砂災害警戒区域を地域防災計画に記して、ハザードマップによる周知を徹底することが義務づけられています。また、ハザードマップでは、住民だけでなく観光客などの来訪者に対しても、危険性や避難情報が十分に伝えられなくてはなりません。特別警戒区域は、「建築物に損壊が生じ、住民等の生命又は身体に著しい危害が生ずるおそれがある地域」とされます。そこは要するに、家を建てて住むのは危険な場所なので、法律に基づく規制が行われます。レッドゾーンに宅地や「災害時要援護者施設」などをつくる場合は都道府県の許可が必要となり、安全対策をしないと建築が認められません。住宅の場合は、居室の構造が安全かどうかに関する建築確認が必要です。さらに、防災工事や区域外への移転について、都道府県が勧告をすることができます。

国土交通省による2005年の「ハザードマップ作成指針」によれば、土砂災害ハザードマップには以下の条件がつけられています。①同一の避難行動をとるべき地区単位(避難単位)ごとにつくること。②地図の縮尺は2万5千分の1より大縮尺とし、2千5百分の1程度を基本とすること(2千5百分の1は図上の1センチメートルが25メートルになるので、一軒一軒の家がはっきりと表示される)。③土砂災害の原因となる急傾斜地の崩壊、土石流、地すべりの種類を記載すること。④住民への情報伝達経路、手段を記載すること(ホームページ、防災行政無線、広報車、電話、電子メールなどで情報を伝える等)。⑤避難場所を記載すること（避難場所の所在地、名称、連絡先などや、主な避難経路が図に示される等）。⑥その他の情報として、雨量情報や避難の際に活用できる情報、災害時要援護者関連施設の位置、土砂災害の特徴や前兆現象などについて、市町村ごとに判断して掲載すること。

土砂災害の原因　土砂災害の原因となるような土砂の移動を、地形学では「マスウエイスティング」、「マスムーブメント」（集団土砂移動）などと呼び、移動する岩屑や土砂に対する水の含量と移動のしかたと速さでいろいろな名称がある。

斜面崩壊（山崩れ・崖崩れ）は、急勾配の斜面上の物質がばらばらのかけらの状態で瞬時に斜面を移動（落下・崩落）するもので、水の含有量は比較的少ない。斜面にばらばらの土砂のかけらが積もる場合、砂時計の砂のように、勾配が30度程度より急になると転がり落ちてしまう。勾配が30度以上の斜面は、豪雨や地震などにより構成物質がばらばらになったり粘着力が下がったりすると崩壊しやすい。

地すべりは地下のすべり面を境にその上の土塊がゆっくりと原形を保ちつつ滑動するもので、立木や家を乗せたまますべることもある。すべり面はたいてい水を多く含む粘土層などからなり、これが潤滑剤のようになっているため、勾配が30度以下でも動き出す。地すべりの結果、斜面上部に急崖（滑落崖）ができ、下部には地すべり土塊が停止した緩斜面があり、最下部は地すべり土塊がうしろから押されて盛り上がった地形（隆起部）になるなど、特徴的な「地すべり地形」を示すことが多い。

土石流は土砂が多量の水とともに急斜面や河道（渓流）を流体として移動するもので、「山津波」とか「ねこまくり」とか「じゃぬけ」など、地方により様々な名前で呼ばれてきた。多くの場合、斜面崩壊などで生産された土砂が渓流を流れる水と合わさり発生して、ふだんは流すことのできない大きな粒径の礫も、多量の土砂を含む泥水あるいはセメントミルクのような流れにより運搬され流下する。山間の狭い谷から山麓の平地にでたところで土砂の堆積が起こり、急勾配の扇状地状の地形が形成される。
これらは豪雨のほか、地震や雪どけ、火山の噴火、天然および人工ダムの決壊などが引き金となり発生する。

土砂災害ハザードマップを見てみよう

実際に作成された市町村の土砂災害ハザードマップはどのようなものか、いくつか見てみましょう。

神奈川県箱根町土砂災害ハザードマップ　箱根町は箱根カルデラの外輪山《がいりん》に囲まれ、大涌谷《おおわくだに》の噴気地帯などもあり、温泉にめぐまれ、多数の観光客が訪れるところです。おもな温泉は、カルデラ内を流れる早川と須雲《すくも》川の深い谷沿いにあり、道路や家屋も谷沿いに集中しています。宮城野地区の土砂災害ハザードマップ（口絵３）をみると、早川左岸の居住地区のほとんどが警戒区域（イエローゾーン）で、特別警戒区域（レッドゾーン）もあります。火打沢、宮沢、宮城野沢、瀬戸沢、寺沢、上の沢といった各地区では、主要道である国道１３８号と避難場所（４箇所）のうち３箇所が警戒区域に含まれています。警戒区域に含まれない避難所は西端の保健福祉センターのため、土砂災害が懸念される場合には、そこへ早めに避難する必要があります。箱根は有名な観光地で、温泉旅館やホテル、企業の保養所などもたくさんあるため、土地勘のない観光客の避難誘導には特別な配慮が必要になります。

実は、箱根町に限らず、山間地域において集落ができるような平坦地は、川沿いの谷底低地か、支流のつくる土石流堆積扇状地に限られがちです。そのため、集落の大半が宿命的に洪水や土砂災害にあいやすいという状況が一般的なのです。

長野県南木曽町2014年7月の梨子沢土石流とハザードマップ　長野県南木曽町《なぎそ》は、木曽川とその支流の狭い谷沿いに集落が分布し、くり返し土石流の被害にあってきたところです。2014年7月9日の夕方、梨子沢《なしざわ》で土石流が発生し、護岸を越えてあふれて住宅を襲い、死者1名を出しました。南木曽町の洪水・土砂災害ハザードマップ(図3・16)は、縮尺5千分の1で作成され、2011年に公表されました。2014年に被害が出た場所は、土砂災害警戒区域(イエローゾーン)に指定されていました。ハザードマップの最初のページには、この地方で「蛇抜《じゃぬ》け」と呼ばれる土石流による災害の歴史が記されています。1844年の蛇抜けでは99名が犠牲になり、また、1904年、1953年、1966年にも被害が出ました。1953年の災害のあとに建てられた「蛇抜けの碑」の写真も掲載されています。

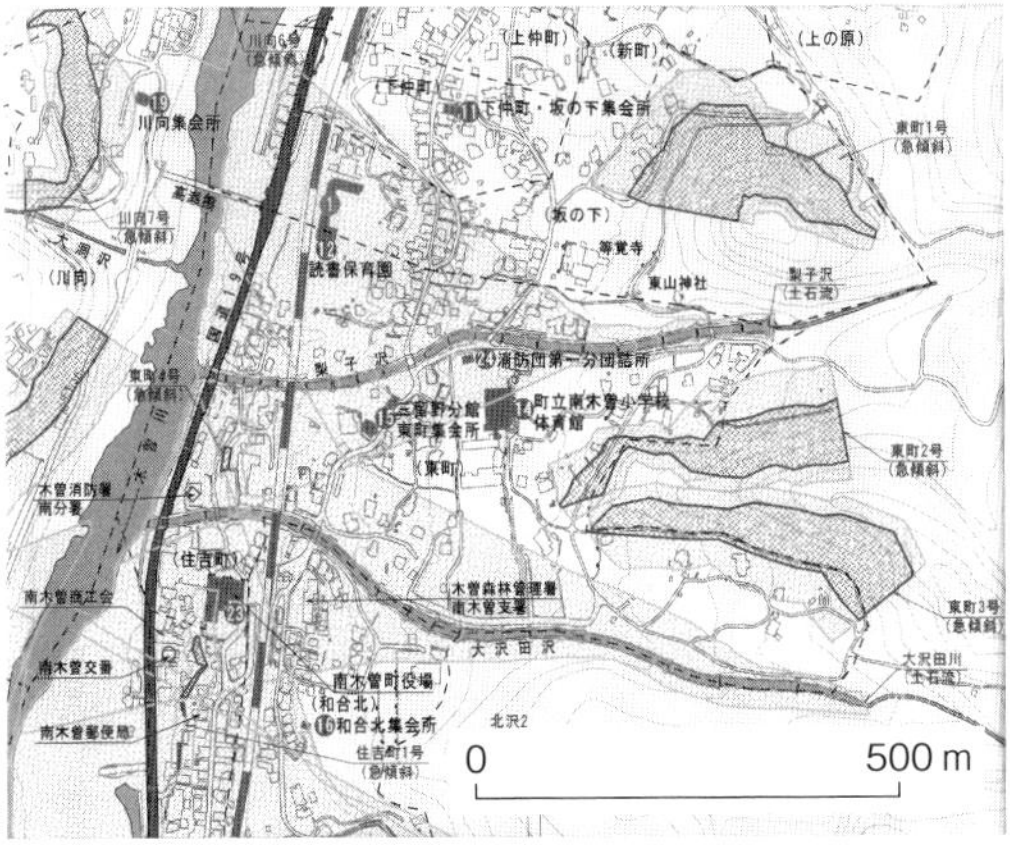

図3.16　南木曽町洪水・土砂災害ハザードマップ(南木曽町ホームページより，三留野の一部)より．濃いアミがレッドゾーン，薄いアミがイエローゾーン．

　南木曽町の蛇抜けの碑には、古くからの言い伝えとして「白い雨が降るとぬける」、「蛇ぬけの前にはきな臭い匂いがする」などと記されています。「白い雨」というのは豪雨の際、水しぶきで周囲が白っぽくみえる様子で、気象庁によれば、時間雨量50ミリ以上になるとそのようなことが起こるといいます。２０１４年７月の災害時には、近くの観測所で時間雨量78ミリを記録しました。蛇抜けの碑のある伊勢小屋沢の対岸には、そのものずばりの「蛇抜沢」があり、近くの町役場も中央本線も国道19号（中山道）も、イエローゾーンにあります。町立南木曽小学校と対岸の蘇南《そなん》高校はやや高い所にありますが、町の中心部はほぼ全域がイエローゾーンとなっています。

１９９９年と２０１４年の広島土砂災害とハザードマップ　１９９９年６月29日、梅雨前線の活発化により、広島市周辺で連続雨量２００〜２５０ミリの豪雨となりました。時間雨量は広島市佐伯区で81ミリ、呉市で69ミリに達し、広島市佐伯区、安佐《あさ》北区飯室《いむろ》、安佐南区伴東《ともひがし》などで土石流災害による犠牲者がでました。土砂災害ハザードマップをつくることとした土砂災害防止法は、この豪雨災害を契機に成立しました。広島市によれば、「市民の皆様と行政が協働で策定した避難マニュアルによる避難訓練を行った地区から順次」ハザードマップを作成しているとのことで、２０１４年８月までに安佐南区、安佐北区、佐伯区でハザードマップが作成されました。

しかしながら、２０１４年８月20日、広島市安佐北区と安佐南区を中心に、豪雨による土砂災害で再び多くの人が犠牲になりました（コラム参照）。大規模な被害のあった安佐南区の阿武山南麓地域では、土砂災害ハザードマップが公表されていませんでした。ただし、広島県による調査はすでに行われ、山麓からJR線付近までほとんど全域が警戒区域になるはずの場所でした。それでも肝心な指定がまだ行われていませんでした。

２０１４年８月の広島市の土砂災害を受け、２０１４年11月に土砂災害防止法が改正されました。

それによれば、基礎的な調査が終わりしだい危険性が高い地域を公表し、調査がすすんでいない場合は国土交通省が都道府県に対して改善を求めることになりました。これまでは、警戒区域に指定されると事前に対策を講じなければならず、住民への説明も必要でした。これらに時間と費用がかかることと、「地価が下がる」等の懸念により、地元自治体による区域指定がすすまないという実情があるため、これを改善させようというものです。

山麓部の宅地開発と土砂災害——広島豪雨災害の教訓　2014年8月広島豪雨においては、広島市安佐北区三入《みいり》で1時間降水量101.0ミリ、3時間降水量217.5ミリとなり、観測史上第1位を記録した。この時に生じた斜面崩壊と土石流により広島市安佐南区で計68名、安佐北区で計6名の死者と、多くの家屋被害を出した。被害が激しかった場所は、高度経済成長期に宅地開発された山麓斜面で、人工改変地形に特有の被害が見られた。

宅地開発前の自然地形が左右する被害程度：広島市安佐南区緑井七丁目の住宅地（図3.17）においては、元の自然地形を反映した災害特徴が見られた。写真手前の宅地土台上に災害前には家屋があったが、谷の出口のために流出してしまった。中央の家屋も大きく被災し、ビニールシートや泥の跡が見える。ここは丘陵地を造成して宅地開発された場所である。

土地造成の際には尾根を削り、谷を埋めるが、完全に平らにはせず、尾根と谷の痕跡が残ることが多い。中央の家屋の階段と車庫は、尾根と谷の名残を留めている。そして右側の宅地土台の場所は元々谷だったことがわかる。写真右手の山の中に谷の出口があり、土石流はそこからこの住宅地を一気に襲った。その結果、元の谷沿いで甚大な被害が生じ、元の尾根上ではほとんど被害が出なかった。

図 **3.17**　緑井七丁目の住宅地（撮影は 2014 年 11 月 7 日）．

図 **3.18**　緑井八丁目の住宅地（撮影は 2014 年 11 月 7 日）．

図 **3.19**　八木三丁目の住宅地（撮影は 2014 年 9 月 17 日）．

緑井八丁目でも多数の家屋が被災したが、図3・18付近は無被害だった。梅園や剪定の行き届いた生垣、歴史を感じさせる家屋、緩傾斜の道が見られるのどかな風景が広がっている。被災が大きかった谷地形からは50メートル程度離れ、地盤の高さはわずかに1メートル程度高いだけだが、奥に微高地があって、その陰にあたる。そのため、泥水が流れた跡が道に残るものの、土石流の直接の影響を受けなかった。

残念ながら国土地理院が1967年に作成した土地条件図には、この程度の微高地は表現されていない。わずかな標高差によって災害危険性が異なることは重要である。段丘化した古い扇状地と現成の扇状地の区別や、谷の中の自然堤防や土石流堆(微高地)などを見抜く必要がある。安全な場所は次世代に引き継がれ豊かな暮らしが長く維持される。地元の災害教訓を活かすこととともに、元の地形を詳細に見ることが重要である。

注意を要する谷の出口：安佐南区八木三丁目の新興住宅地(図3・19)においては、両側を高い石壁で囲まれた急傾斜の1本道が山に向かって一直線に伸びている。被災一月後の状況は、石壁や家屋には泥の跡があり、土嚢やビニールシートが置かれていた。道路の突き当たりには高さ約3メートルの巨大な土嚢の壁があり、その先には山から流出した大量の土石流堆積物があった。この景観から、山麓斜面のうちでも微高地が宅地化され、谷の位置に道路が造られたことがわかる。

被害は道路沿いで著しく、同じ宅地区画内でも下流側ほど被害範囲が広い。これは土石流が道路伝いに流下する際、擁壁を回り込む位置では収束して高さを増し、ひとたび宅地内に入ると拡がったものと推測される。破壊のエネルギーは収束から拡散に転じる辺りで最も強く、そこを防御して、土石流侵入を避けることができれば被害を低減できる可能性がある。

このように谷の出口からの土石流の通過経路を想定して、宅地においては谷の上流側への防御を確実にし、道路に土石流をうまく流すことで、家屋被害を低減できることが予想される。もちろん、さらに下流側で土石流堆積物を留める広い場の確保が必要であり、流れが停滞することでより大きな破壊エネルギーが下流側に及ぶことにも注意を要する。
山麓扇状地の住宅地では、土石流の挙動特性を念頭に置いたハザードマップ作成も必要であろう。擁壁設置は個人個人が行うため、上流側と下流側の住民間の合意形成も重要である。

危険箇所を示す地図はある

２０１３年３月現在、土砂災害ハザードマップを作成している市町村の数は１３０１です(内閣府調べ)。ただし、これらの市町村でも、すべての対象地域でハザードマップを完成しているわけではなく、広島市の中でも、２０１４年に大きな災害のあった安佐南区や安佐北区の当該地区ではハザードマップができていませんでした。

２００１年に土砂災害防止法ができ、都道府県では危険箇所の調査を行いました。警戒区域を指定する際には、地表の勾配等の地形条件などから絞り込み、住民に説明し、合意を得ることを前提にしていたため時間がかかりました。ハザード情報だけ伝えても防災上の効果が低いという考えから、対策を義務づける警戒区域を指定するという措置を決めていますが、指定に伴う社会的軋轢《あつれき》を恐れ、結局のところハザード情報すら住民に伝えられなくなってしまうということでは困ります。対策のあり方に再考の余地があるかもしれません。

それでは、「土砂災害ハザードマップ」が公表されていなければ危険箇所がわからないのでしょうか。そんなことはありません。実は、土砂災害の危険箇所を示す様々な情報は公表されています。これらの多くは広義のハザードマップ情報ということができます。

砂防三法による指定地　これまでに述べた「土砂災害防止法」以前から、土砂災害対策に関して「砂防三法」と呼ばれる三つの法律があります。これらは、砂防法（1897年公布）、地すべり等防止法（1958年公布）、急傾斜地の崩壊による災害の防止に関する法律（1969年公布）で、土砂災害を三つに区分することがあるのはこれによっています。これらの法律では、対策を必要とする場所として、それぞれ、「砂防指定地」（国土交通大臣が指定）、「地すべり防止区域」（国土交通大臣もしくは農林水産大臣が指定）、「急傾斜地崩壊危険区域」（都道府県知事が指定）を定めています。これらの指定地および区域は、都道府県が管理し、防災工事が実施されます。指定区域では、「土砂災害のおそれを増すような様々な行為」（掘削や盛土など）が制限されています。

土砂災害危険箇所（法律によらない）　土砂災害警戒区域等とまぎらわしいのですが、全国に「土石流危険渓流箇所」、「地すべり危険箇所」、「急傾斜地崩壊危険箇所」というものがあります。これらは、国土交通省の調査要領・点検要領により都道府県が調査を実施して定めたものです。法律により指定されるわけではなく、「調査結果を周知することで、自主避難の判断や市町村の行う警戒避難体制の確立に役立てていただくこと」を目的としているのだそうです。1999年に公表された「地すべり危険箇所」と、2003年に国土交通省河川局砂防部が「都道府県別土砂災害危険箇所の調査結果」として公表した「土石流危険渓流等」、「急傾斜地崩壊危険箇所等」とが、現在（2014年10月時点）、「都道府県別土砂災害危険箇所」として示されています。

「土石流危険渓流」と「急傾斜地崩壊危険箇所」は、1999年より4年間にわたり各都道府県により調査が行われました。それぞれ、建設省の「土石流危険渓流及び土石流危険区域調査要領（案）」、

「急傾斜地崩壊危険箇所等点検要領」に基づき、被害を受けるおそれのある戸数により、Ⅰ（5戸以上、ただし5戸未満でも官公署や学校等があれば含む）、Ⅱ（1〜4戸）、Ⅲ（人家がないが一定の要件を満たす）に分けられました。これは土砂災害防止法施行の準備段階として調査を行ったもののようです。このため、都道府県の多くは、公表はするけれども「法律に基づく指定ではない」、「行為の制限等はない」ことを強調していました。けれども、このような箇所で実際に土砂災害が発生しています。2011年9月の台風12号による豪雨では紀伊半島で総雨量1400ミリもの雨が降り、奈良県から和歌山県にかけての「深層崩壊」や、熊野川水害、那智勝浦町における那智川流域の土石流災害などで多数の犠牲者がでました（紀伊半島大水害）。

那智勝浦町は熊野三山の那智大社や那智の滝があり、熊野古道が通るところです。2011年の紀伊半島大水害では、那智川流域の金山谷ほかの土石流で死者・行方不明者29名という災害になりました。当該地域の土砂災害ハザードマップは未公表でしたが、和歌山県による「わかやま土砂災害マップ」では、それぞれ砂防三法や土砂災害防止法による指定区域と土砂災害危険箇所を見ることができます。金山谷は土石流危険渓流であり、上流部が「危険箇所」に指定されています。土砂災害防止法でもほぼ全域が土石流の警戒区域となっています。一方、被害のあった熊野那智大社周辺は、急傾斜地崩壊危険箇所および急傾斜地被害想定範囲に含まれますが、法律による指定地域にはなっていませんでした。那智の滝も同様で、土石流危険渓流（「危険箇所」に記載）ですが法指定区域ではありませんでした。

結果的には過去に例のないような雨で、金山谷をはじめとするほとんどの支谷で土石流が発生し、ほぼ全域が被災しました。法律で指定されていないからといって安全とはいえないのです。

山地災害危険地区（法律によらない）　このほか、林野庁では「山地災害危険地区」として、「山腹崩壊危険地区」、「地すべり危険地区」、「崩壊土砂流出危険地区」を調査、公表しています。林野庁の「山地災害危険地区調査要領」（林野庁、２００６）により都道府県が２００６〜２００７年に調査を実施したものです。国交省では「土砂災害」・「砂防」、農水省（林野庁）では「山地災害」・「治山」という独自の用語を用いています。

宅地造成等規制法（２００６年改正）と「大規模盛土造成地マップ」　１９７８年の宮城県沖地震や、１９９５年の兵庫県南部地震、２００４年の新潟県中越地震などにより、宅地造成地で盛土の崩壊による災害が発生しました。このため地方自治体が「変動予測調査」を実施し、その結果を「大規模盛土造成地マップ」として公表し、地方自治体等が危険箇所の滑動崩落防止工事を進めることになっています。ただし、この盛土造成地マップの公表も遅れており、２０１４年10月現在で公表しているのは全国２県10市のみです（コラム参照）。

奈良県深層崩壊マップ　２０１１年９月の紀伊半島大水害の際、奈良県南部の五條市や十津川《とつかわ》村では「深層崩壊」と呼ばれる大規模な斜面崩壊が発生し、（天然ダムによる）河道閉塞を含め、大きな被害を受けました。明治時代の１８８９年にも「十津川災害」と呼ばれる同様の災害があったため、奈良県では２０１４年９月に「奈良県深層崩壊マップ」を公表しました。このマップは奈良県南部を対象に、地質別に「秩父《ちちぶ》帯」と「四万十《しまんと》帯」に分け、渓流ごとに相対的な危険度を「高い」、「やや高い」、「やや低い」、「低い」に色分けしています。これらの危険度は過去の深層崩壊の発生、起伏や崩壊密度などの地形条件から判定しています。

地すべり地形分布図（防災科学技術研究所）　地すべりは特徴のある地形をつくるため、過去の地すべりの跡や現在も継続中の地すべり箇所を知ることができます。また、地すべりはしばしば同じ場所で再発するので、地すべり地形の分布図も地すべりのハザードマップということができます。防災科学技術研究所では、全国の縮尺4万分の1航空写真の実体視判読（ステレオ画像判読）により、地すべり地形を5万分の1または2万5千分の1地形図に示したものを公表しています。

土地条件図　国土地理院の土地条件図では、斜面災害にかかわる地形として、崖、崩壊地、地すべり、古い地すべり、土石流堆などを表示しています。危険性の順序をつけることはできなくても、その土地がどのような地形の特徴を持つのかを知ることができます。また、防災・開発担当機関や救護保安施設等も示されているので、ハザードマップとして活用できます。

災害履歴図　過去に発生した災害の様相や範囲を示す地図や資料は、最も基本的なハザードマップ（もしくはハザード情報）です。どのような場所でどのような災害が発生したのか、地域の人たちは情報を共有して災害に備える必要があります。

宅地造成地における地盤災害とハザードマップ　近世以降の日本の都市は、広い後背地を持った交通の便利な平地（台地や低地）に形成されてきたが、近年は丘陵地や山地にも急拡大している。都市圏によって違いはあるものの、高度経済成長期以降の日本の都市、特に主要大都市圏においては、傾斜地やその改変地への都市域展開が一般的になったと言える。

その丘陵地等の地形改変地では、1978年宮城県沖地震以降大きな地震の度に、特徴的な被害が発生している。2011年東日本大震災でも、甚大な津波被災のために目立たないが、きわめて多くの被害が発生した(図3.20)。そして、以下のような特徴がこれまでの多くの事例に共通して認められる。①切土部で被害が小さい/少ないのに対して、盛土部や切盛境界部で被害が大きい/多い。②盛土部の沈下や移動、切盛境界部での不同沈下が多く認められる。そのため建物被害は、振動そのものより地盤破壊によることになる。③同一の地震でかつ震源距離もさほど違わない造成地間で、被災程度が大きく異なる。これについては、④

図3.20　(上)1978年宮城県沖地震と(下)2011年東日本大震災による同じ場所の被災事例．仙台市泉区(1978年当時は泉市)．1978年に被災した盛土部(ないし切盛境界部)では，2011年にも被災し地盤変状の程度はより大きい．1978年写真の右奥の家が2011年写真の中央の家である．この住宅およびその右隣のアパートはその後取り壊された．左隣の住宅は，2011年震災前に建て替えられていたが，建物の被災は認められない．

古い造成の住宅地に被害が多い傾向や、盛土部の形状による違いが指摘されてきた。そして、⑤東日本大震災後の仙台市宅地保全審議会（同技術専門委員会）は、盛土が軟弱な場合や盛土内の地下水が多い場合に、大きな地盤被害が発生しやすいことを、被災宅地の詳細な調査から明らかにした。仙台市内でひどく被災した造成地の一部では、盛土部が災害危険区域に指定され、住民が集団移転を余儀なくされた。

以上から明らかなように、造成地間の差はあるとしても、この災害に関する最も基本的なハザードマップは盛土分布図である。１９９５年阪神・淡路大震災等の経験を踏まえて２００６年に改正された宅地造成等規制法では、造成宅地の防災のために、被災前の対策として以下のような手順が規定されている。①盛土分布図作成、②2段階のスクリーニング、③「造成宅地防災区域」設定、④対策工事（補助と所有者負担）である。しかし、仙台市等の東日本大震災の被災地では事前の「造成宅地防災区域」設定および対策工事は行われず、被災後の支援を余儀なくされた。一方、仙台都市圏では、１９７８年宮城県沖地震の経験から、その後の多くの造成地において、購入（予定）者からの要望に応じて造成または販売業者が切土・盛土分布図を見せることが、（細々と?）行われてきた。筆者が１９９５年3月末に仙台市内のある造成宅地で閲覧を求めたところ、業者から「久しぶり」と言われた経験がある。阪神・淡路大震災直後には閲覧を求められることが多かったが、わずか2ヶ月後にはいなくなったとのことである。少なくとも東日本大震災前において、被災経験を持つ仙台都市圏においても、ハザードマップ（盛土分布図）が個人の宅地購入において広く参照されてきたとは言えないようである。

東日本大震災の復興過程では、過去の教訓を活かすことが求められる。１９９５年阪神・淡路大震災の被災経験をもとに２０００年に改正された建築基準法は、地盤強度に応じた木造家屋の基礎や地盤補強について規定している。同法による住宅建築前の地盤調査によって、津波被災地背後の高台造成地の一部で、地盤の強度不足が明らかになった。建築基準強化という過去の教訓の成果が、造成地（内のおそらく盛土地盤）では地盤補強を要する地盤強度にとどまる場合があることを明らかにしたことになる。
阪神・淡路大震災の造成宅地における被災地が、しばしばミニ開発をともなって、再び住宅地として利用される事例が多く認められたが、東日本大震災後の復興過程においても繰り返されようとしている。現行の建築基準法による新築住宅の堅牢性向上は明らかではあるが、果たして被災宅地であることを承知の上で住宅が購入されているのだろうか。仙台市では、2013年4月に切土・盛土分布図を含む「仙台市宅地造成履歴等情報マップ」を公表した。じつは2008年に㈱復建コンサルタントが同様の地図を既に作成し、公開していた。少なくとも盛土分布図という最も基本的なハザードマップが、広く参照されることが望まれる。

他人まかせではなく

土砂災害は土砂が斜面を移動して平らなところで止まるときに起こる災害です。山地の割合の多い日本列島では、そもそも平らな土地は土砂が移動堆積した結果できたところが大部分なので、我々は、洪水や土砂移動の繰り返しでできた土地で暮らしているともいえます。

土砂災害防止法の下で土砂災害ハザードマップが作られ、行政機関によって警戒区域などが指定されますが、避難勧告や避難指示なども含め、判断をすべて他人まかせにしていて良いのでしょうか。そうした考えはやめませんか。災害時に身を守るために、結局は自分自身の判断が必要です。

災害教訓は最も基本的な、誰もが知るべきハザード情報です。南木曽町の「蛇抜けの碑」には次のように記されています。

白い雨が降るとぬける

尾（根の）先　谷（の出）口　（お）宮の前（には家を建てるな）※
雨に風が加わると危い
長雨後　谷の水が急に止まったらぬける
蛇ぬけの水は黒い
蛇ぬけの前にはきな臭い匂いがする
※カッコ内は長野県砂防課による追記

祖先は何のために石に刻んだのかといえば、子々孫々まで災害に遭わないように願ってのことです。そして、災害を避けるために自然や土地をみる目を養い、それをコミュニティが共有することの大切さを訴えています。

新しい土地に移り住んだ人たちは、祖先の言い伝えを知ることができないかもしれません。その場合は、情報化社会のメリットを活かし、災害履歴図や土地条件図、気象庁のレーダー雨量図や土砂災害警戒情報などを活用して、ハザードマップとして総動員できれば効果的でしょう。

他の地域で起きた災害の教訓を、似たような土地条件のところに応用することは重要です。ハザードマップを通じて自然の脅威についての想像力を養う必要があります。それこそが重要な防災のリテラシー（災害軽減に必要な能力）になるでしょう。

4　火山ハザードマップ――火山の個性や様々な噴火を想定する

火山噴火の多様性と火山災害

火山災害は、気象災害や地震災害に比べると、人間社会におよぶ影響のしかたが様々であることに特徴をもちます。また影響をうける範囲とその期間が極端に大きくなることも特徴です。したがって火山ハザードマップをつくるにあたっては、その火山の活動の性質を十分に理解しておく必要があります。最近の数十年間だけをみても、雲仙普賢岳で発生した火砕流（１９９１～１９９６年）、有珠火山のマグマ水蒸気噴火（２０００～２００１年）、三宅島の火山ガス放出（２０００年以降）、霧島火山のマグマ水蒸気噴火～準プリニー式噴火（２０１１年）、御嶽火山の水蒸気噴火（２０１４年11月現在）など、噴火ごとに様式が異なっており、それを反映して人間社会への影響のしかたに違いがありました。噴火の様式の多様性は、火山災害の多様性につながります。火山学では様々な噴火の様式を分類するため、○○式噴火とよんで整理します。しかし火山災害を回避する立場からはこの整理法は必ずしも適切なものとはいえません。現象をより直接的な表現で示すとともに、具体的に火山性物質の性質や移動形態に着目することが必要となります。移動形態は「降下」と「ながれ」（コラム参照）に大別できますが、火山ガス（気体）、溶岩流（液体）、火山灰や噴石（固体）など、様々な状態で存在する火山性物質が組み合わさることで移動形態が決まります。そしてこの移動形態や物質の種類が、火山災害の種別を決定づけます。こうした火山活動のしくみをよく理解する必要があります。

ところで火山噴火の影響がおよぶ範囲や、火山活動の時間的な長さ（噴火していない静穏期間や噴火の継続期間など）の認識には、行政の防災担当者を含めた一般人と火山研究者との間に大きな隔たりがあります。例えば何万年間も休止していた火山が突然噴火することもありますが、一般人にとっては異常に思えても研究者は通常のできごとと捉えることがあります。これらはときに深刻な問題となります。火山ハザードマップ、とりわけ「火山防災マップ」とよばれる一般住民にむけた火山ハザードマップに表現される情報の選択には、上記の問題点をよく考えることが必要です。

噴火の際に「降下」する火山性物質　火山学では、降下する固体状の火山性物質に対して、大きさや形状、色調などに基づく複数の分類法がある。しかし、火山防災マップでは、噴石、降灰という大きさを示す用語で区分・表現されることが多い。降下する火山性物質の大きさはミクロン単位から直径数メートルまでにおよび、噴火様式や火口からの距離・方向によりそれぞれの組み合わせや量比が変化する。気象庁は直径50センチメートル以上のものを「大きな噴石」、それ以下で直径2ミリメートル以上のものを「小さな噴石（火山レキ）」と呼び、さらにそれより小さいものを火山灰と呼んでいる。一方で火山学では直径64ミリメートル以上のものを火山岩塊、64〜2ミリメートルのものを火山レキ、それ以下のものを火山灰と呼んでいる。

かつて気象庁は火山学の分類に整合するように火山岩塊を噴石という言葉に置き換えていた時もある。この火山学で用いられる火山岩塊、すなわち「大きな噴石」と大きめの「小さな噴石」（50センチメートル〜64ミリメートル）は重量も大きく、直撃を受けたら致命的である。その飛来は火口から弾道（放物線）に沿って全方向に飛来する可能性がある一方で、到達範囲は火口を中心に半径5キロメートル以内にほぼ限られる。このため火山防災マップ上でも表現が容易で、ほとんどのマップで火口を中心とした目立つ円でその到達予想範囲が示されている（口絵1に事例を示す）。

降灰についても多くの火山防災マップでその予想範囲が示されており、日本列島周辺の高層での卓越風向を考慮して火口から東側にその範囲が示されていることが多い。火山防災マップで「降灰」という語を用いる場合、対象は2ミリメートル以下の火山灰だけでなく、より大きな火山レキ、すなわち気象庁の言葉で「小さな噴石」(50センチメートル〜2ミリメートル)に該当するものも含む。つまり注意すべき点として火山防災マップで頻繁に図示される「噴石」と「小さな噴石」は一致しない場合がある。火山防災マップで噴石とされているのは「大きな噴石」や大きめの「小さな噴石」、すなわち火山岩塊を想定していると思われる。このように降下の現象一つとっても混乱が生じかねない言葉の問題がある。少なくとも各々の火山防災マップの中で言葉の説明が必要であろう。なお、2014年御嶽火山噴火で多数の登山者の命を奪ったのは「大きな噴石」である。

降灰が生じる噴火の様式として、火山灰と火口周辺での噴石降下を伴うブルカノ式噴火(南九州の桜島で頻発)や、火口から数キロメートル以上離れても数センチメートル程度の火山レキが降下するプリニー式噴火が知られている。いずれの噴火が発生するのかは火山ごとに癖があり、その傾向は火山防災マップに必要な情報である。

噴火に伴う「ながれ」　ながれによる現象には、溶岩流、火砕流、火砕サージ、火山泥流、土石流、岩屑《がんせつ》なだれ(岩屑流)など多種あり、それぞれ独自の火山災害を引きおこす。溶岩流の速度は比較的小さいので速やかに避難すれば人的被害を回避できる。これに対して火砕流、火砕サージ、火山泥流、土石流、岩屑なだれは高速(時速数十キロメートル以上であり、100キロメートルを超えることもある)なために発生してからの避難では遅く、発生の可能性が判断された時点で到達予想範囲から離れる必要がある。火山防災マップが人的被害の軽減に貢献できるタイプの火山現象である。また、ながれのうち、溶岩流や火山泥流、土石流は地形に強く制約されて流下するのでとくに火山防災マップに馴染む。一方、噴火自体が終結しても噴出物が引き続き周辺域に移動する土石流や火山泥流は長期にわたり発生し、火山災害の長期化をもたらす傾向がある。単に到達域だけでなく、こうした時間的な特徴が火山防災マップの中で注意喚起される必要がある。

火山ハザードマップの種類・歴史と整備状況

種類・歴史　火山ハザードマップには、利用する対象者に応じて「火山ハザードマップ」（火山災害予想区域図ともよばれる）と「火山防災マップ」があり、両者を使い分ける必要があります。前者は、様々な噴火現象がおよぶ範囲を地図に示したものであり、災害対策のあり方を検討する際の基礎資料となります。噴火規模や現象ごとに複数の「火山ハザードマップ」があり、その作成には各現象の物理的な特性を考慮した計算結果が用いられます。後者の「火山防災マップ」は、前者に防災上必要な情報となる解説、避難場所・避難経路、住民への情報伝達方法等を加えたもので、一般住民に向けたものです。本書ではハザードマップを「広義のハザードマップ」と「狭義のハザードマップ」に区分していますが、火山ハザードマップは広義のハザードマップに属し、火山防災マップは狭義のハザードマップに相当します。なお、いわゆるハザードマップと呼ばれるもの以外にも、火山に関する大変に有用な文献や図等がたくさんあります。それらはこれまで、あまりハザードマップとして認識されていませんでしたが、複雑な火山噴火を考慮するためにも防災資料として積極的に取り入れるべきなので、ここでは火山の広義のハザードマップとして位置づけることにします。

ところで、火山ハザードマップの歴史を振り返ると、世界的にみてその草分けは、米国ワシントン州のセント・ヘレンズ火山について作成されたものでした。１９８０年におきた噴火の少し前に作成されていました。日本国内における火山ハザードマップ（に類するもの）としては、１９８３年に北海道駒ヶ岳について駒ヶ岳火山防災会議協議会が作成したものや、１９８６年に十勝岳について上富良野町が作成したものが、初期の事例としてあげられます。そして日本国内における本格的な火山ハザードマップ作成は、雲仙普賢岳の１９９１年噴火直後、１９９２年に国土庁（当時）が公表した「火山噴火災害危険区域予測図作成指針」がその基本となりました。このように実際に起きた火山噴火が、ハザードマップ作成やその改訂、および手法改良を加速させました。有珠山と三宅島の２０００年噴火も大きな契機となりました。

しかしハザードマップが未作成の火山も多いことから、雲仙普賢岳のハザードマップが作られてから20年後にあたる２０１２年度に「火山防災マップ作成指針」が検討され、２０１３年３月に内閣府、消防庁、国土交通省、気象庁が共同でとりまとめました。

以上に述べたような、現段階の火山ハザードマップに関する関係資料、火山防災の現況とこれからの取り組みを知るには、２０１３年に独立行政法人防災科学技術研究所から公表された「日本の火山ハザードマップ集」（第2版）が参考になります。

整備状況　地球科学の分野では「第四紀火山」という用語がありますが、第四紀とは最近の地質時代を示す言葉で、現在とほぼ近い環境の時代（かつては約１８０万年間としていたが、最近は約２６０万年間）としてとらえられています。そのため、地殻変動や火山活動を考える場合、第四紀がひとつの目安になります。この時代に活動した火山を「第四紀火山」とよび、その数は日本列島では約５００です（産業技術総合研究所のホームページなど）。

しかし、このうち将来も噴火しそうな火山は限られることから、気象庁は、過去1万年間の噴火が判明している１１０の火山を「活火山」に指定しています。さらに、今後１００年程度の噴火の可能性や社会的影響を考慮し、火山噴火予知連絡会は、47火山について、火山防災対策の充実を図るべきもの（監視・観測体制の充実等が必要な常時観測の対象火山）として選定しています（図3・21）。

火山防災マップが整備されているのはこのうち37火山です。このことからみても火山防災マップの整備が十分に進んでいないことは明白で、少なくとも上記選定47火山については整備を急ぐべきです。このことは2014年御嶽火山噴火をうけて強く指摘されています。未整備の火山には、大雪山、栗駒山、日光白根山、乗鞍岳、白山など、山が深く人口密集地から離れた地域に存在するものが目立ちます。だからといって防災マップの整備を後まわしにしてよいといえないことは、2014年御嶽火山噴火（同火山の防災マップは整備済）をみても明らかです。登山などの観光地として人が集まる場所であれば、火山防災マップは必要です。

ところで、47火山に選定されていない活火山の中には、十和田（青森・秋田）や沼沢（福島）など森林に囲まれた湖を伴うカルデラ火山があります。これらは、活火山どころか、火山であることすら認識されにくいでしょう。また、火山地形としては明瞭であるものの、目立った噴気も少なく活動的であることを忘れさせる火山（例えば尾瀬の燧ヶ岳や群馬県榛名火山）もあります。これらのうち、十和田や沼沢の両カルデラや榛名火山は、いずれも縄文時代から平安時代に噴火しています。その規模はあまりに大きかったため、通常の火山防災マップでは扱いが困難なタイプの噴火でした。

第四紀火山ではあるものの、活火山の指定を受けていない火山についても触れておきます。第四紀の最近3分の1の期間（およそ100～80万年前以降）に噴火していない火山については、さしあたり火山防災マップを作成する必要性はほとんどないと考えられています。日本列島における成層火山の一

図 3.21 110 個の活火山と監視・観測体制の充実等が必要な 47 火山(常時観測対象), および火山防災マップが整備されている 37 火山.

生が約50万年間といわれていることや、火山活動をコントロールするプレート運動や地殻変動の様式が、およそ100〜50万年前に現在の状態になったとされることがその理由です。

これに対して、50万年前以降に噴火した証拠はあるのに活火山に指定されていない火山については、緊急性は高くないまでも、火山防災マップが不要とは言いきれません。そもそも、活火山の定義自体が人間の都合でつくられた便宜的なものに過ぎず、将来の噴火の可能性を判断するものではまったくないからです。先に述べた福島の沼沢カルデラは過去12万年間において、顕著な噴火を約５〜６万年間隔、小さな噴火を含めると１〜２万年間隔で繰り返してきました。この火山はたまたま５０００年前に噴火しているから活火山とされますが、最新活動時期がもう少し古かったら活火山に該当しないことになります。このことは、現在、活火山に定義されていなくても将来の噴火がありうるということを示しています。

火山防災マップの必要性は、１万年という活火山の定義に固執せず、噴火の可能性から判断すべきです。そのためには過去の噴火履歴を詳細に解明する必要があります。日本の第四紀火山は、大規模な降灰や火砕流を伴う噴火であれば、過去10万年間についてはおおよそのデータが揃っています（例えば「新編 火山灰アトラス」）。こうしたデータが整備されているにもかかわらず、それを十分に活かせず、火山防災マップをつくるべきか否かの議論に至っていないのが現状です。現段階で明確なルールはありませんが、活火山以外でも過去の噴火履歴を参考にした火山防災マップの作成基準を議論する必要があるのではないでしょうか。

火山ハザードマップの限界と問題点

人の生命・財産に影響が及ぶ火山現象として、多くの火山防災マップで取り上げられているのは、想定火口の位置、噴石・降灰・火砕流・火砕サージ・溶岩流・土石流・火山泥流の到達可能性範囲です。このうち噴石・降灰・土石流・火山泥流は、どのような様式の噴火であっても発生する可能性がある現象で、火山防災マップには欠かせない情報です。

２０１４年の御嶽火山噴火の際、犠牲者の大半は噴石の直撃を受けました。噴石が火口からどの程度の距離まで飛来するかは、一般的にそれほど知られていないと思えますが、火山防災マップを見れば到達範囲を知ることができます。ウェブで公開されている「御嶽山火山防災マップ」(口絵１)によれば、想定火口から約４キロメートルの範囲が噴石予想到達域となっています。御嶽火山の噴火発生直後、登山者が自分の位置と火口との距離、そして爆発的噴火は噴石の飛来を伴うことを知っていればもう少し被害が小さくなったかもしれません。また、土石流・火山泥流は地形に制約されて流下するので火山防災マップに表現しやすく、適切に図示されていれば、避難に役立ちます。このように、噴石・降灰・土石流・火山泥流については、火山防災マップの機能が大きく期待できます。

一方で火山防災マップ上での表現が難しく、適切な避難行動に役立つ情報の提供自体が難しいのが岩屑なだれの流下域や火砕流の到達範囲です。

岩屑なだれは防災上、十分に考慮すべき現象ですが、火山防災マップ上には直接図示されない場合が多いようです。岩屑なだれによる火山災害としては、１８８８年の磐梯火山(犠牲者５００名弱)や、１７９２年雲仙普賢岳の火山活動に伴う眉山《まゆやま》崩壊(岩屑なだれが海域に流入したことによる津波で死者数１万５０００人、有史以来の日本最大の火山災害)があげられます。また、同様な山体崩壊に伴う津波の火山災害の事例は、北海道駒ヶ岳でも１６４０年に発生しています。これらの事例が示すように、国内での発生頻度としては決して希有ではありません。しかし個々の火山でみれば、およそ数万年に１回程度の現象です。この希さを反映したためか、火山防災マップ上では岩屑なだれの到達可能性域が示されている例は多くありません。

歴史時代に岩屑なだれが発生した北海道駒ヶ岳では、「示した範囲のすべてに到達するわけではない」とことわりながらも、同火山を中心に広い範囲が「到達可能性地域」として図示されていますが、このような事例は少ないのです。磐梯火山は約１００年前（１８８８年）に山体崩壊を起こしたばかりですが、その火山防災マップには、１８８８年の岩屑なだれの流下範囲も、将来繰り返した場合の到達予測域も示されていません。岩手火山山麓の旧西根町（八幡平市）をカバーする火山防災マップでは、過去に発生し流下した範囲が図示されていますが、富士山の場合では、作成年度や自治体により、取り上げたり取り上げられなかったりしています。岩屑なだれは発生自体が数万年に1回程度であり、しかも火山体のどの部分が崩壊し、岩屑なだれがどの方向に流下するかを事前に予測することはほぼ不可能です。そのため火山防災マップ上での表現が難しいのが現状です。安全側にたてば岩屑なだれの到達可能な範囲をすべて示すという方法（リスク合算型）もありますが、場合によっては一市町村の全域がその範囲になり、火山防災マップの全域がその範囲になることもあり得ます。またうまく範囲を示した火山防災マップがあったとしても、岩屑なだれはあまりに早く到達するため、流下範囲にいたら回避する術《すべ》がありません。このような事情が図示をためらわれる原因になるのかもしれません。

火砕流の場合はさらに悩ましくなります。噴火規模により火砕流の到達範囲は大きく異なり、火山防災マップ上にどの規模のものまで図示すべきかの判断が難しいからです。この問題は、火山防災マップをどのレベルの機関（国、県、あるいは市町村）が作成すべきか、という問いにもつながります。

一般に火山噴火の規模の目安として、噴火に伴う噴出物の体積に基づいて、火山爆発度指数ＶＥＩ（Volcanic Explosivity Index）という値が用いられています（図３・22）。雲仙普賢岳では、１９９０年代前

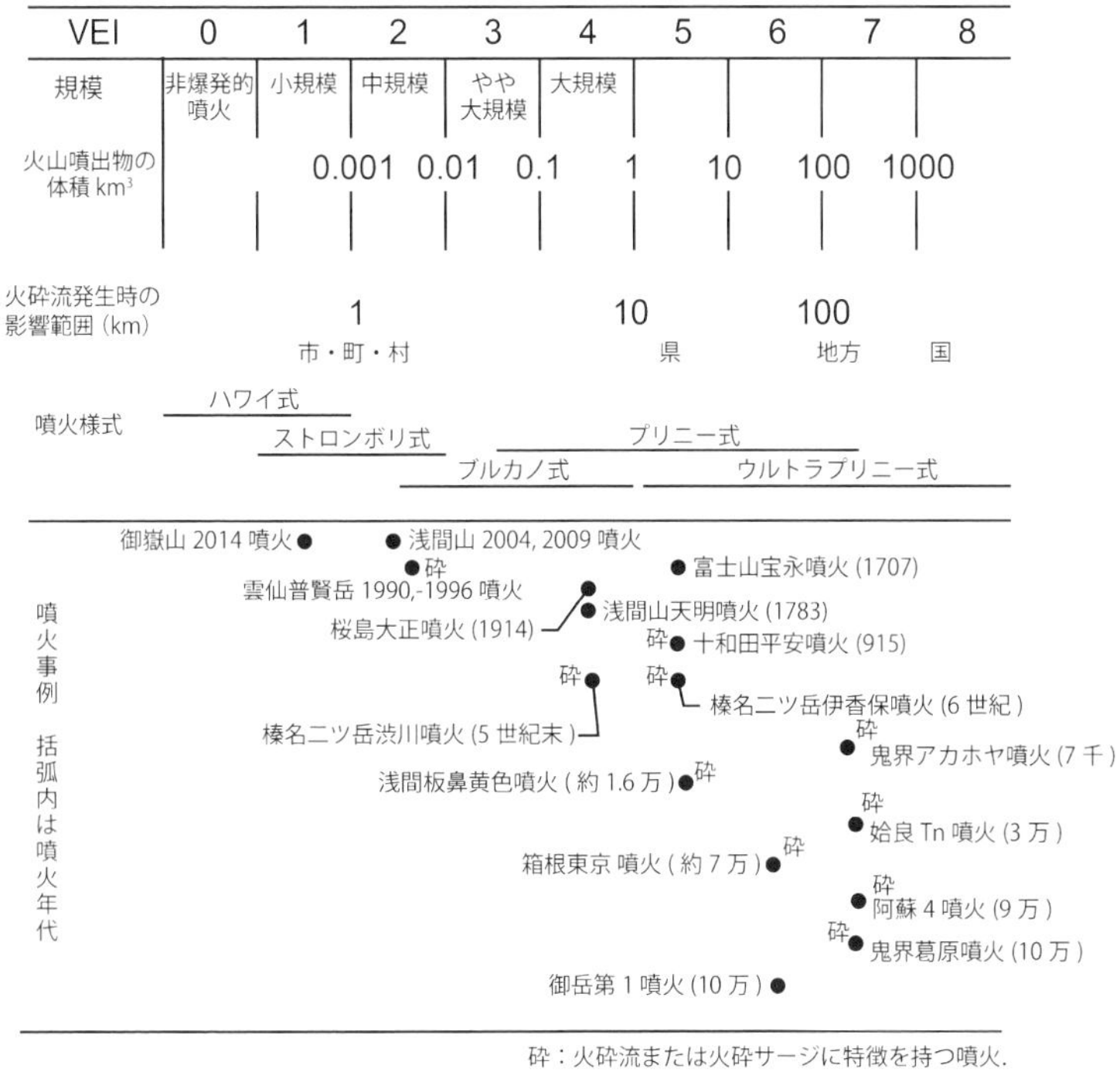
VEI 0 1 2 3 4 5 6 7 8
規模
非爆発的噴火
小規模
中規模
やや大規模
大規模
火山噴出物の体積 km³
0.001 0.01 0.1 1 10 100 1000
火砕流発生時の影響範囲（km）
1 10 100
市・町・村
県
地方
国
噴火様式
ハワイ式
ストロンボリ式
プリニー式
ブルカノ式
ウルトラプリニー式
噴火事例 括弧内は噴火年代
御嶽山 2014 噴火
浅間山 2004, 2009 噴火
砕
雲仙普賢岳 1990,-1996 噴火
富士山宝永噴火 (1707)
浅間山天明噴火 (1783)
桜島大正噴火 (1914)
砕 十和田平安噴火 (915)
砕
砕
榛名二ツ岳伊香保噴火 (6 世紀)
榛名二ツ岳渋川噴火 (5 世紀末)
砕
鬼界アカホヤ噴火 (7 千)
浅間板鼻黄色噴火 (約 1.6 万) 砕
砕
姶良 Tn 噴火 (3 万)
箱根東京 噴火 (約 7 万) 砕
砕
阿蘇 4 噴火 (9 万)
砕
鬼界葛原噴火 (10 万)
御岳第 1 噴火 (10 万)
砕：火砕流または火砕サージに特徴を持つ噴火.

図 3.22　火山噴火の規模と噴火事例.

半の約5年間に数千回の火砕流が発生しました。積算した噴出物の体積は0・2立方キロメートル程度なのでVEIは4となりますが、実際には1回ごとの火砕流の規模は小さく、世界の火山噴火のカタログである「Volcanoes of the World」ではVEIは1ないし2とされています。流下距離は5キロメートル以内でした。一方、北海道駒ヶ岳では1600年代以降、プリニー式噴火にともなうVEIが4〜5程度の噴火により火砕流が複数回発生し、その到達範囲は火口を中心に半径10キロメートル程度でした。上記2事例程度の規模の火砕流であれば、市町村やその連携組織で作成する火山防災マップに、到達範囲と非到達範囲を示すことが可能で、火山防災マップが十分機能します。一般に、噴火は規模が小さくなるごとに頻度が増大することが知られています。火砕流についてもVEIが小さいほど事例が圧倒的に多くなり、火山防災マップの出番も必然的に多くなるでしょう。

しかし、頻度が少なく、影響範囲が極端に広い火砕流は大変に難しくなります。いわゆるVEIが6程度以上の巨大噴火の場合であり、国内では最大VEIが7の事例（VEIの上限は8）も知られています（図3・22）。巨大噴火は通常、カルデラの形成につながる火砕流をともない、その到達範囲は市町村レベルをはるかに超え、複数の県単位から地方単位に広がることが予想されます。市町村などで作成される現行の火山防災マップで図示しようとすれば、図面すべてが火砕流到達範囲になり、もはや避難行動も示せず火山防災マップとして機能できません。つまり、現行スタイルの火山防災マップには馴染まないということになります。

VEIが7クラスの巨大噴火は北海道や九州のカルデラ火山以外では生じる可能性はかなり低く、しかもその頻度は日本全国でみても数万年間に1回程度です。確率の低さから、火山防災マップの守備範囲外という見方もあるかもしれませんが、可能性はゼロでなく、火山防災マップが火山活動の実体を住民に広く周知する場となりうることから、無視すべき現象ではないと思います。巨大噴火については火砕流の分布図等を載せて、過去の実例を解説つきで示すべきでしょう。

以上のように現行の火山防災マップを俯瞰すると、低頻度ながら一度発生したら極端に影響範囲が広いVEIが6以上の噴火と、先に述べた活火山ではないが過去の噴火履歴からみて将来の噴火の可能性が否定できない火山について、いかに社会的に認知させていくかという問題が浮かび上がってきます。通常の火山防災マップでは表現できない巨大噴火を社会がどのように位置づけるか、また火山防災マップでどのようにそれを扱うか、今後の議論が必要です。

これまで、こうした火山現象は地形学、地質学、火山学の分野で理学的に扱われ、多量のデータが蓄積されています。これらは火山ハザードマップ（火山災害予想区域図）、すなわち広義のハザードマップ基礎情報として位置づけることができます。その一例として、火山地形を区分した図（国土地理院発行の「火山土地条件図」など）や火山噴出物の分布を示した地質図（とくに産業技術総合研究所が刊行している縮尺2万5千～5万分の1の「火山地質図」）や、「20万分の1地質図幅」、「日本第四紀地図」（日本第四紀学会、縮尺は100万分の1）などがあげられます。「日本第四紀地図」には、巨大噴火に伴う火砕流堆積物や、火山から500キロメートル以上離れた範囲にも降下（降灰）する広域火山灰とよばれる火山噴出物の分布も示されています。これらは、現行の火山防災マップでは表現できない、低頻度の火山噴火の様子を示していることから、こうした噴火に伴う火山災害の予測を行う上で重要な役割を果たします。

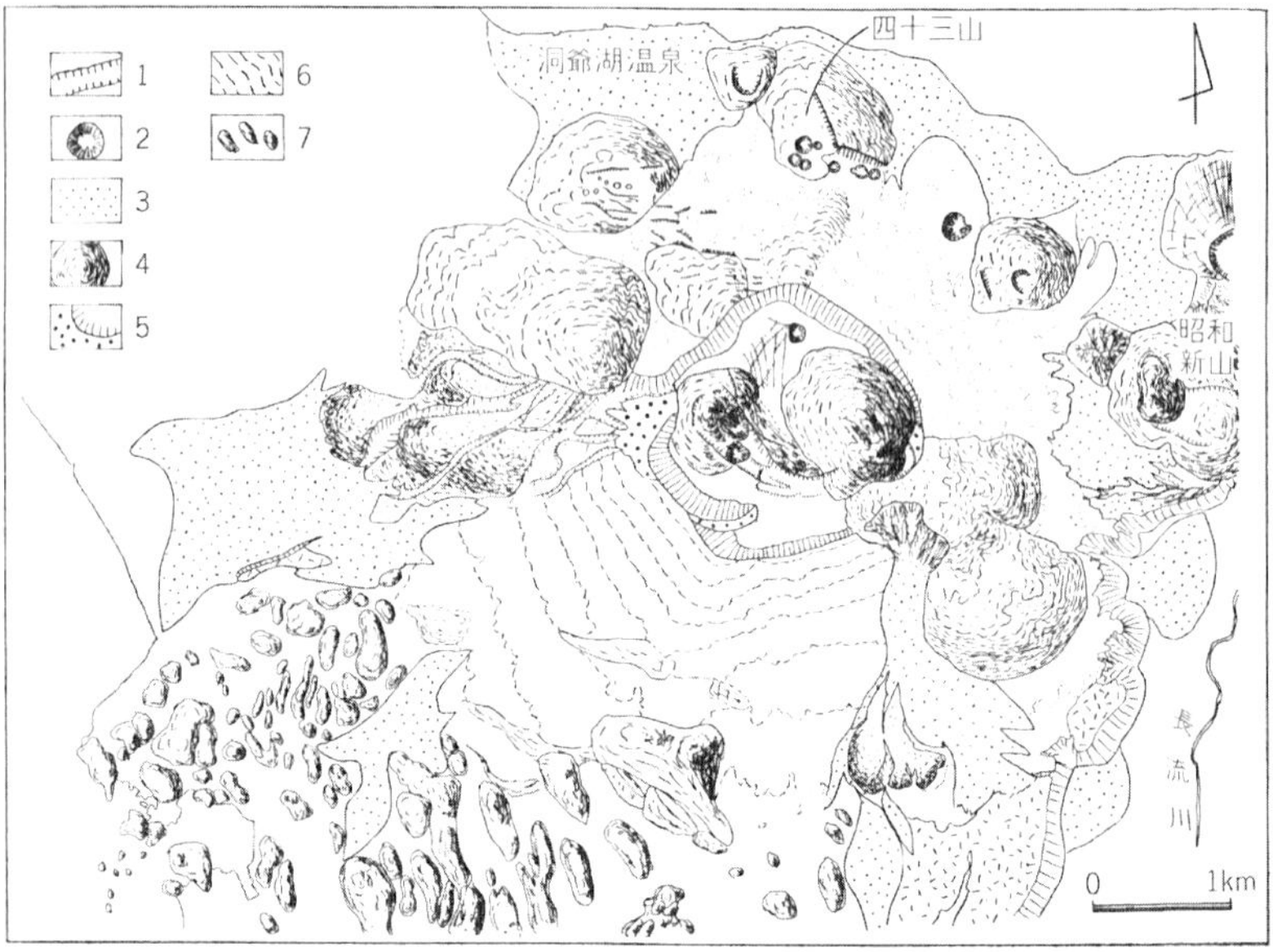

図 **3.23** 北海道・有珠山の地形区分図(守屋以智雄『日本の火山地形』東京大学出版会). 1：侵食谷, 2：爆裂火口, 3：火山麓扇状地, 4：溶岩円頂丘, 5：火砕丘, 6：外輪山斜面, 7：岩屑流の地形.

一般に火山災害が起こる範囲は、火山地形が広がる範囲であり、富士山のような成層火山の場合には火口から四方に広がる斜面が該当します。図3・23は航空写真や地形図などにより作成された北海道有珠山の地形区分図です。これを見れば洞爺湖温泉が土石流などにより形成された火山麓扇状地上に立地することが一目瞭然でわかり、土石流災害が発生しうることが読みとれます。また阿蘇のようなカルデラ火山の場合では、カルデラ内とその外側に発達したシラス(火砕流)台地が該当します。しかし、シラス台地が著しく侵食され、火砕流などの噴出物があまりよく残されていない場所では、そこが火山の影響を受ける場所であることに気づきにくくなります。しかし「20万分の1地質図幅」や「日本第四紀地図」に示されている火砕流堆積物の分布(火砕流の到達範囲)をみれば、火山から離れていても過去に火砕流が到達したことが一目瞭然であり、潜在的な影響範囲の広さを簡単に確認できます。火砕流は最も破滅的な火山現象です。たとえ頻度が小さくても、将来いつかは発生する大規模火砕流の到達予想範囲は、国家レベルの重要なインフラ(エネルギー、運輸などの重要施設、例えば石油備蓄基地)の配置(既にあるものについては再配置)の決定時に考慮しなくてはならないことです。火山ハザードマップは、火山噴火の危険性が高まったときに災害を回避するために使われるものですが、重要施設の配置などの設計に利用するという発想も必要だと思います。

火山防災マップをいかに社会に役立たせるか

これまで述べたように火山防災マップは、火山現象の多様性や影響範囲、噴火の継続時間や噴火間隔の長さから、他の自然災害のハザードマップに比べてその作成が難しいと考えられます。同じ火山でも、噴火の仕方に応じて有効な火山防災マップのスタイルが変化します。そんな中で、次世代型ともいえるリアルタイムハザードマップの可能性が示唆されています。噴火したら何が起き、どこまで影響範囲があるかを事前に知ることが難しい噴火現象については、噴火が始まってから、ハザードマップ仕様を決めた方が良いという考えがあり得るからです。リアルタイムハザードマップが、真に有効な火山防災マップとなる可能性は高いと思われます。

現在、火山砂防の分野で検討されているリアルタイムハザードマップは、プレ・アナリシスタイプとリアルタイム・アナリシスタイプに分類されます。前者は、噴火前に計算した結果をデータベースとして格納し、噴火後に類似条件の計算結果（ハザードマップ）を検索するものです。後者は、噴火現象や土砂移動の発生が予測されたとき、その時の条件に応じた計算を実行して、ハザードマップを作成するものです。まだ実用には遠いのかもしれませんが、リアルタイム・アナリシスタイプのハザードマップを一般人向けの火山防災マップとして、避難場所や避難経路に関する適切な情報提供に用いることが将来可能になるかもしれません。もちろんリアルタイムで情報が更新・提供されるのですから、紙地図として印刷するわけにはいきません。タブレットやスマートフォン、あるいはリアルタイムで情報を受け取ることができるカーナビへの情報提供が考えられます。すべての住民が均等に避難情報を受け取り、それを参考に避難行動できるようになるには、まだ時間がかかるかもしれません。しかし、タブレットやスマートフォンが10年もかかることなく短期間に日常的な道具として普及したことを考えれば、それほど遠い未来のこととも思えません。

ところで、タブレットやスマートフォンによるリアルタイムハザードマップが確立されたら、もはや火山・地震・洪水など災害種別ごとにハザードマップを分ける必要はありません。住民が自治体から、ある時は洪水や土石流のハザードマップ、あるときは火山防災マップとバラバラに配付されたらどう感じるでしょうか。一般住民は、土砂災害ハザードマップが扱う土石流、火山ハザードマップが扱う火山泥流、水害ハザードマップが扱う洪水、これらをとくに区別していない場合も多いはずです。最終的に、自分は避難するべきか否か、このまま自宅にいて危険か安全か、避難するとしたらどこを通ってどこまで行けばよいのかだけが重要です。リアルタイムハザードマップにGPSによる位置表示機能が付けば、瞬時に避難経路を示すことが可能になり、災害の種別が異なっても同じ機器（システム）から避難情報を得ることができると思います。火山災害も含めて、各種災害の統合型防災マップをリアルタイムで提供するなど、社会に役立つハザードマップの構築にはまだ発展の余地があるようです。

2013年台風第26号による伊豆大島土砂災害――盲点となった土砂災害とハザードマップ　伊豆大島では、2013年10月16日未明に発生した斜面崩壊により、死者・行方不明者39名をともなう大規模な土砂災害が発生した。数十年前後の間隔で火山噴火を繰り返してきた伊豆大島では、島民は火山との共生を強いられており、火山災害に対して敏感であることが想像できる。今回の災害は台風第26号の通過によるものである。このような火山島で台風を引き金とする大きな犠牲をともなう土砂災害が発生したことは、もしかしたら火山災害への過度の意識集中の裏返しかもしれず、ある意味では隙をつかれたように感じる。

今回の災害の直接の原因は記録的な豪雨である。斜面崩壊が発生した伊豆大島中西部の元町（島最大の人口集中地区）付近は24時間雨量824ミリに達する豪雨にみまわれ、元町の東側、すなわち伊豆大島火山西側斜面が広範囲に表層崩壊した（図3・24）。これに続く土石流は元町の一部や、その東側の神達《かんだち》地区を広く襲った。崩壊土砂は1986年噴火後に敷設された御神火《ごじんか》スカイラインを横切るように流下した。この道路は噴火時の緊急避難路としての役割を果たすものであった。また島内各所では溶岩流対策として、溶岩導流堤、堆積工、えん堤工など様々な火山噴火に対する施設が整備されていた。また「火山防災マップ」も1994年に大島町により作成されている。

豪雨・地震等による斜面災害はいかに対策されてきたのであろうか。火山災害対策に重点がおかれる伊豆大島では土砂災害に対してどの程度の備えができていたのであろうか。伊豆大島の「火山防災マップ」では溶岩流の流下予想経路は非常に詳細に描かれているが、泥流・土石流の予想経路はなく、当然斜面崩壊の予想箇所も記されていない。「火山防災マップ」は噴火が引き金となる災害を想定しており、今回のような土砂災害は守備範囲外かもしれない。斜面崩壊や土石流を対象とするハザードマップは「土砂災害ハザードマップ」である。伊豆大島の土砂災害ハザードマップには東京都が公開している「東京都防災マップ（http://map.bousai.metro.tokyo.jp/index.html）」がある。これには土砂災害関連情報として土石流・急傾斜地崩壊・地すべりに関する警戒区域や危険箇所などが地図や航空写真に図示されている（図3・25）。それによれば元町が立地する緩やかに傾く平地の広い部分が土石流危険箇所に指定されている。その広がりは伊豆大島火山西側斜面を刻む谷の平地側延長部に相当し、地形学的には火山麓扇状地にあたる。これを反映し、指定された土石流危険箇所は下流（海側）に向かい幅が広がるように描かれている。実際に1950年代など過去にも元町において土石流（山津波）による犠牲者があった。

2013年に土砂が襲ったのは元町中心部では流路沿いの狭い範囲であり、谷の出口付近に設けられていた堆積工が土石流の面的な広がりを阻止したようにみえる。一方、注目すべきことは今回被害が集中したの

図 3.24　伊豆大島火山西側斜面において広範囲に発生した表層崩壊(2013 年 12 月 7 日，中腹より鈴木毅彦撮影).

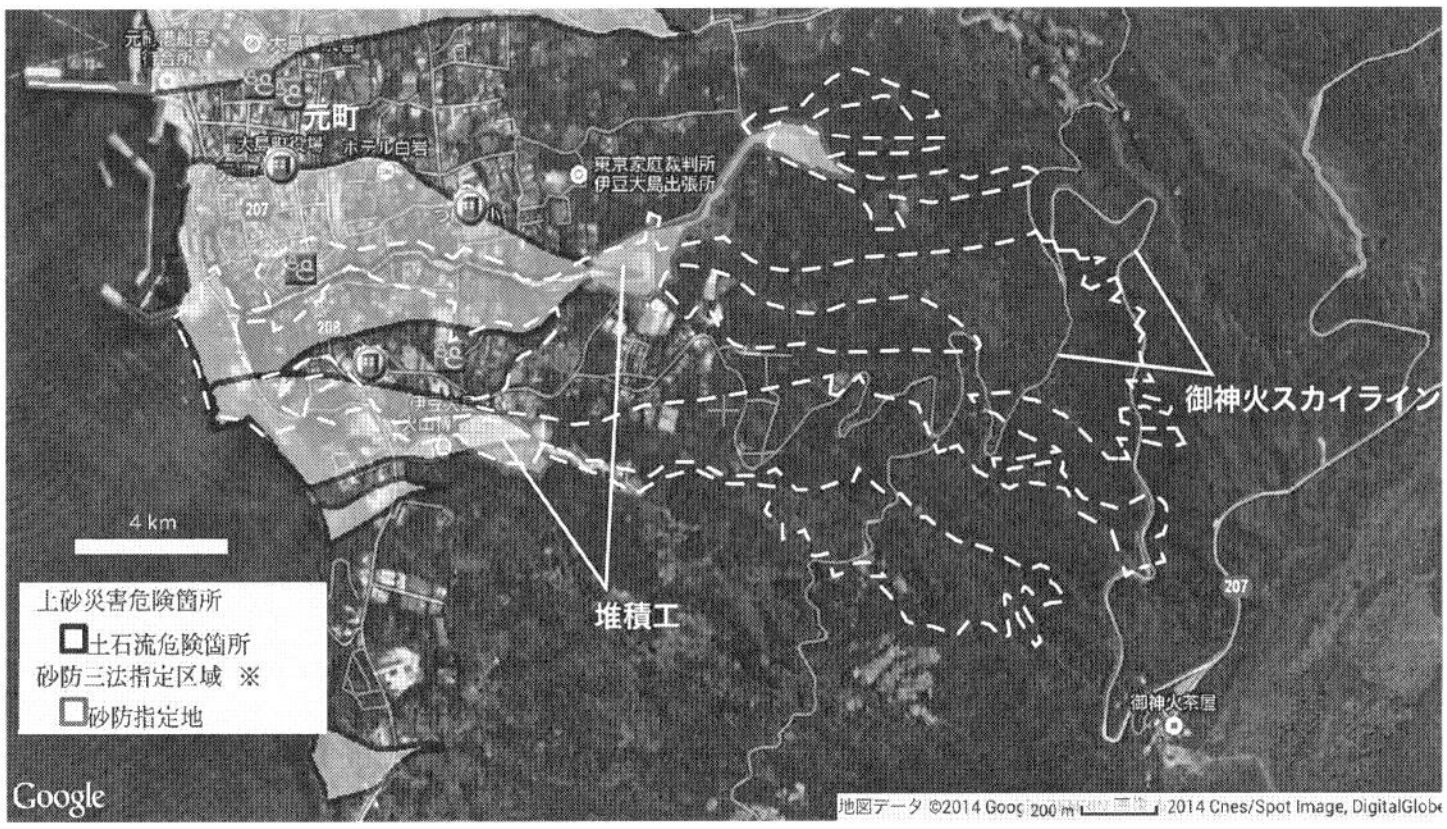

図 3.25　東京都による伊豆大島町元町付近の土砂災害ハザードマップ(東京都防災マップ). 東京都庁総務局が公開しているものを加筆・修正. 白破線はおもな崩壊地と土石流通過域のおおよその範囲を示す.

は土石流危険箇所に指定されていなかった山麓部であったことと、崩壊が広範囲に発生した伊豆大島火山西側斜面は崩壊の可能性のある斜面として指定はされていなかったことである。

崩壊地域は14世紀に流下した溶岩流の分布域とほぼ一致し、崩壊理由として周辺域に比べて被覆する火山灰層が薄いなどの地質的条件や、谷が未発達であるという地形的条件などが考えられている。このように崩壊地が火山斜面であることから崩壊と地形・地質との関係が注目された。これをふまえて火山特有の未固結な火山灰層からなる火山体の斜面は崩壊しやすいという一般論を当てはめ、伊豆大島の広い範囲で斜面崩壊の危険性があるという指摘はできる。しかし今回の崩壊箇所をピンポイントで事前に予想するのはかなり難しい。複数の地形・地質的な条件が重なって今回の崩壊が発生したということを分析的に後から説明することは可能かもしれない。しかし事前に崩壊箇所を絞り込むことは難しい。とくに今回の災害は地形・地質的な条件以前に崩壊地周辺で発生した極端な豪雨が引き金になっている。「土砂災害ハザードマップ」に完璧な事前予測を期待するには限界がある。今回の斜面災害から得た教訓は、火山地域であっても火山災害以外の災害を忘れないこと、記録的な豪雨の可能性が判明した段階で対処すること、過去にも土砂災害があった歴史的事実を忘れないこと、そしてハザードマップは完全でないことである。いずれも従前から指摘されてきたことである。

5　活断層地図と地震ハザードマップ――地震被害のイメージを高める

日本列島周辺では地震が非常に多く、世界で発生する地震の10パーセントが集中すると言われています。そのため、多くの被害地震の記録が日本の歴史の中に刻まれてきました。被害地震の発生数から見ると、１９２３年関東地震以降１９９５年までは比較的平穏な期間であったようです。しかし、１９９５年の兵庫県南部地震（マグニチュード7.3、以下マグニチュードはMで表す）の発生以後、２０００年鳥取県西部地震（M7.3）、２００３年十勝沖地震（M8.0）、２００４年新潟県中越地震（M6.8）、２００５年福岡県西方沖地震（M7.0）、２００７年能登半島地震（M6.9）、２００７年新潟県中越沖地震（M6.8）、２００８年岩手・宮城内陸地震（M7.2）、２０１１年東北地方太平洋沖地震（M9.0）、２０１１年福島県浜通り地震（M7.0）と、３～５年間隔で大きな被害地震が発生してきました。

日本は地震の活動期に入ったと言ってよいでしょう。駿河トラフや南海トラフにおいて巨大地震が発生する可能性もあって、東日本大震災に匹敵するような地震被害の発生も懸念されています。地震発生地域や時期を正確に予測することができれば、被害を最小限に食い止めることも可能かもしれません。しかし現状では、そのような予測・予知は不可能です。また、予知できたとしても、現状のまま何も手を打たなければ、インフラなどへの被害を防ぐことはできません。こういったことから、地震が発生した場合にどのような被害が発生しうるのかを予め理解し、普段からそれに対応しておくことが非常に重要なことになります。つまり、地震被害の軽減に向けて具体的に取り組むためには、どのような被害が発生しうるのかを示した地震ハザードマップを活用することが重要となります。

なお、本節では火災による被害や、地震によって誘発される地すべりや液状化などによる地盤災害は扱いません。地盤災害に関しては、３節と６節を参照していただきたいと思います。

様々な地震ハザードマップ

以下では、既存の地震ハザードマップを紹介し、その問題点を指摘します。ここで紹介する図は白黒で判別しにくい部分があるのですが、ウェブ上ではカラー表示になっているのでわかりやすいはずです。詳細に関しては、それぞれのＵＲＬでご確認ください。

①**強震動評価**（http://www.jishin.go.jp/main/p_hyoka03.htm）　政府の地震調査研究推進本部が「発生確率が高い」と評価した地震を対象として、どの程度の強さの揺れが起こりうるかを図示しているものです。選定された特定の活断層の位置・長さ、断層の地下構造、地震が発生する深さや位置を推定して、地盤条件も加味して地震動を計算しています。特定の地震を取り上げて、具体的な想定をもとに被害を予測するので、「シナリオ型」強震動評価とも呼ばれています。

図示されているのは、糸魚川－静岡構造線断層帯、南海トラフ、宮城県沖、森本・富樫断層帯、布田川・日奈久断層帯、三浦半島断層群、山形盆地断層帯、砺波平野断層帯・呉羽山断層帯、三陸沖北部、琵琶湖西岸断層帯、高山・大原断層帯、石狩低地東縁断層帯、山崎断層帯、中央構造線断層帯（金剛山地東縁－和泉山脈南縁）、日向灘、警固断層帯、鳥取県西部、十勝沖、福岡県西方沖です（図３・26）。

②**確率論的地震動予測図**（http://www.jishin.go.jp/main/p_hyoka04.htm）　地震調査研究推進本部は、主要な活断層やプレート境界における地震の発生確率を検討してきました。これと、①で紹介した「強震動評価」を組み合わせ、今後30年以内に強い揺れに襲われる危険性（確率）を図示したものが、「確率論的地震動予測図」です。なおこの図は、①の強震動評価とは異なり、特定の地震を想定している

図 **3.26**　強震動評価が行われている地域.

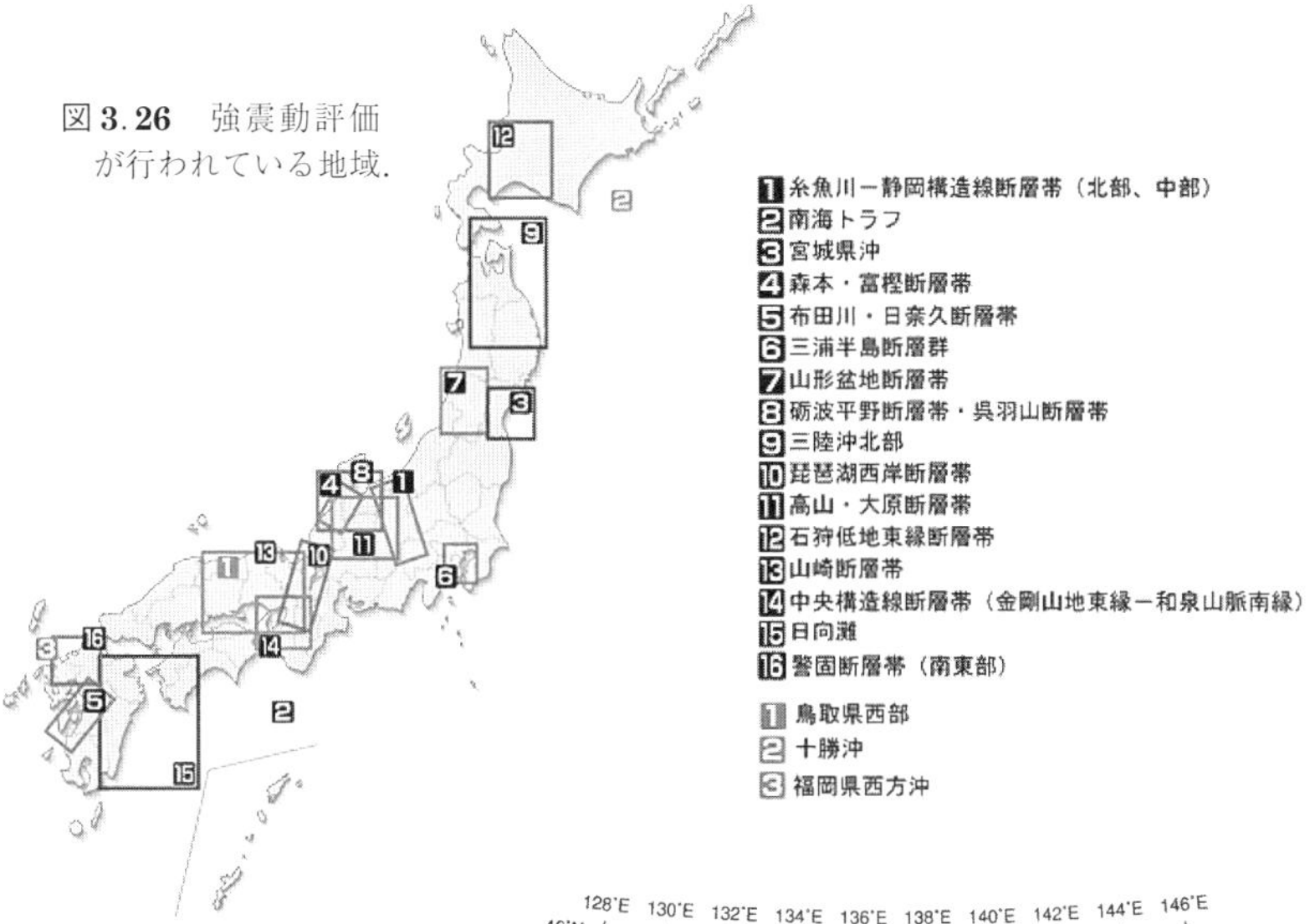

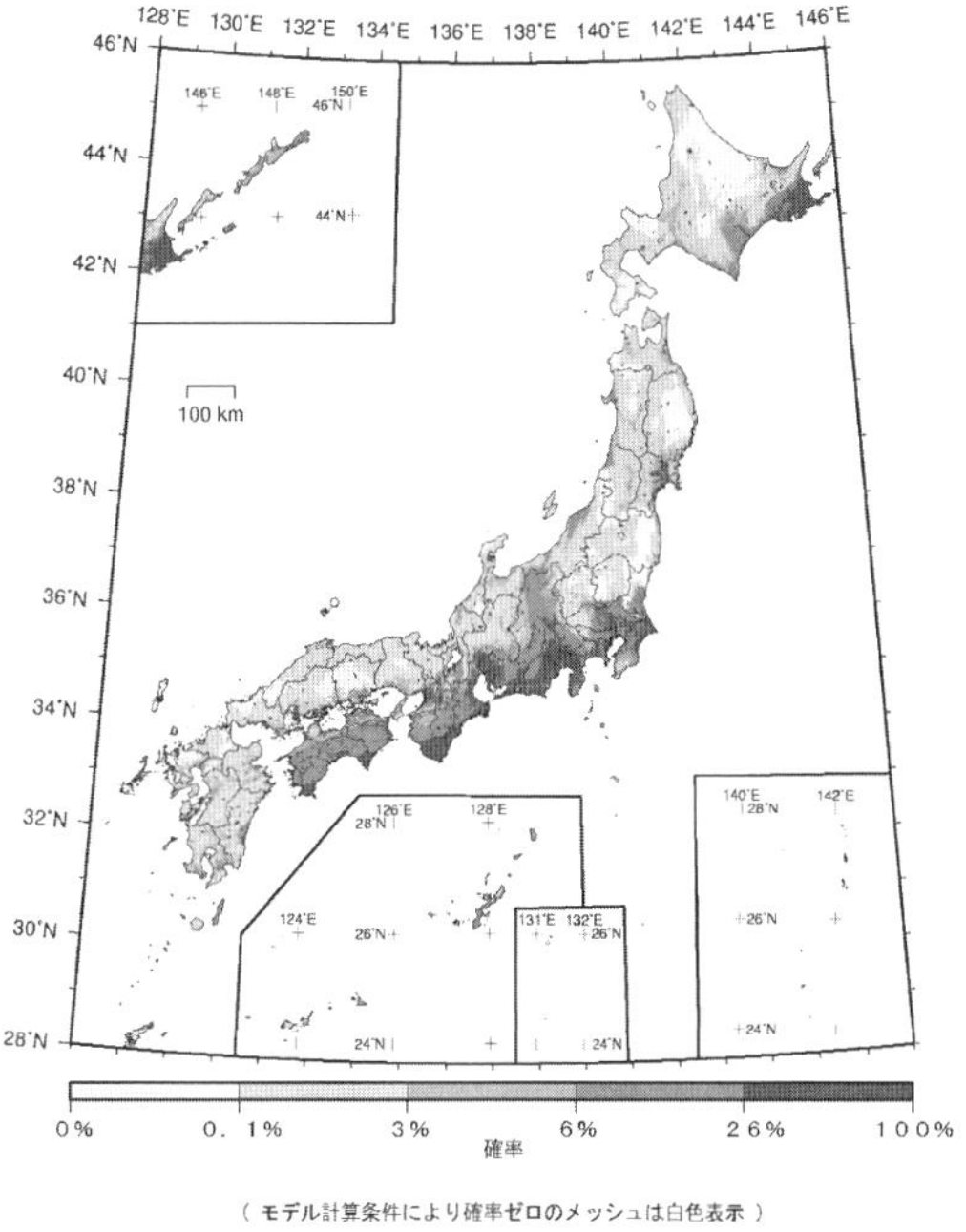

図 **3.27**　今後30年以内に震度6弱以上の揺れに見舞われる確率(http://www.jishin.go.jp/main/p_hyoka04.htm).

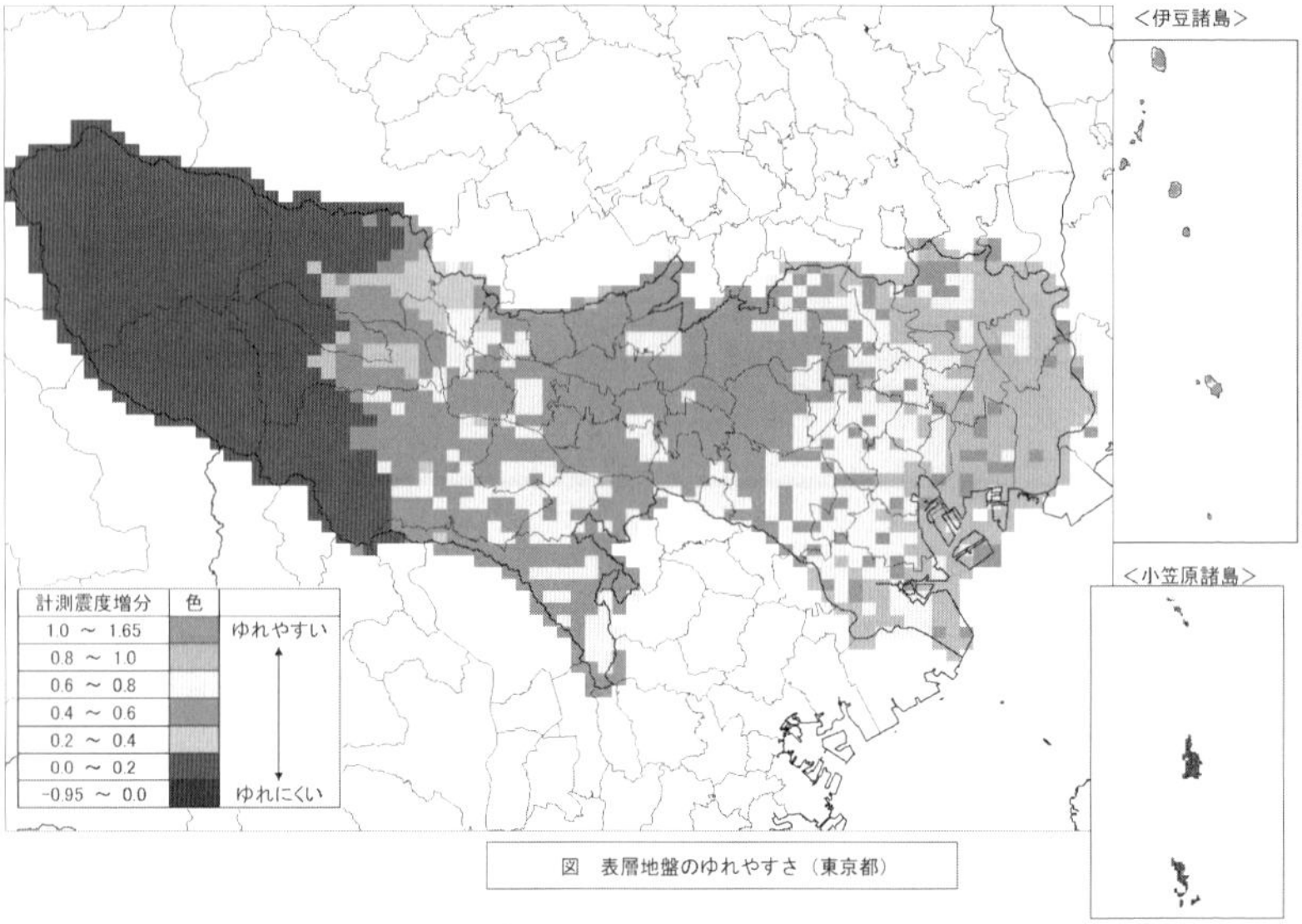

図 3.28　東京都の揺れやすさマップ．地盤の固い山地(西部)は揺れにくく，軟弱地盤地域が多い東京湾沿岸は揺れやすい．

わけではありません。30年以内にどこかで地震が発生して、その地震によって強く揺れる可能性のある地域を確率で示したものです。図3・27は、今後30年以内に震度6弱以上の揺れに見舞われる確率の大小を、日本全体の地図で示しています。同様の図が震度別に用意されているほか、都道府県別、主要な活断層が引き起こす地震別に作成された図も用意されています。

③揺れやすさマップ(http://www.bousai.go.jp/kohou/oshirase/h17/yureyasusa/)　内閣府の防災情報のページには、都道府県別に「揺れやすい地域」と「揺れにくい地域」を色分けした図が提示されています(図3・28)。一般に、地震による揺れの強さ(震度)は、地震の規模(マグニチュード)、震源(地震発生地域)からの距離、

地表近くの地盤の特性（軟弱地盤か否か）によって決まりますが、この図は、地表近くの地盤の特性によって「揺れやすさ」を区分しているものです。なお、千葉県・埼玉県などでは、市町村単位のより詳細な「揺れやすさマップ」が公開されています。ただし、そのような図が整備されている自治体は多くはありません。

マグニチュード（M）と震度　マグニチュードとは地震の規模（エネルギー）のことであり、震度とは、その地震によって、ある場所がどの程度揺れるかという数値である。ひとつの地震に対してMの値はひとつであるが、震度は場所によって様々な値となる。譬えて言うならば、電球のワット数がMであり、手元の明るさが「震度」である。手元の明るさ（震度）は、電球（震源域）の近くでは明るく（震度は大きく）、遠くでは暗く（震度は小さく）、場所によって異なる。

Mの数値が0.2異なると地震規模は2倍（あるいは2分の1）になる。Mの数値が1異なると、地震規模は桁違いの約32倍（32分の1）になる。震度4以上になると座りの悪い置物が倒れ、5では立っていることが難しくなり、6では這わないと歩行が困難となる。最大震度7になると、木造家屋の3割が倒壊するといわれている。遠くで起きた地震では、Mが大きくても震度は小さいので被害は出にくい。Mが小さくても、近くで起こった地震では震度が大きくなるので被害が出やすい。

地震ハザードマップがかかえる問題点

以上に紹介した地震ハザードマップは、一部には市町村単位の詳細な図があるものの、大まかな図であることが普通です。このため、日本全体や県単位、あるいは居住地域を含む広い範囲の特徴を知るには都合が良いのですが、「自分の家の周辺」について詳しく知ることは困難です。このように、精度が粗いことが、既存の地震ハザードマップの問題点のひとつです。

また、紹介した図のすべてが、地域を一辺が１００メートル程度以上の四角形に区分し、四角形ごとに揺れやすさを示している図であることも指摘しなければなりません。四角形の区分は便宜的なものであり、四角形同士の境界にはほとんど意味はありません。その境界を越えると揺れやすさが違うとは限らないし、一つの四角形でくくられた地域内であっても揺れやすさが違う可能性もあるのです。これが既存の地震ハザードマップに関する二つ目の大きな問題点です。この問題に関しては、1章1節、3章6節、4章1節で詳しく述べられているので、参照してください。

「確率論的地震動予測図」については、別の問題点も指摘できます。この予測図は２００４年以降に公開され毎年更改されていますが、本節の冒頭に示した、２００４〜２０１１年に発生した被害地震のすべては「30年以内に震度6弱以上の揺れに見舞われる確率が3パーセント以下」の地域で発生しているのです。この予測図は、その地域で地震が発生することを意味しているわけではありませんが、該当地域内で地震が発生すれば、強く揺れることに違いはありません。予測図で確率が高いとされている地域はともかく、確率が低いと表示されている地域に関しては情報が正しく整理されていない可能性があるのです。1章2節でも述べられているように、防災上、この図をどのように利用したらよいのか非常に理解しにくいところがあります。

詳細な地震ハザードマップ、あるいは意味のない四角形で区分されていない地震ハザードマップには、どのようなものがあるでしょうか。「地震ハザードマップ」と銘打ったものではないのですが、国土地理院が刊行している「都市圏活断層図」は、そのような地震ハザードマップとなりうるものです。活断層地図を見れば地震被害を予測できることを理解していただくために、以下では、「活断層と地震」について述べることにします。

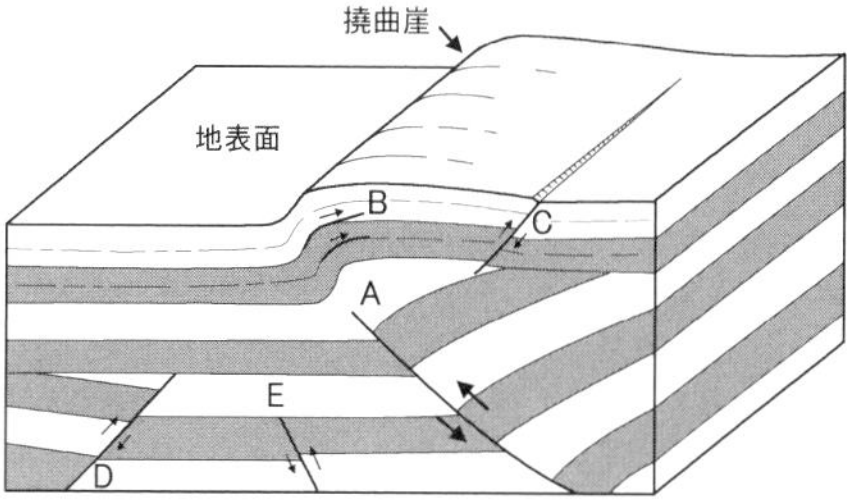

図 **3.29**　変動地形と活断層．A～C が活断層である．

活断層とは何か？　断層とは、岩石が壊れて生じた不連続面（割れ目）のうち、面を境にズレや変形が認められるものである（図3・29）。断層を動かすには強い力が必要であるが、それはプレート運動によってもたらされる。同じ力が加わっている期間であれば、同じ断層が繰り返し動きやすい。ある地域に加わっている力の大きさや方向の様子を「応力場」という。応力場が変化してしまうと、それまで動いていた断層が動かなくなることがある。

活断層とは、「活きている」断層のことであるが、「活きている」とは、「ズルズルと定常的に動いている」ということではない。日本では、地表付近でそのような動きをしている活断層は確認されていない。「活きている」とは、普段はまったく動いていないが、近い将来に動くという意味である。

近い将来に動くかどうかは、「現在の応力場」で動いているかどうかで判断する。同じ応力場で動いたことがある断層は再び動きやすいからである。日本列島の応力場は、周辺プレートの動く速度や方向などによって変化してきたが、50〜70万年前以降はほぼ一定であると考えられている。したがって、数十万年前以降に動いている断層は将来も動くと考えられる。筆者を含む多くの活断層研究者は、活断層を「現在の応力場で動く断層」であると定義している。

地下の深い部分（地殻深部）から発生する断層のズレは地震を引き起こし、地表面に起伏を形成する（図3・29の断層A）。地表面付近にはやわらかい地層が堆積しているため、地層と地表面は曲がっている（撓曲《とうきょく》している）場合が多い。活断層Aは、逆断層に特有な撓曲崖を形成している。地下には古い地層しかなくても、地表面は数十万年前以降の新しい時代に作られたことが普通である。したがって、地表面を変形させている断層Aは、数十万年前以降に動いた断層であり、活断層であると判断できる。2章2節でも紹介されているように、日本の活断層はこのように地形学的手法によって認定されている。なお、ズレ量が小さいと地表には痕跡は残らないことが多く、そのような活断層の位置を地形学的に認定することは難しい。

図3・29の断層の中で、断層Aは地表面に起伏を形成する活断層である。活断層Aの周辺では、その活動に伴って生ずる小規模な断層（B・C）が確認されることも多い。これらの断層は地震を引き起こすものではないが、将来も活動することが予想される断層なので活断層と呼ぶべきものである。活断層Bは地形には痕跡がないため、活断層Aの周辺を掘削しないとわからない。一方、断層Dや断層Eは、古い地層を変形させているが地表や地表付近の地層にはズレが見られず、最近は活動していない可能性が高い。

活断層と地震——活断層で困ること

大きめの直下地震発生——活断層で困ること（その1）

活断層とは、近い将来にも動くことが予想される断層です。その中で、地下深部から続くような活断層は、将来、地震を起こす可能性があります。一般に、活断層のズレ量が大きいと地表面が変形するので、ズレ量の大きな活断層を地形の特徴から認定することが可能です。ところが、ズレ量が小さいと、活断層が動いた痕跡を見つけることが難しくなるので、活断層の位置を地形の特徴から予め確認しておくことは困難な場合が多くなります。ズレ量の大きさは地震規模と関係しており、ズレ量が大きいと地震も大きくなります。このため、ズレ量が大きく、地形の特徴から認定することが可能な活断層は、大きな地震を起こすということになります。地震の規模を表すマグニチュードでいえば、地形からわかる活断層は、M7クラス以上の地震を起こすと考えられています。

M7クラスに満たない規模の地震を発生させる活断層は、地震発生前に確認しておくことは大変難しいことです。そのため、小さめの地震はどこでも起こると考えなくてはなりません。ただし、まれにはM7クラスの地震も起こりうることにも留意しておく必要があるでしょう。これに対し、M7クラス以上の大きな地震を引き起こす活断層は、地形的特徴に基づいて予め認定しておくことができます。つまり、活断層の存在が判明している地域では、M7クラス以上の大きめの直下地震が発生すると考えなくてはならないのです。

兵庫県の神戸市周辺に複数の活断層が存在することは、1980年にはすでに知られていました。M7クラスの大きめの直下地震が発生することは、専門家の間では常識であったのです。しかし、当時、「活断層」というものは一般には知られておらず、その危険性は理解されていませんでした。1995年の兵庫県南部地震は、地震発生前から知られていた活断層(淡路島～神戸)が起こした地震であり、その規模はM7・3でした。活断層が存在する地域で発生する地震としては、典型的な大きさの地震であったといえるでしょう。そのような地震への備えができていなかったことが、大きな被害を生んだ理由のひとつなのです。

土地のズレ――活断層で困ること（その2）　大きめの直下地震を引き起こす活断層は地表面に起伏を作り出します。もともと水平であった土地が傾いたり、崖ができてしまったりするのです（図3・29の活断層A）。土地が隆起すると地すべりが発生しますし、地盤が崩れてしまうこともあります。また、地震を起こす活断層の周辺には、あまり大きなものではありませんが、副次的な活断層が現れることもあります（図3・29の活断層Bや活断層C）。これらの活断層のズレ量は、活断層Aのズレ量よりは小さいのですが、実際にどの程度ずれるかは、動いてみないとわかりません。

活断層が動いた時の土地のズレ量は様々ですが、その直上ないしは近傍にある建造物に対する影響は大変大きなものになります。図3・30は、1995年兵庫県南部地震（M7・3）を引き起こした野島断層が土地や建造物をずらしている様子を示しています。野島断層のズレ量は最大で2～3メートルでしたが、場所によってズレ量は異なっており、図3・30の撮影範囲では1～2メートルでした。野島断層直上になかった家屋には、目立った被害は見えません。しかし、野島断層を横切って建造されていた塀は完全に破壊されてしまい、1メートル程度右方向にずれてしまいました。土地の揺れは非常に大きかったと思われますが、それに対応する被害はさほど大きくはなく、土地がずれてしまった部分に被害が集中しています。

図3・31は、1999年に台湾中部で発生した集集《チーチー》地震（M7・6）を引き起こした車籠埔《シャーロンポ》断層近傍のズレの様子示しています。ここでは、車籠埔断層が動いて、土地の高度が8メートルも食い違ってし

図 **3.30**　北淡町の野島断層と敷地の被害(撮影者：中田高・広島大学名誉教授).

図 **3.31**　大甲渓における車籠埔断層のズレと被害(台湾).

まいました。その結果、川には滝ができてしまったのです。活断層を横切って建造されていた橋梁の大部分は残っていて、地震の揺れによる大きな被害は見えません。しかし、車籠埔断層を横切る部分では、橋梁は完全に破壊されてしまいました。

「揺れによる被害」と「ズレによる被害」の違い

前項で紹介したように、地震被害には原因が異なる2種類のものがあります。一つは、地震の時に土地がガタガタと揺れることによって起こる被害です。そのような建造物への被害は、地震のS波によって建造物がねじり倒されて発生します。これを「揺れによる被害」と呼ぶことにします。これに対し、図３・30、31で紹介したものは、土地の揺れではなく、「土地のズレ」によって発生した被害です。これを「ズレによる被害」と呼ぶことにします。図３・30、31の建造物には、「揺れによる被害」には目立ったものはなく、顕著な「ズレによる被害」があったということがわかります。

2種類の地震被害は、その原因が異なる上、以下に述べるように、被害集中域にも違いがあります。このため、両者の特徴(違い)をよく理解しておかないと、被害軽減の本質を見失いかねません。

揺れによる被害　「揺れによる被害」は、軟弱地盤地域に集中する傾向があります。軟弱地盤地域とは、できあがって間もない土地で、固結していない柔らかい地層が厚くたまっている土地のことです。河川や海が最近作り上げたばかりの「沖積低地」と呼ばれる土地がこれに当たります。また、埋立地・盛土地など、人工的に最近作られた土地も軟弱地盤地域に相当します。

軟弱地盤地域に「揺れによる被害」が集中することは、１９２３年関東地震時の全壊家屋の比率を見るとよくわかります(図3・32)。ただ、これを理解するには、東京の地盤について少し理解していただく必要があります。

今から約2万年前は、最近の地球の歴史の中では最も寒い時代であり、日本周辺では海は今よりも約120メートル低い時代でした。その後、温暖化してくる過程では、海面が上昇して軟弱な地層が低い土地を埋め立てていきました。埋め立てられなかったのは、約8万年前より古い時代の土地(台地)です。これを「山の手台地」と呼んでいます。「下町低地」は埋め立てられてしまった平坦な土地であり、軟弱な地層が厚くたまっている地域です。ただし、地下には凹凸もあるので、図3・32(a)に示したように、軟弱な地層の厚さは場所によって違っています。軟弱な地層の厚さは20メートル程度以上と厚い地域もあれば、数メートル程度の厚さしかない地域もあります。

1923年関東地震時の家屋の全壊率は、図3・32(b)に示したように、地盤の良い山の手台地では5パーセント未満でしたが、下町低地での家屋の全壊率は非常に高いものでした。とくに、軟弱な地層が厚い地域では、全壊率は40パーセント以上となった地域があります。また、山の手台地側であっても、氷河時代につくられた谷の中では軟弱な地層が厚く、18パーセント以上の高い数値も見られます。

このように、「揺れによる被害」は、軟弱地盤地域で大きくなることが経験的にわかっています。地下の深いところからやってくる地震動は、軟弱な地層を通過すると増幅されて揺れが大きくなりやすいのです。近くの活断層が起こす地震(M7クラス以上)であっても、遠くのプレート境界で起こる巨大地震(M8クラス以上)であっても、地層が固まっていない軟弱地盤地域において、揺れによる被

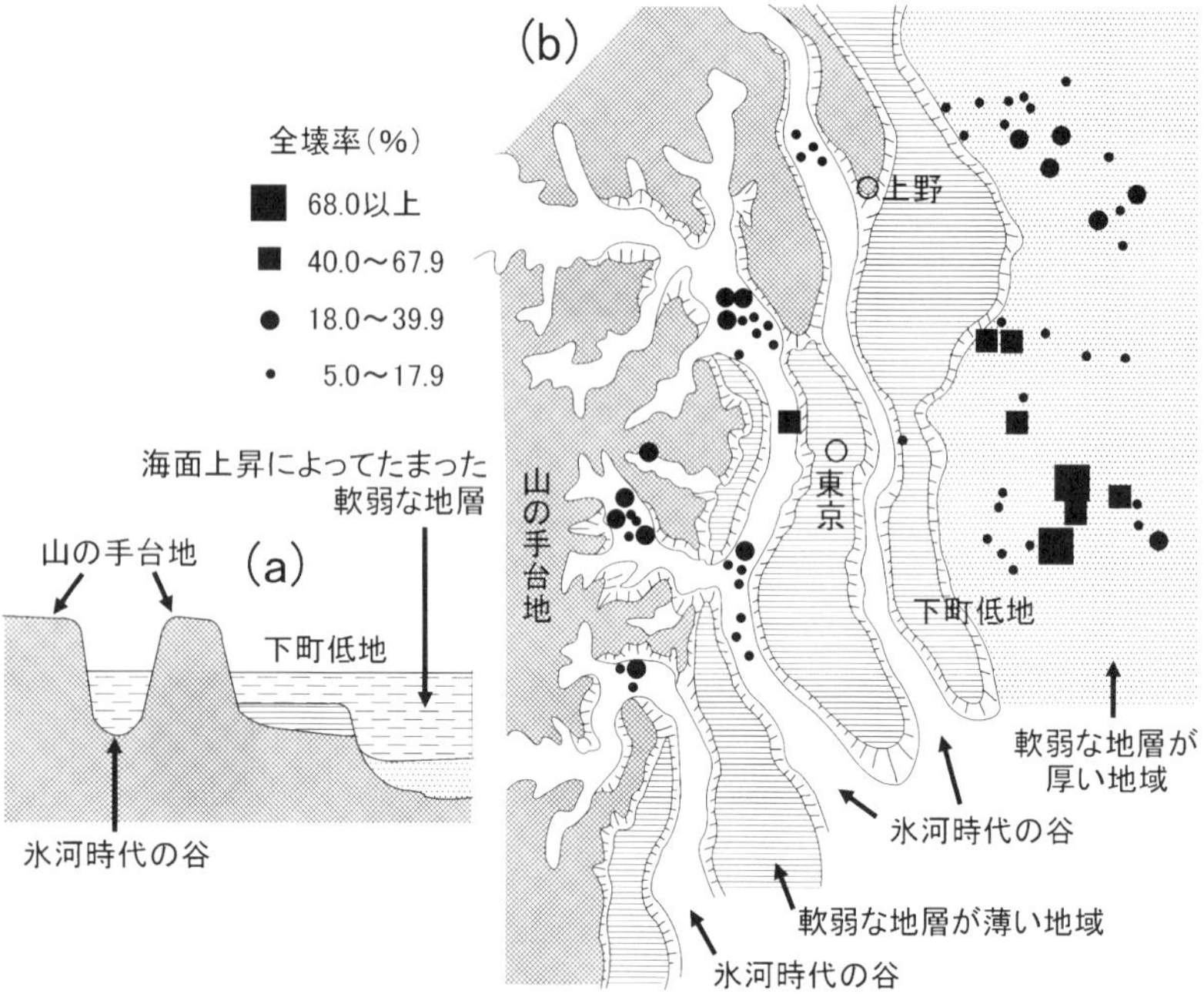

図 **3.32**　1923 年関東地震(M7.9)時の被害分布．中野尊正・門村浩・松田磐余「地震地盤図とその構成」，第 6 回災害科学総合シンポジウム論文集，を簡略化(倒壊率 5 パーセント未満の地域は省略)し，(a)を追加した．

図 **3.33**　ネフチェゴルスク地震と活断層．

害が集中します。なお、軟弱地盤地域では液状化と呼ばれる現象が発生して被害が大きくなりますが、液状化については6節を参照してください。

工学系の多くの研究者によれば、「揺れによる被害」は耐震性強化によって食い止めることが可能であるようです。近年の地震災害では、1981年建築基準以降の建物に被害が少ないという事実があります。つまり、その地域で発生する地震の大きさを的確に想定し、それに見合った耐震性を備えていれば、建造物が倒壊する危険性は低いと考えられます。しかし逆に、地震想定を過小評価してしまうと、地盤が良くても被害の発生を食い止めることはできないでしょう。

図3・33は、1995年にサハリンで発生したネフチェゴルスク地震(M7・6)を引き起こした活断層と、ほぼ完全に壊滅したネフチェゴルスクの街を示しています。ネフチェゴルスクの街は活断層から20キロメートル程度以上離れており、地盤も悪くはありませんでした。つまり、本来であれば(地震想定が適切に行われていれば)大きな被害発生は考えにくい地域でした。しかし、ネフチェゴルスクの街には、地震のないモスクワで使われていたものと同じ、耐震性のきわめて低い建造物が建っていました。そのため、いとも簡単に崩れてしまい、2000人もの人命が失われてしまいました。

ズレによる被害　活断層が動いて地盤がずれると、その近傍の建物には大きな被害が発生します。すでに紹介したように(図3・30、31)、建造物に対する「揺れによる被害」には目立ったものはなくても、活断層で地盤がずれた部分にのみ被害が集中することがあります。「ズレによる被害」は活断層近傍に集中するのです。地盤の安定性と建造物の耐震性が高ければ、「揺れによる被害」は防げるでしょう。しかし、「ズレによる被害」を防ぐことは容易ではありません。

なお、図3・30の家屋は、「地震に強い家屋」として有名で、現在では野島断層保存館―北淡震災記念公園の一部となっています。この「地震に強い」が「活断層の上でも壊れなかった」という意味に誤解されていることがあるので、注意が必要です。この家屋は、野島断層の動きで地盤がずれる場所には建っていません。地盤がずれた場所にあった塀は壊れているが、少し離れていた家屋は倒壊を免れたのです。つまり、地震に強いとは「揺れに強かった」という意味であり、「揺れによる被害」は大きくなかったが、「ズレによる被害」は食い止められなかった、ということを示す事例なのです。

図3・34は、台湾で発生した1999年集集地震（M7・6）の時の撓曲崖（図3・29参照）での被害状況を示しています。建物は「揺れ」には耐えており、倒壊はしていません。しかし、建物Aと建物Bは撓曲崖に建設されていたため、傾いてしまい大きな損傷を受けました。一方、すぐ横にある建物Cは、強く「揺れ」たことは間違いないのですが、建物自体には目立った被害はありません。地震発生から6年後に（a）と同じ場所を撮影した（b）を見てわかるように、建物Aと建物Bは撤去されていますが、建物Cはそのままの状態で使用されています。

図3・30、31は活断層の直上での被害状況を示しています。これに対して、図3・34は撓曲崖というやや広い範囲に被害が集中した例を示しています。2005年パキスタン地震（パキスタン北部、M7・6）でも、活断層の隆起側の撓曲崖では家屋が全壊したのに対し、低下側ではほとんどの家屋が倒壊を免れ、被害のコントラストはきわめて明瞭でした。このように、「ズレによる被害」に対しては、工学的に対応できない可能性が高いのです。このような「ズレによる被害」と工学的に対応可能な「揺れによる被害」とを混同すべきではありません。

これまでの例をみると、地震被害軽減のためには活断層の位置情報がいかに重要であるかがわかります。大きな活断層の近傍に現れる副次的な活断層(図3・29の活断層Bや活断層C)は、ズレの量が小さい可能性があります。しかし、このような小規模な活断層であっても、その直上にある建造物は大きな損傷を受ける危険性がありますから、十分な注意が必要です。

図 **3.34**　1999 年集集地震(M7.6)時の撓曲崖における被害(撮影者：渡辺満久)．(a)は地震直後，(b)は地震発生の6 年後の写真である．大きな被害は撓曲崖に現れた．

日本では、活断層直上や近傍に重要構造物が建造されている例も少なくありません。堅牢につくられていれば、「揺れによる被害」は防ぐことができるかもしれません。しかし、「ズレによる被害」を食い止めることができるとは到底思えません。個人の権利を制限することは難しいのでしょうが、活断層近傍における公共の建造物等に関しては、法的制限を設けることも検討すべきです（後述のコラム参照）。活断層の位置・形状を精査して土地利用を制限すれば、「ズレによる被害」は確実に減少します。「ズレによる被害」に対する工学的な対処には限界があります。だから、建造物の堅牢さに頼るのではなく、ずれない健全な土地を理学的に選定し、そこに工学的に安全な建物を造る必要があるのです。

ところで、「活断層近傍において地震動が大きくなるわけではなく、地震被害は軟弱地盤地域で大きいのであるから、活断層近傍にことさらに注意する意味はない」という意見もあるようです。しかし、地震動が大きくなるから活断層近傍の被害が大きいということではありません。活断層近傍に現れる「ズレによる被害」は、「揺れによる被害」とは原因が明確に異なっており、工学的に対応できない可能性が高いものです。上記の意見では、両者を混同してしまっており、議論が整理されていません。「ズレによる被害」は、活断層近傍の土地利用を再考すれば必ず防げるものなのです。ですから、「活断層近傍に注意する意味がない」はずはありません。

活断層地図と被害予測

やみくもに「地震被害を軽減しよう」と言っても、すべての地域を対象に十分な対策を講ずることは、現実的には困難なことです。軽減策を現実のものにするためには、被害集中域を特定して、最も効果的な手当てを加えることが必要となります。

これまでに説明したように、地震被害には「揺れによる被害」と「ズレによる被害」があります。前者は軟弱地盤地域で、後者は活断層近傍で被害が集中することがわかっていますので、これらの地域を警戒すればよいでしょう。ほとんどの人的被害は、建造物が壊れたり、家具が倒れたりすることによって発生すると言われています。建造物が倒壊すると、延焼火災による被害も大きくなり、地震直後の救援活動にも支障がでてしまいます。一番重要なことは、「建物と部屋の中を壊さない」ということなのです。つまり、最も効果的な被害軽減策は、軟弱地盤地域にある建造物とその内部の耐震性を向上させ、活断層近傍の土地利用を再検討することなのです。

軟弱地盤地域と活断層の位置が正確に図示されているのが、国土地理院が発行している「都市圏活断層図」です。この図は、縮尺が2万5千分の1であり、建造物の位置が個別に正確に図示されています。したがって、既存の地震ハザードマップと比較して、図示されている内容の精度は格段に高いと思われます。また、意味のない四角形で区切られた情報ではなく、土地の条件が異なる境界や活断層の位置が図示されていることも重要です。

図3・35は、「都市圏活断層図」の「高田図幅」(新潟県上越市)です。この図には、河川が最近作り上げた「沖積低地」が図示されています。「沖積低地」は最近出来上がったばかりの土地なので、地層はまだ固まっていません。河川の上流域では、固い礫層でできている沖積低地(扇状地・沖積錐)もあるので、一概に沖積低地のすべてが軟弱地盤地域とはいえません。しかし、軟弱地盤地域が「沖積

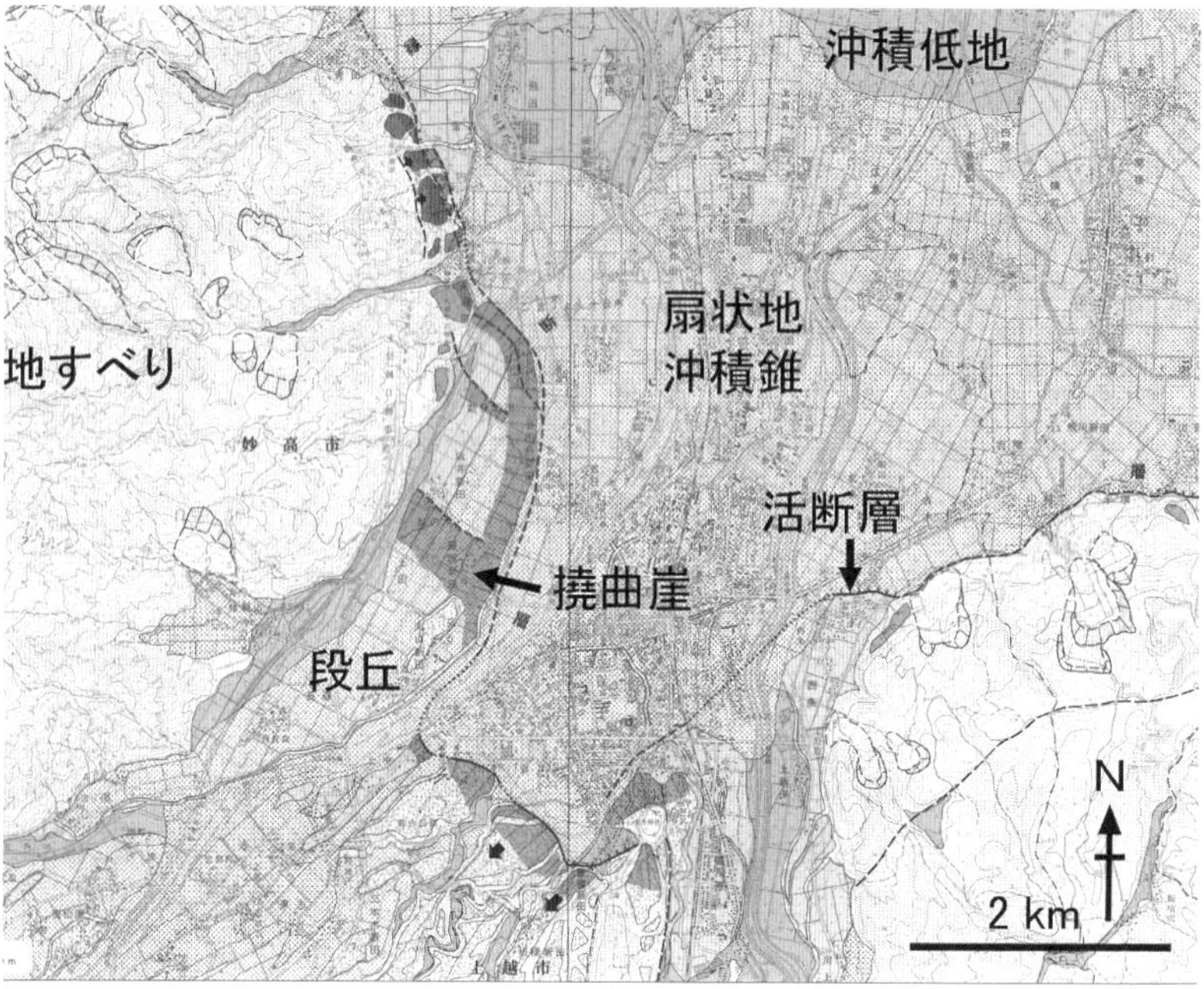

図 3.35　都市圏活断層図の一例(国土地理院発行・「高田図幅」)．この図ではわかりにくいが，本来はカラー図版である．沖積低地・扇状地・沖積錐(薄緑色)，段丘(薄いオレンジ色)は色分けされている．

低地」の中にあり、そこに「揺れによる被害」が集中する可能性が高いことは間違いありません。

近くの活断層が起こす地震だけではなく遠くで発生する地震であっても、地層が固まっていない軟弱地盤地域では、地震波が増幅され、耐震性に乏しい建造物は倒れてしまう恐れがあります。公共建築物の耐震性を早急にチェックし、必要に応じて手当てしてゆく必要があるでしょう。一般家庭であれば、筋交いを増やすなどの対応が望まれます。

山地斜面にも地盤が安定していない地域があるので、注意が必要です。「都市圏活断層図」には、地すべりも図示されているので参考になります。なお、地すべりなどの斜面災害に関しては3節に詳しく述べられているので、参照してください。

「都市圏活断層図」では、活断層の位置が赤線や黒線で示されています。赤線は活断層であることが確実なものであり、ズレ方（縦ズレ・横ズレ）も表記されています。破線で示されている部分は、活断層の位置があまり正確ではありません。このため、破線の部分については、活断層の位置を決定するために、今後の調査が必要であることを示しています。黒線は推定活断層（活断層ではない可能性もある）です。このように、土地が急激にずれる場所、撓曲崖や地面の傾く場所も図示されていますので、「ズレによる被害」がどこに発生しやすいかがわかるようになっているのです。「ズレによる被害」を工学的に防止することが非常に難しいことは、すでに述べた通りです。活断層や撓曲崖の直上や近傍には、公的な建造物を設置しないなどの配慮が必要です。このような場所の土地利用は法的に制限することが理想であると考えています。法的整備はすぐには難しいかもしれませんが、長期的視野で検討してゆく必要があるでしょう。

「都市圏活断層図」には家一軒一軒の位置も示されています。このため、どこでどのような被害が起こりうるのかを理解することができるのです。もちろん、現状では図示の限界もあり、新しいデータが得られた段階で内容は更新されつつあります。「都市圏活断層図」は、人口の多い市町村周辺であればほぼ全国的に刊行されています。大きめの書店であれば常備していますし、小さな書店でも、1枚1000円で注文が可能です。また、ウェブでも閲覧可能です（http://www.gsi.go.jp/bousaichiri/active_fault.html）。

なお、地盤条件をもっと詳しく知りたい場合は、国土地理院が作成した「土地条件図」が参考になります（http://portal.cyberjapan.jp/site/mapuse4/index.html）。「都市圏活断層図」では、埋め立て・干拓地を除き、人工的に造られた軟弱地盤地域を知ることはできません。そのような情報は、土地条件図から読み取ることができます。土地条件図に図示されている内容は詳細かつ専門的で、少々判読しにくいところもありますが、地盤条件を理解する上ではきわめて重要な資料です。

上記したように、「都市圏活断層図」を活用すれば、軟弱地盤地域と活断層の位置をかなり正確に知ることができます。それがわかれば、「揺れによる被害」と「ズレによる被害」が集中すると予想される場所を特定することができるのです。「揺れによる被害」と「ズレによる被害」の違いを理解しておけば、効果的な地震被害軽減策の立案が可能となるでしょう。「都市圏活断層図」を見ることによって、自宅周辺において発生する可能性のある被害を具体的にイメージすることができます。このため、個人レベルでも何をすべきなのかを理解しやすくなるはずです。

活断層近傍における土地利用規制の例　1995年兵庫県南部地震以降、神奈川県横須賀市は、「活断層の左右25メートル以内には家屋などを建築しないでほしい」と開発業者に対して要望している。一部の地域では活断層を避けた開発が行われている。また、兵庫県西宮市では、開発事業を行う事業主に対して、活断層の調査や被害に対して十分に考慮するよう、条例に定めている。

国内で初めて活断層を理由にした本格的な土地利用規制を行うのは、徳島県である。徳島県は2012年12月に「徳島県南海トラフ巨大地震等に係る震災に強い社会づくり条例」を制定した。この中で、徳島県を東西に横断する中央構造線活断層帯の動きによって地表面がずれて建築物等に大きな被害が生じることを防ぐため、活断層の詳細な調査をもとに、幅40メートルの「特定活断層調査区域」を指定している。この区域内で多数の人が利用する建築物や危険物を貯蔵する施設を建設する場合には、活断層の位置を確認するための調査を行い、その直上への建築を避けなければならない。この制度のもととなる「特定活断層調査区域図」は縮尺5千分の1で作成されている。この図は日本で初めての具体的な土地利用規制を伴う活断層ハザードマップと言うこともできる。

2014年長野県神城断層地震と活断層地図　2014年長野県北部の地震(M6.7、長野県は神城断層地震と命名)は、白馬村東部の地下約6キロメートルを震源として11月22日の22時8分頃発生した。本震や余震からわかる断層面は東傾斜で、犀川丘陵が西へ乗り上げる逆断層成分が卓越した地震だった。

今回の地震で確認された地表地震断層は、白馬村北部の塩島付近から神城南部にわたる少なくとも約9キロメートルの範囲で出現した。変位は東側が上昇する逆断層であり(図3.36)、断層の上昇(上盤)側では西への撓曲変形を伴っている。一部では、西側が隆起する副次的な逆向き断層も生じた。国土地理院によるSARの解析結果では、地殻変動の領域はさらに広く、小谷村に至る長さ約20キロメートルの範囲で認められるが、白馬村より北では、起伏が大きい丘陵状の地形と顕著な地すべり地帯であることから、明瞭な地表地震断層は認められていない(2014年は12月初旬の降雪で現地調査が不十分であり、2015年春以降に新たな地変が報告される可能性はある)。

政府の地震調査研究推進本部が公表していた地震発生予測等によれば、糸魚川―静岡構造線(以下、糸静線)ではM8クラスの地震が起き、断層のズレ量も数メートルであるとされていた。今回の地震による断層のズレは1メートル程度以内であり、明らかに「ひとまわり小さい地震」だった。

２０１４年地震で活動した神城断層については、都市圏活断層図「白馬岳図幅」および「大町図幅」が１９９９年に刊行され、その詳細位置が図示されている。さらに２０１０年には文部科学省の糸静線に関する重点的調査観測変動地形グループの研究成果として、「糸静線活断層情報ステーション」において詳細な活断層位置図が公表されている（図３・37）。

今回の地表地震断層は、多くの場所で既知の活断層線に沿う形で出現した。いわばこれまでにその正確な位置が指摘されていた活断層が活動したものであり、地表地震断層による変位（ズレ）に対して、事前にその発生位置を示す活断層地図の有効性を改めて認識させるものであった。一方、詳細に見れば、事前には活断層の位置を正確に判断し得なかった場所もあり、今後、活断層線の認定精度をいかに高めていくかという課題も提起した。

地震断層の変位と構造物の被害についても明確な関係が認められた。今回の地震は規模が比較的小さかったため、被害は限定的で死者も出なかったが、明瞭な地表地震断層が出現した大出地区では、断層に沿って家屋全体が撓曲変形に伴って傾いたり、剪断破壊を受けたりした住宅が多数認められた。断層直上の家屋はほとんどが全壊ないし半壊した。あからさまに倒壊しなかったのは変位量が数十センチメートルと少なかったために他ならず、政府が予測した数メートルの変位が出現した場合、構造物の破壊とそれに伴う人的被害はより深刻なものとなっていただろう。

建物被害がとくに著しかった堀之内や三日市場は、神城断層の上昇（上盤）側に位置する。堀之内の西方の神城盆地内では旧地質調査所によって90年代後半にトレンチ掘削調査が行われ、低角な逆断層が認められ、その東側には地層の大きな撓みが観察されている。また糸静線重点的調査観測でも、断層の上昇側に波長の長い地形の変形が確認されている。堀之内や三日市場の被害はこの変形帯（図３・29の撓曲崖）と関係する可能性が高い。さらに三日市場では東側隆起の逆断層（図３・37）に加えて、逆向きの逆断層もあることが事前

図 **3.36**　道路，水田，畑を変位させる地表地震断層（塩島地区）．東側が隆起する逆断層であり，鉛直変位量は約 90 cm であった．

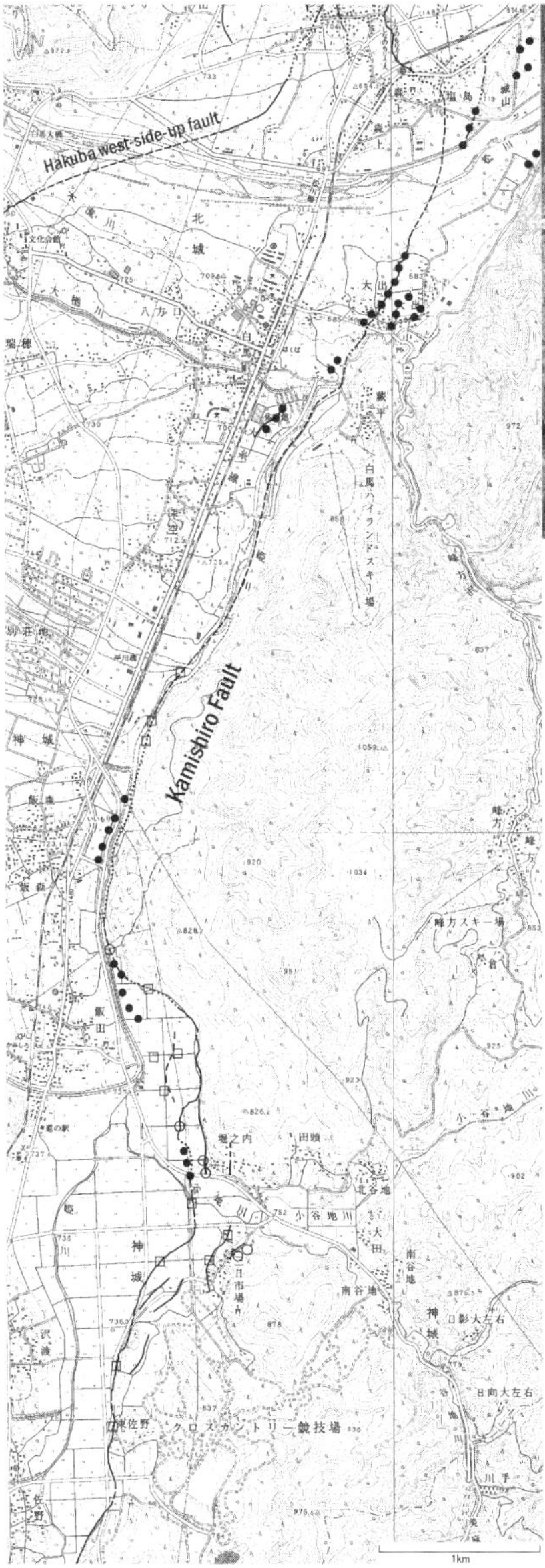

図 **3.37**　既知の活断層と地表地震断層（鈴木康弘ほかの原図を一部改変）．●：地震断層確認地点，○：産総研による地震断層確認地点，□：産総研が地盤変状を確認した地点．活断層は糸静線断層帯重点的調査観測変動地形グループの成果に一部加筆．実線は位置確実，破線および点線は位置不確実．

に認定されており、ほぼその位置に地表地震断層が報告された。三日市場は両断層に挟まれているため、ほぼ直下まで続く断層が動いたことは確実である。同様に被害が大きかった堀之内もこの断層の北方延長にあたる。このように今回の地震は、活断層の変位による被害と、その位置を示す活断層地図の重要性を強く示すものであった。

将来発生する地震については、「いつ、どこで、どのくらいの」地震が起こるのかを予測することが重要であるが、活断層地図は、「いつ」以外の、「どこで、どれくらいの」に答えられる情報を与える。地表に直接的な変位が発生する場所が事前にわかることはとくに重要である。今後はこれら成果の活用を進めると同時に、マップ自体の精度を高める努力が必要である。

6　液状化ハザードマップ――土地の成り立ちから予測する

液状化ハザードマップの現状

液状化とは、地下水の豊富な砂質の土が地震による振動で液体状となる現象です。液状化が発生すると、地盤が支持力を失って、構造物の傾きや転倒、地中の構造物の抜け上がりなどの被害が発生したり、地下水とともに砂が噴出したり、地盤が流動するなどの現象が起こります。液状化による災害は、1964年の新潟地震でアパートの転倒や橋桁の落下などの被害が起きたことで初めて注目されました。1995年の兵庫県南部地震では埋立地で大規模な液状化が発生して港湾施設などに大きな被害が出ました。さらに2011年の東北地方太平洋沖地震では東北地方から関東地方にかけての広

表 3.2 「液状化地域ゾーニングマニュアル(平成 10 年度版)」が示した微地形区分による判定基準.

地盤表層の液状化可能性の程度	微地形区分
極大(液状化の可能性は非常に大きい)	埋立地, 盛土地, 旧河道, 旧湖沼, 蛇行州, 砂泥質の河原, 人工海浜, 砂丘間低地, 堤間低地, 湧水地点
大(液状化の可能性は大きい)	自然堤防, 湿地, 砂州, 後背低地, 三角州, 干拓地, 緩扇状地, デルタ型谷底平野
小(液状化の可能性は小さい)	扇状地, 砂礫質の河原, 砂礫州, 砂丘, 海浜, 扇状地型谷底平野
無(可能性無し)	台地, 丘陵地, 山地

範な地域で著しい液状化が発生し、構造物、住宅、ライフラインなどに大きな被害を与えたのは記憶に新しいところです。

液状化は発生のメカニズムが比較的よくわかっており、①地下水位が高い(浅い)こと、②地下の浅いところに均質な砂質土の層が存在すること、③砂質土が緩く堆積していること、の3条件がそろった地点で発生する可能性が高いことが知られています。これらの状況はボーリング調査を行うことにより直接調べられることから、液状化の危険度の判定は、ボーリングデータから得た地盤の締まり具合や土の成分、地下水位などの値と、特定の地震を設定して地盤の軟弱さも加味して計算した地表の地震動の大きさを用いて、液状化指数PL(Potential of Liquefaction)を算出し、これをもとに評価をすることが広く行われています。しかし、この方法ではボーリングデータのある地点の評価しかできないため、ボーリングデータが十分でない場合には、地形分類から液状化危険度を推定して評価を行う方法が併用されています。地形分類による液状化危険度評価の基準は1

999年に国土庁防災局（当時）が作成した「液状化地域ゾーニングマニュアル」に示された判定基準（表3・2）が広く用いられています。この他、経験的に知られている地形分類項目ごとの液状化が発生する地震動の大きさと、地点ごとに予測された地表の地震動の大きさとの比較で危険度を評価する方法、地形分類を基本として過去の土地の状況、ボーリングデータによる地盤や地下水位の状況をポイント化して評価する方法、地形発達史を踏まえたより詳細な地形分類による危険度評価基準（表3・3）なども提案されています。

液状化ハザードマップは、対象地域を一定の大きさのメッシュに分割し、メッシュごとの液状化の可能性の評価結果を示した地図です。評価に際して地表の地震動の推定が必要であるため、地震動予

ハザード評価基準

液状化ハザードマップ作成用 地形分類	液状化 発生可能性
完新世段丘	小さい
扇状地（勾配 1/100 以上）	小さい
扇状地（勾配 1/100 未満）	やや大きい
自然堤防（比高 5 m 以上）	やや大きい
自然堤防（比高 5 m 未満）	大きい
砂州・砂堆・砂礫州等	やや大きい
砂丘	小さい
低地隣接砂丘縁辺部	非常に大きい
— （＊1）	— （＊1）
谷底平野・海岸平野等 （勾配 1/100 以上）	やや大きい
谷底平野・海岸平野 （勾配 1/100 未満）・ 後背湿地等	大きい
砂州・砂丘間低地	非常に大きい
旧河道	非常に大きい
河原等	大きい
埋立地（＊2）	非常に大きい
干拓地（＊2）	大きい

ずる．
土前の地形に含めることとし，液状化発生可能

表 3.3 液状化ハザードマップ作成に適した統合的地形分類と液状化
(国土地理院の中埜貴元氏ほかによる提案).

<table>
<tr><th>大分類</th><th>土地条件データの
地形分類
(1995 年以前)</th><th>土地条件データの
地形分類
(1996 年以降)</th><th>国土地理院が 2013 年
に提案した地形分類</th></tr>
<tr><td>台地・段丘</td><td>低位面</td><td>完新世段丘</td><td>砂礫質台地</td></tr>
<tr><td rowspan="7">低地の微高地</td><td>扇状地</td><td rowspan="2">扇状地</td><td>扇状地(勾配 1/100 以上)</td></tr>
<tr><td>緩扇状地</td><td>扇状地(勾配 1/100 未満)</td></tr>
<tr><td rowspan="2">自然堤防／
天井川沿いの微高地等</td><td rowspan="2">自然堤防／
天井川・天井川沿いの
微高地</td><td>自然堤防(比高 5 m 以上)</td></tr>
<tr><td>自然堤防(比高 5 m 未満)</td></tr>
<tr><td>砂(礫)堆・州</td><td rowspan="3">砂州・砂堆・砂丘</td><td>砂州・砂礫州</td></tr>
<tr><td rowspan="2">砂丘</td><td>砂丘</td></tr>
<tr><td>低地隣接砂丘縁辺部</td></tr>
<tr><td>凹地・浅い谷</td><td>凹地・浅い谷</td><td>凹地・浅い谷</td><td>—
(形成前の地形(現在の
隣接地形)による)</td></tr>
<tr><td rowspan="5">低地の一般面</td><td rowspan="2">谷底平野・氾濫平野／
海岸平野・三角州</td><td rowspan="2">谷底平野・氾濫平野／
海岸平野・三角州</td><td>谷底低地(勾配 1/100 以上)</td></tr>
<tr><td rowspan="2">谷底低地(勾配 1/100 未満)
／三角州・海岸低地／
後背湿地</td></tr>
<tr><td rowspan="2">後背低地</td><td rowspan="2">後背低地</td></tr>
<tr><td>砂州・砂丘間低地</td></tr>
<tr><td>旧河道</td><td>旧河道</td><td>旧河道</td></tr>
<tr><td rowspan="2">頻水地形</td><td>高水敷</td><td rowspan="2">高水敷・低水敷・浜</td><td rowspan="2">河原</td></tr>
<tr><td>低水敷・浜</td></tr>
<tr><td rowspan="2">人工地形／
水部</td><td rowspan="2">高い盛土地／
盛土地／埋立地／
埋立地／干拓地</td><td rowspan="2">高い盛土地／
盛土地・埋立地／
干拓地／旧水部</td><td>埋立地</td></tr>
<tr><td>干拓地</td></tr>
</table>

＊1：形成前の地形(現在の隣接地形)に含めることとし，液状化発生可能性もそれに準
＊2：土地条件データに含まれる陸地部の人工地形(低地の一般面上の盛土地等)は，盛
性もそれに準ずる.

測（揺れやすさ）マップや建物倒壊危険度マップなどと併せて作成され、配布されることが多いようです。法制度的な作成義務がなく、また国によるマニュアルは提供されているものの、やや専門的な内容であるため、全国的にはあまり作成されていませんが、千葉県や埼玉県などでは県の積極的な指導により、多くの市町村が作成、公開しています。また、東京都では、東京都土木技術支援・人材育成センターが東京都全域の液状化ハザードマップを作成し、公開しています。

3・11の液状化は予測されていたか

２０１１年東北地方太平洋沖地震では、東北から関東地方にかけてきわめて広い範囲で地盤の液状化による甚大な被害が発生し、液状化災害がにわかに注目されました。特に、東京湾岸と茨城県、千葉県、埼玉県などの内陸平野部において大きな被害が発生しましたが、被害の様相は東京湾岸と内陸部では大きく異なっていました。東京湾岸では主に浅い海を人工的に埋め立てた埋立地や干拓地において広い範囲で液状化が発生したのに対し、内陸部では、限られた地域に集中して液状化が発生しました。本節では、このうち、液状化による建物の傾斜や沈下、構造物の破損などの大きな被害が局所的に発生した千葉県内陸部の我孫子《あびこ》市について、液状化発生の要因と、事前に作成されていた液状化ハザードマップが液状化発生を適切に予測していたかどうかを検証し、液状化ハザードマップのあり方を考えてみることにします。

3・11の地震に伴って、我孫子市東部の布佐《ふさ》地区では、家屋の地中への沈み込みや傾斜、電柱の沈下や傾斜、水道管の破断などの顕著な液状化被害が発生しました。被害は布佐地区全域で発生したわ

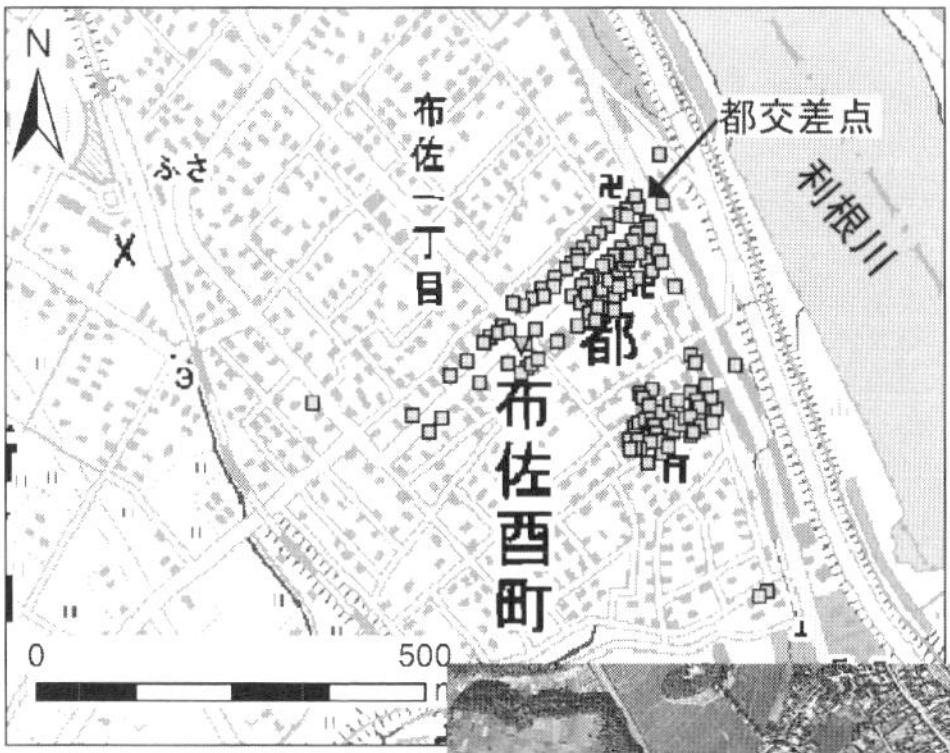

図 3.38　我孫子市布佐地区の液状化被害分布(基図は 2006 年更新 2 万 5 千分の 1 地形図「龍ヶ崎」)(原図作成：青山雅史氏)．□印は液状化被害発生地点．

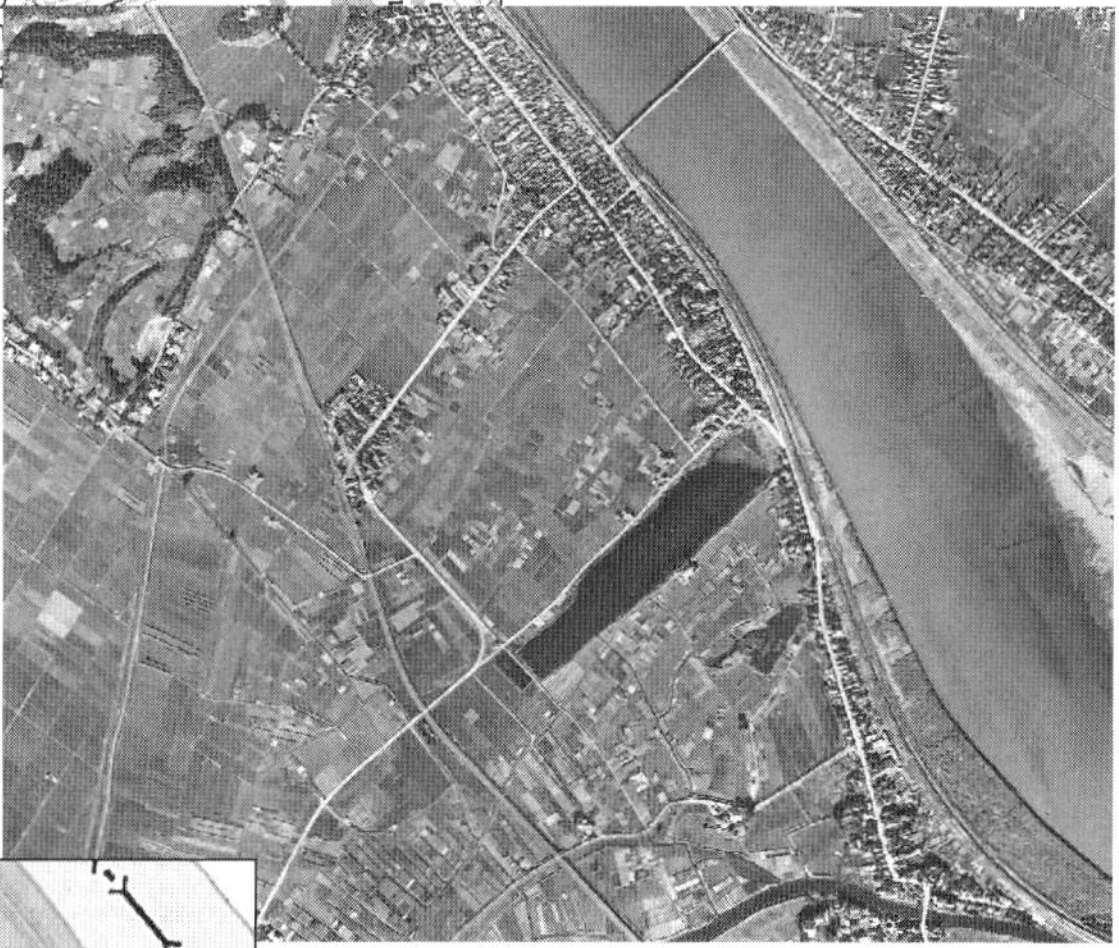

図 3.39　1947 年に撮影された我孫子市布佐地区の航空写真(国土地理院 R 393-38)．

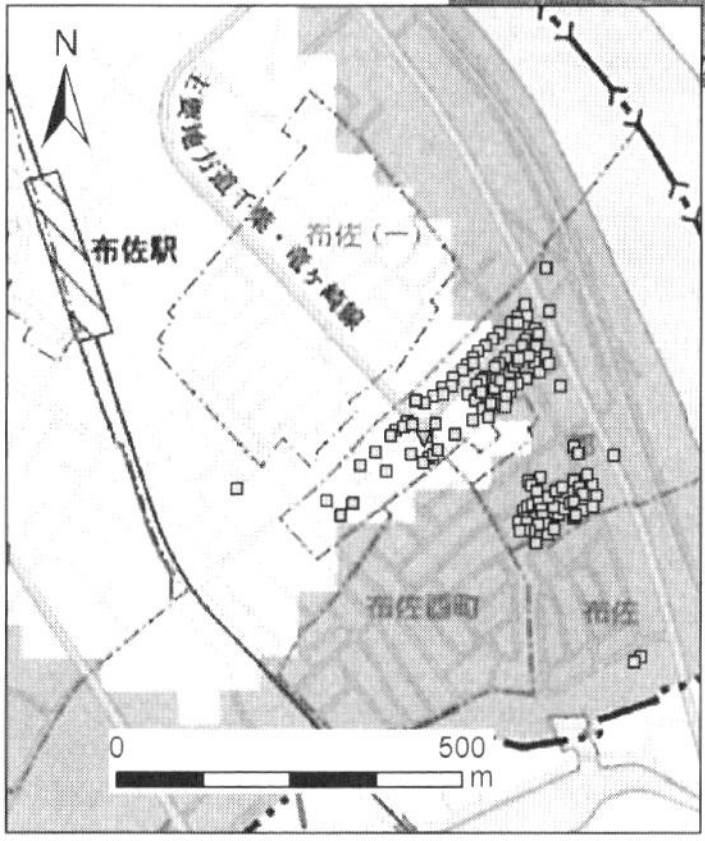

図 3.40　我孫子市布佐地区の液状化危険度マップ(2010 年度版)と液状化発生状況．網がけは危険度マップで「液状化の危険度が高い」，その他は「対象外(液状化の危険がほとんどない)」とされた範囲．□印は液状化被害発生地点．

けではなく、幅約100メートル、長さ約450メートルの細長い範囲と、ここから100メートルほど離れた場所の約100メートル四方の限られた範囲で集中的に被害が発生しました（図3・38）。昔の航空写真や地図をみると、これらの範囲は、かつて沼が存在していた場所と一致することがわかります（図3・39）。これらは、明治初期（1870年）の利根川の洪水により堤防が決壊して洪水流が土地を浸食してできた沼で、1952年に利根川を浚渫《しゅんせつ》した土砂で埋め立てられて宅地化され、現在は周辺の市街地と一体化してもともと沼であったことはまったくわからなくなっています。被害発生後に我孫子市が実施したボーリング調査では、液状化が発生した地域は、浚渫によって埋め立てられた砂質土が緩く堆積し、また地下水位が高く、砂質土が地下水に満たされた状態となっており、きわめて液状化が発生しやすい地盤であることがわかりました。このような条件の地盤がどの範囲に分布するかは、多数のボーリング調査を行わなくても、土地の成り立ちからある程度予測することができます。

実は、我孫子市では、この被害が発生する前に液状化の予測を行ったハザードマップが作成されていました。市が2010年に作成し、市民に配布したハザードマップには「液状化危険度マップ」が含まれていたのです。これは、市全域の液状化の可能性を「高い」「やや高い」「低い」「対象外」（実際には「やや高い」と「低い」は該当なし）に区分し地図で示したもので、内閣府の「地震防災マップ作成技術資料」に沿って「揺れやすさマップ」と「建物倒壊危険度マップ」を作成し、その際に作成した地震動予測結果を用いて液状化危険度を判定しています。

3・11の地震で実際に発生した液状化被害が液状化危険度マップで予測されていたかを検証してみ

ました。すると、特に被害が集中した布佐地区の液状化発生の範囲は、液状化危険度マップでは「高い」と「対象外（危険度がほとんどない）」をまたぐ形となっていました（図3・40）。「対象外」と評価された地域にも液状化が発生したことから、実際の発生状況を適切に予測できていなかったことになります。この地域の液状化が適切に評価できなかった理由としては次のことが考えられます。

①地形分類データを限られた資料から作成したこと（地形分類データは既存の地形分類図（5万分の1土地分類基本調査）をもとに作成されましたが、この図には液状化予測に重要な、かつて沼であったという情報が記載されていませんでした）。

②地形分類データの分類項目の当てはめが適切でなかったこと（使用した地形分類図の分類項目がマニュアルの評価基準表の区分項目と異なっていたため、表の項目に合わせた当てはめが行われましたが、土地の成り立ちという観点からみると適切な当てはめではありませんでした）。

③土地の成り立ちが十分考慮されなかったこと（かつての沼の存在は図3・39に示すように古い航空写真や地形図から知ることができるにもかかわらず、このような土地の成り立ちの情報が液状化危険度の評価に十分考慮されていませんでした）。

我孫子市では、このことを教訓として、「あびこ防災マップ」を全面的に改訂し、地形と土地の成り立ちを重視した新たな「地震ハザードマップ」を作成し、2013年5月に市民に配布しました。その解析の過程では、特に微地形区分図の作成に重点が置かれ、各時期の地図や航空写真から、改変前の地形やかつての池、沼の分布を詳細に確認しながら地形が分類されました。液状化危険度の評価はボーリングデータに頼らず地形分類をもとに土地の成り立ちを考慮しながら行われました。配布されたマップには、危険度マップのほか「地震ハザードマップができるまで」としてマップがどのように作成されたのかをわかりやすく解説するコラムが表示されています。

土地の成り立ちと液状化

このような問題点は我孫子市の液状化危険度マップだけの問題ではなく、多くの地域で行われている危険度評価に同様に当てはまります。例えば、公開されている液状化ハザードマップの中には、ボーリングデータを用いた危険度評価を重視するあまり、ボーリングデータのある地点の周辺だけが周囲と異なる評価となっているような、土地の成り立ちからは考えにくいマップも散見されます。地形をみることで土地の成り立ちを豊かな想像力をもって思い描くことこそが適切な液状化の評価につながるのではないでしょうか。さらには、そのような土地の成り立ちに関する情報を住民が共有し、住民が自分の住む土地がどのような自然条件のもとでどのように形成されてきたのかを理解することが、災害を予測し、災害に備えた適切な対策を自ら行うために重要なのではないでしょうか。

メッシュによる評価の問題点　土地の自然条件は平面的に連続的に変化する。一方、地震の揺れやすさや液状化危険度を定量的に評価するためには、地盤の性状に関する数値や地形についての一定の情報が必要である。このため、多くの場合、対象地域を一定の大きさのメッシュに分割し、それぞれのメッシュごとに評価が行われる。メッシュの大きさは、もととなる情報の詳しさや評価の必要性に応じて設定されるが、地震の揺れやすさや液状化危険度は250メートルメッシュ（国土地理院の定形図郭版2万5千分の1地形図を縦横

40等分したもの）または50メートルメッシュ（同様に200等分したもの）で評価されることが多い。250メートルメッシュについては地形分類のデータがすでに全国で揃っているが、50メートルの場合には既存の地形分類図から新たにデータを作成する必要がある。メッシュ化に際しては、原則としてメッシュ内で最も広い面積を占める地形区分がそのメッシュの属性として与えられる。従って、揺れやすさや液状化に大きく影響する地形が小面積である場合には面積の大きな分類項目に埋もれてしまい、評価に反映できない可能性がある。我孫子市の事例では幅100メートル程度の旧湖沼の存在が液状化被害の発生に大きく関与しており、このような情報がメッシュデータに変換する過程で平均化されて失われることのないよう留意する必要がある。

また、そもそも、メッシュは地表に機械的に線を引いたものであって、その境界線自体は防災上何の意味もない。しかし、メッシュごとに色が塗られたハザードマップを手にした住民にとっては、メッシュ線を境に急激に評価が変わるように思えても仕方がない。メッシュによる評価がハザードマップのリアリティを失わせることのないように留意したい。

第4章　わかりやすく役に立つハザードマップを目指して

1　ハザードマップは誰が誰のために作るべきなのか

災害に備えるための地図

2章1節（21ページ）ではハザードマップを6種類に分類していますが、ここでは少し整理して、次のように分類することにしましょう。

A　災害の発生に関わる土地の性質を示した地図
B　災害の発生しやすさを判定して示した地図
C　一定の想定に基づいて災害を予測した地図
D　災害発生後、個人や企業、行政などが避難、救援、二次災害防止、復旧などの活動を円滑に行うために必要な情報を示した図

豪雨のときに浸水しやすい場所とそうでない場所があり、地震時に揺れやすい地盤と揺れにくい地盤があります。同じ地震動を受けても、古い木造家屋が密集しているところのように大きな被害が生じる場所と、そうでない場所があります。このように、災害の発生は土地の自然的・社会的性質によ

って決まる側面がありますから、それを表した地図は、防災上重要です。このような地図のうち、基礎的な情報（例えば地盤の軟弱さの程度の分布）を示している場合がAタイプの地図、それらの情報をもとに災害現象の発生しやすさを判定してその結果を示している場合がBタイプの地図です。水害や地震災害の発生しやすさと強い関係のある低地の微地形の分布が示されている国土地理院の土地条件図はAの例です。過去の水害時に浸水した範囲を示す浸水実績図は、将来の浸水範囲の予測に役立つと考える場合は、Aタイプの地図ということができます。政府の地震調査研究推進本部（地震本部）が公開している「全国地震動予測地図」（ある強さの地震の揺れが今後の一定期間に発生する確率を示す）はBの例です。Bの地図の場合、発生のしやすさに関する判定では何らかの推論や単純化が行われていることに注意が必要です。

Cタイプの地図、すなわち予測図は、将来発生する可能性がある現象を想定した地図で、例えばある地震の発生を想定し、そのときの津波で浸水すると予測される範囲を示したり、その津波による建物の被害率を予測して示したりした地図が相当します。将来発生する災害を的確に予測できれば、防災にとってきわめて有効ですが、具体的な予測のためには何らかの想定（シナリオと呼ばれることもあります）が必要になります。実際の災害は想定どおりに発生するとは限らないことに注意が必要です。

Dタイプの地図には、行政機関が災害発生後の活動を的確に行うために作成されるものと、被災地の住民や滞在者が安全に避難したり物資の供給を受けたりすることのために作成されるものがあります。後者は、A～Cに対応する何らかの情報と一体となった地図として、市町村から住民に配布されるケースが多いようです。

行政用と住民用のハザードマップ

以上に述べた各種の地図の多くは、国または地方自治体によって作成されています。水害や土砂災害に関するものは、多くの場合、河川管理や砂防を担当する土木系の部署が担当しています。地震に関するものは、地方自治体では企画・地域計画関係の部署や消防関係の部署が担当している場合が多かったのですが、最近では災害対応を含む危機管理部門が設けられるようになり、この部門が担当するケースが増えています。

地方自治体のこれらの部署がハザードマップを作成し公開するのは、住民の安全な暮らしに役立つ情報を提供するという住民サービスの施策として行っていると言えます。しかし、このような考え方でハザードマップが公開されるようになったのは、比較的最近のことです。以前から、それぞれの部署が自分たちの仕事を遂行するために必要に応じて、ハザードに関する地図は作られていましたが、それは住民のためのハザードマップではなく、行政機関内部の業務用地図でした。

例えば、河川管理や土砂災害対策を担当する部署であれば、河川が氾濫した場合に被害が生じるおそれのある範囲や土石流危険渓流の存在箇所を地図化して、災害対策事業の優先順位や手法を決めるのに利用したり、予算獲得のための資料としたりします。

また、地方自治体は災害対策基本法に基づいて地域防災計画を定めますが、これには災害時にどのようなことが生じるかを予測して必要な対策を決めることが中心となっています。つまり、地域防災計画を作成する際には被害予測をすることになります。この被害予測の作業の中で、例えば地震に関しては、想定される大地震の震度分布、液状化の発生のおそれのある場所、二次災害としての火災発生の危険度の分布など、多くのことが前に述べたA～Cタイプの地図で示されます。

以上のような地図は、今日ではウェブサイトで容易に閲覧できることが普通です。しかし、もともとは行政機関の専門部署用であり、一般住民にとって使いやすいようにするということは、必ずしも十分に考えられてきたわけではありませんでした。地域防災計画作成のための被害予測の地図の場合は、避難所が不足している地域があるか、食料の備蓄はどれだけ必要か、といったことなどを検討するためのものですから、一定の想定のもとで、全体的あるいは地域的な被害の量的傾向を知ることに主眼があります。このため、２５０メートル四方程度の区画（メッシュ）単位など、あまり詳しくない方法で調査されていることが普通です。この場合、実際は一つのメッシュの中に危険度のきわめて高いところときわめて低いところがあったとしても、それは考慮されずに、一つのメッシュの中は一様であると見なされてしまいます。したがって、自分の家は危険な地域にあるかどうか、災害時にどこに避難したらよいか、などということを読み取るには適していないことに注意が必要です。

このような行政用の地図とは別に住民用の地図も必要だということを唱えたのは、公的機関では１９９２年に当時の国土庁が示した「火山噴火災害危険区域予測図作成指針」が最初だと思われます。この指針では、火山ハザードマップについて、科学的な予測を示す「火山学的マップ」、行政機関の災害対策部署用の「行政資料型マップ」、一般住民や観光客用の「住民啓発型マップ」の３種類の作成を推奨しています。「住民啓発型マップ」は、危険区域のほかに、避難方法などをわかりやすく表現することが重視されているＤタイプの地図です。

今日の「洪水ハザードマップ」も、同じような発想に基づく地図と言えるでしょう。また、これに限らず、市町村が何らかのハザードマップを作成して住民に配布している例は少なくありません。ただ、多くの住民はそれを一瞥しただけでどこかにしまい込み、そのうち忘れてしまうのが実態です。せっかくのハザードマップが効果的に使われるよう、さらなる工夫が必要となっています。

リアルタイムハザードマップ

福島県いわき市に、井戸沢断層、湯ノ岳断層という活断層があります。これらの断層は、地殻が東西方向に引っ張られる力が働いたときに活動する性質を示していました。2011年3月11日の東日本大震災が発生するまで、東日本には逆に東西方向に圧縮する力が働いていました。このため、この断層が将来、活動して地震を起こす可能性は低いという見方がありました。ところが、東北地方太平洋沖地震の発生に伴い、東日本は東西方向に伸張し、ちょうど一ヶ月後の4月11日にこの断層が活動して最大震度6弱の地震が発生しました。東北地方太平洋沖地震という超巨大地震の発生によって、一時的かもしれませんが、地殻に働く力が変化したのです。

このように、災害に関する現象の発生可能性は、時間とともに変化することがあります。地球温暖化などの気候変動によって、豪雨や強風の発生のしかたが変わるということも考えられます。このようなときは、観測データに基づいてハザードマップもこまめに改訂し、常にその時点のものにすることが必要です。

将来の災害ではなく、災害がすでに進行中という場合も考えてみましょう。

時間をかけて進行する災害も少なくありません。破堤による河川の氾濫の場合、浸水域は数時間から数日という時間をかけて拡大・移動することもあります。火山噴火の進行に伴って、溶岩や火砕流の流下、二次災害としての泥流・土石流の発生と到達などの危険性のある場所は変化します。地震自体は一瞬の現象ですが、その二次現象である津波は、発生してから陸地に到達するまである程度の時間がかかります。地震時に発生する火災も、時間をかけて延焼していきます。

河川氾濫の場合、事前にどの場所が破堤するかがわかっているわけではありません。火山噴火も、火山体のどこから噴火するか、噴火の規模はどれくらいか、といったことは、噴火してみないとわかりません。津波も、地震が発生するまでは、どのような津波が発生するかを詳しく知ることができません。火災も同様です。つまり、これらは事前にはおおざっぱな予測しかできません。一見緻密なハザードマップが作成されていたとしても、それはあくまでも何らかの想定を前提としたものに過ぎません。

しかし、一旦最初の現象が発生すれば、それがどのように進行するかは、かなり具体的に予測できる場合が少なくありません。例えば、ある場所で破堤してそこから河川の水が流出し始めれば、その水がいつごろどこに到達するかは、かなり正確に予測することができます。したがって、最初の現象が発生した段階から、時々刻々と被害地域の拡大・移動の予測を行って示すこと、つまりリアルタイムハザードマップとも言うべきものを示すことは、的確に住民の避難行動を促したりすることで、被害の軽減にかなり効果的です。譬えて言えば、地震発生時に出される津波警報のハザードマップ版といったものです。

ただし、これには、必要十分な観測データを得、それを処理して事態の推移を予測し、地図化して示すまでをごく短時間に行わなければならず、技術的に、また組織体制の面で多くの課題があります。国土交通省では、2003～2005年度に「災害情報を活用した迅速な防災・減災対策に関する技術開発及び推進方策の検討」というプロジェクトを実施し、短時間での地殻変動の解明、定点カメラ・航空レーザスキャナー・無人ヘリコプターなどによる地表現象・被災状況の把握、これらの観測データを即時に処理してリアルタイムハザードマップを作成することなどの技術開発を行っています。また、リアルタイムハザードマップは、迅速に住民に伝えられることが重要です。今日では、多くの人が外出先でもスマートフォンなどの携帯端末を持ち歩いています。すでに、降雨の範囲の地図などがほぼリアルタイムで配信されるアプリの普及が進んでいますが、様々な災害に対するリアルタイムハザードマップの配信ができるようになることが期待されます。

ハザードマップの作成者の人材

災害対策は、基本的に国ではなく地方自治体が行うことになっていますから、多くのハザードマップは、地方自治体によって作成され、公開されています。それぞれの地方自治体が考案して作成するものと、国の施策を受けて各団体がある程度共通性のある形のものを作成するもの（例えば「洪水ハザードマップ」）とがあります。

ただし、最終的な責任は行政機関にあっても、実際に作成しているのは、民間のコンサルタント会社であることがほとんどです。航空測量事業を母体に様々な地域調査を得意とする企業、地質調査や土木設計を得意とする企業、都市計画など地域のプラン作成を得意とする企業などが主なものです。ハザードマップの作成には、災害科学、シミュレーション技術、地図デザインなどの技術が必要ですが、地方自治体、特に市町村では、行政部門にいろいろな分野の専門技術者をそろえることは大変困難です。このため、右に述べた企業に発注して作成することになるのです。

この場合、発注者である地方自治体の担当者のハザードマップに関する知識が十分でなく、受注した企業の担当者も単にマニュアルに従って作業をするだけ、といったことがあると、よい品質のハザードマップはできません。実は、ハザードマップ作成業務は、公共事業に比べればささやかな仕事だということもあり、高度な技術を持つ専門技術者はあまり多くありません。ハザードマップの品質を確保させるため、学識経験者の委員会を設けたり、専門技術者のいる財団法人・社団法人などを地方自治体と企業との中間にはさんだりすることもよく行われていますが、専門知識は十分でもその地域に詳しいとは限らなかったり、官公庁の仕事のやり方を必ずしもよく知らなかったりする学識経験者も多く、単なるアドバイス役にとどまることが少なくありません。

理想的なのは、ハザードマップに関して専門的知識を持った職員が地方自治体にいて、ハザードマップの内容を自分たちで考案し、作成することです。その地域の特性をよく知っているので、効率的に作業ができるし、作業の過程で地域の問題点を把握し、それに素早く対応することも可能だからです。シミュレーションのような技術的な作業は専門の企業に外注するとしても、少なくともハザードマップに表現される土地の地理的特性の意味を十分に理解している職員が必要です。このような地理的な見方のできる人材は、ハザードマップに限らず、国土に関する行政の様々な分野で活躍できると思われますし、実作業を担当する企業でも活躍できるでしょう。この意味で、地理学出身者の役割が大いに期待されます。

最近では、自治会、自主防災会、小中学校のPTAなどの単位で、住民自らが地域の危険箇所などを調べ、地図化する活動を行っている例があります（2節参照）。本格的な災害の予測は難しいにしても、住民自らが地域の問題を発見し、災害対策のモチベーションを高めるという点で、行政が情報を与える場合とは違う意義があります。

このような場合を含め、地域の調査には、地域の特性をうまくつかみ、地図化できるという地域調査のスキルが重要です。公益社団法人日本地理学会では、地域調査に関する一定の知識・スキルを身につけた人に対して「地域調査士」「専門地域調査士」という資格を与えています。こういった人材を各方面で増やしていくことが必要です。

住民がハザードマップを活用するために

住民にとって、ハザードマップは、住む場所を決めたり、日頃から災害時にどうするかを考えておいたり、そしていよいよ災害が発生したときにどういう行動をとるかを決めたりするときに使われるものです。その点では、家一軒一軒が識別できる縮尺で、ここは危険、ここは安全、ということが単純にわかるようになっていることがいいということになります。

そういう地図の例として、広島県が土石流や地すべりなどの「被害が想定される区域」、つまり危険区域を一定の方法によって決め、示しているものがあります。「想定」という言葉が用いられていますが、本節の最初に述べたＢタイプの地図（災害の発生しやすさを判定して示した地図）です。ウェブでも見られるそれは大変優れたものですが、２０１４年８月20日に広島市北部で発生した土石流災害では、「被害が想定される区域」を超えて土石流が到達し、その区域外にも被害をもたらしてしまいました。一方で、「被害が想定される区域」でも土石流が到達しなかった場所や、そもそも土石流が発生しなかった場所もありました。

実際には、災害の危険度は、危険と安全の2種類だけで表現できるようなものではありません。大変危険な場所もあれば、被害が及ぶのはきわめてまれだろうという場所まで、危険度には大きな幅があります。また、仮に危険な場所と安全な場所をはっきり分けることができたとしても、その境界の位置を家一軒一軒単位まで決めることができるとは限りません。しかしそのようなことをすべて考慮していたら、単純でわかりやすい地図にはなりませんから、何らかの割り切り（単純化）をして地図が作られるのです。

Ｃタイプの地図（一定の想定に基づいて災害を予測した地図）の場合は、さらに「想定」という問題もあります。２０１1年3月11日の東日本大震災でも、ある想定のもとで事前に作成されていた津波浸水予測図に示されていた範囲よりも内陸に津波は到達し、ここまでは津波は来ないはずと思っていた人が被害にあっています。実際に発生した津波は想定していた津波とは違うものでしたから、浸水域が異なるのも当然なのですが、予測図がそのようなものであることは必ずしも十分理解されていなかったことになります。

このようなことを考えると、住民にとって、単純にここは危険、ここは安全、ということを知っていればよいというものではないことがわかります。ハザードマップに表示されている情報を知るだけでなく、それがどのようにして判定されたのか、どの程度の精度の情報なのか、どういう現象にどの程度参考にできるのか、といったことを知っていることが必要です。行政におまかせとするのではなく、住民自身が、災害について学び、取り組んでいく姿勢を持たなければなりません。行政も、ハザードマップを作って配ればよいということではなく、住民がより深く理解できるような施策を実行することが望まれます。

できれば、Aタイプの地図（災害の発生に関わる土地の性質を示した地図）から、住民自身がある程度の判断ができる力を身につけているようにしたいものです。このためには、土地の自然的性質、地域の社会的性質についての知識の普及が必要です。日本は世界でも有数の災害危険国です。学校教育でも、社会教育でも、災害に関する正しい知識の習得にもっと力を入れるべきです。高校教育で言えば、土地の自然的性質、地域の社会的性質、地域調査の手法などを学ぶ「地理」と、災害のもととなる自然現象を扱う「地学」が重要です。しかし、「地学」が開講される高校がきわめて少数であること、「地学」ほどではありませんが「地理」についても生徒が必ずしも選択できない状況があることは、大変憂慮すべきことです。

学校教育でハザードマップをとり上げることについては、3節で詳しく述べます。

2　地域住民の様々な実態に配慮したハザードマップ

ハザードマップはなぜ活用されないか

本節では、主として洪水ハザードマップを例に、一般住民の立場からハザードマップの利用について考えます。洪水は、災害の中でも発生頻度が高く、日本では毎年どこかで洪水災害が起きています。特に、近年は短時間に多量の降雨に見舞われる集中豪雨災害が頻発しています。２００１年に水防法が改正されて中小河川に対しても浸水想定区域の指定が義務づけられてからは、全国の市町村で洪水ハザードマップが作成されて住民に配布されるようになりました。２０１３年3月末時点で、浸水想定区域を有する全国１３４２市町村のうち１２７４市町村で洪水ハザードマップが作成・公表されています(内閣府調べ)。

このように行政によるハザードマップの作成は網羅的に広がっていますが、それが、そのまま地域の防災力の向上につながるわけではありません。住民の利用という面から見たとき、ハザードマップは多くの課題を抱えています。

まず、行政が作成・配布してきたハザードマップには次のような伝統的な問題点がありました。

①　異なる災害のハザードマップが別々に存在する：住民にとっては、地震・津波・洪水など様々な災害へのリスクが1枚のハザードマップで把握できれば便利です。少なくとも関連する災害は同じ地図に掲載されているべきです。ところが、これまでの多くの洪水ハザードマップは、河川

氾濫による浸水想定だけを示していて、内水氾濫や土砂災害についての情報を掲載していませんでした。これは、河川氾濫は河川担当、内水氾濫は下水道担当、土砂災害は砂防担当、というようにそれぞれの災害を担当する役所内の部署が異なり、縦割り行政の影響がそのままハザードマップ作成に現れたためです。

②洪水ハザードマップは、特定の河川を対象につくられてきた：水防法が河川を単位とした記述となっていることもあって、これまで多くの洪水ハザードマップは河川ごとにつくられてきました。したがって、もしA川とB川の二つの川が近くを流れていたとしても「A川洪水ハザードマップ」にはA川の洪水リスクしか示されておらず、B川の洪水情報は載っていませんでした。そのため、B川による洪水危険性が高いにもかかわらず、住民が「A川洪水ハザードマップ」のみを見て、すべての洪水に対して安全だと誤解する可能性がありました。

③ハザードマップは、めったに改訂されない：本来、流域の土地利用の変化にともなう雨水流出量の変化や河川改修による河川の流下能力の変化によって洪水危険度は変化するので、その都度ハザードマップは更新される必要があります。しかし、洪水ハザードマップに関する全国調査結果（2012年国土交通省水管理・国土保全局）によれば、全国の洪水ハザードマップの71パーセントがそれまで一度も更新されたことがなく、64パーセントが今後の更新予定がありませんでした。先に述べたように、ほとんどの市町村で洪水ハザードマップが作成されるようになりましたが、とにかく作成すればよいというように、ハザードマップの作成自体が最終目的化している恐れがあります。

以上のような問題がありますが、これらは克服されつつあります。例えば、2000年の東海豪雨で甚大な被害の出た名古屋市では、2002年に「庄内川・新川洪水ハザードマップ」、2003年に「天白川洪水ハザードマップ」を作成し、それぞれ流域住民に全戸配布しました。これらは、①②の問題を抱えていました。つまり、特定の河川の洪水危険度の情報だけを示すハザードマップでした。しかしその後、激甚災害対策特別緊急事業による河川改修の影響を反映してハザード情報を更新し、2010年に新たなハザードマップを名古屋市全戸に配布しました。そのときのハザードマップの名称は「洪水・内水ハザードマップ（南区）」というように、ハザードマップの名称から河川名が消え、行政区ごとに洪水、内水、土砂災害の危険度情報が1枚の図の中に描かれるようになりました。

このように、行政が作成・配布するハザードマップは徐々に内容が改善されていますが、こうした改良では克服できないきわめて深刻な問題をハザードマップは抱えています。それは、ハザードマップの存在が一般住民に十分知られておらず、知られている場合でも防災のために活用されていないということです。例えば、上記の「庄内川・新川洪水ハザードマップ」に関して防災科学技術研究所が2004年に流域の浸水危険区域住民に行ったアンケート調査では、ハザードマップの存在を知っていた住民は43パーセント、調査時点にハザードマップを所有していたのは18パーセントにすぎませんでした。東海豪雨で被害を被った地域住民の、災害から4年後においてすらこの状況でした。しばらく災害を経験していない地域では、せっかく行政からハザードマップが配られても、じっくり見て防災に活かす住民は少ないのではないかと危惧します。2014年にミツカン水の文化センターが三大都市圏の住民1500人を対象に行った調査では、ハザードマップを「知っている」と回答したのは全体の39パーセント、「名前は聞いたことがあるが詳しくは知らない」が47パーセント、「聞いたことはない」が14パーセントでした。そして、ハザードマップを「防災対策として活用している」と回答したのは１７５人、回答者全体の12パーセントにすぎませんでした（http://www.mizu.gr.jp/chousa/ishiki/2014.html）。

ハザードマップは、多くの自治体で全戸配布されてはいますが、活用されないまま捨てられたり、忘れ去られたりしているのが現状です。このことは、現在のハザードマップが読みにくかったり、利用しにくかったりすることも原因かもしれません。

洪水ハザードマップに関する全国調査結果（２０１２年国土交通省水管理・国土保全局）によれば、全国の市町村が作成した洪水ハザードマップの多くは縮尺１万分の１未満でした。縮尺１万分の１未満の地図では、家や建物を一軒一軒識別することは困難です。行政が作るハザードマップの多くは、家族や地域コミュニティで防災行動を考えるための地図としては縮尺が小さすぎます。また、行政が作るハザードマップには、学校や駅などごく少数の公共施設しか記されておらず、地図を見て位置関係を把握するのが容易ではありません。

これらのことを解決する一つの方法は、拡大コピーして見やすい縮尺にしたうえで、自宅やコンビニなど、自分なりのランドマークをハザードマップに書き加えることです。さらに、例えば豪雨時に危険になりそうな側溝の位置や、避難できそうな中層以上の建物の位置を書き加えると、自分や家族のための「マイ・ハザードマップ」として、使いやすくなります。こうした点を考慮に入れて、行政のハザードマップであっても、コンビニや危険箇所のマークをシールにしてハザードマップに添付したり、マイ・ハザードマップを描くスペースを設けたりする工夫をしたハザードマップも作られるようになりました。

地域コミュニティで防災行動を考えるための地図は、今述べたように大縮尺の地図が望ましいのですが、一方で、転居先のハザード情報を知りたいと思っている人にとっては、比較的小縮尺で広域を俯瞰できるハザードマップや、ほかの市町村のハザードマップを閲覧できることも必要です。近年は、ハザードマップをウェブ上で公開する自治体が増え、国土交通省ハザードマップポータルサイト（http://disaportal.gsi.go.jp/）で手軽に閲覧できるようになりました。

さらに、ハザードマップには、活用方法がわからないという問題もあります。洪水ハザードマップには、浸水想定域のほか、避難の仕方や地下鉄駅の浸水可能性など、様々な情報が記されています。これらの情報を活かす方法の一つが災害図上訓練（Disaster Imagination Game: DIG）です。これは、実際に災害が起きた場合を想定し、どのように行動すればよいかをハザードマップを利用して考える訓練です。例えば、「ある日の午後、集中豪雨で近くの川で洪水の恐れが生じた。そのとき父は都心の会社、母は自宅、子どもは塾にいた」というような具体的な場面を想定して、どのように行動すべきかを家族みんなで考えて、意見を出し合ってみます。こうすることによって、平面の地図から得られる情報が日頃の実体験と結びついて、災害時の行動をよりリアルに想定できるようになります。

以上みてきましたように、近年多くの市町村でハザードマップがつくられるようになってはいますが、行政が提供するハザードマップには、見にくい、使い方がわかりにくいという問題や、そもそも存在が知られていないという問題がありました。こうした問題を克服する一つの試みが、地域住民が、行政やＮＰＯの支援を受けて住民自らハザードマップを作成するという活動です。

「手作りハザードマップ」の試み

近年、ＮＰＯや教育・研究機関によって、地域コミュニティ向けの防災プログラムが次々と開発されています。そうした中、従来の防災訓練に加え、新たな防災プログラムに取り組む地域コミュニティが出てきています。ここで取り上げる「手作りハザードマップ」も、地域コミュニティ向けの新しい防災プログラムのひとつです。

手作りハザードマップとは、上述の「洪水ハザードマップ」のような、行政が作成するハザードマップとは異なり、住民の手によって作成されるハザードマップのことです。防災力向上の観点からすると、住民自らがハザードマップを作成する最大の意義は、地図作成の過程で、地域の環境をよく知ることができる点でしょう。かつては身近な地域において、災害時にどこにどのような危険があるのかは、土地利用や地形からある程度推測できるものでしたし、また、そうした知識は、地域社会の中で自然と共有されていたでしょう。しかし、高度経済成長期以降、土地の改変や宅地開発が進み、地域の景観は大きく変貌しました。そのため今日では、もともとの環境を想像することが難しい地域も少なくありません。さらに、職住分離やモータリゼーションが進んだことで、地域の環境に目をむける機会も減ってきています。そうした中、住民自らがハザードマップを作成することを通して、自分の住んでいる地域がどのような環境であり、また、災害時にどのような危険が潜んでいるのかについて体験的に知識を得ることは、防災力の向上に大きく寄与すると考えられます。

では手作りハザードマップはどのように作成されるのでしょうか。よくみられるのは、街歩きによって防災や災害に関わる情報を集め、それらの情報を地図に書き込むという方法です。ハザードマップを丁寧に作成しようとすると、住民だけで作り上げるのは容易ではないため、行政やＮＰＯが作成のサポートをしているケースも多くみられます。以下では、手作りハザードマップ作成支援の先進事例のひとつ、愛知県の「みずから守るプログラム」を例に、地図作りを具体的にみていこうと思います（手作りハザードマップについては、次の愛知県のホームページに詳しい情報が掲載されています。http://www.pref.aichi.jp/0000008848.html）。

「みずから守るプログラム」は、２００９年にスタートした、愛知県建設部河川課の水害に対するソフト対策事業です。このプログラムの背景には、２０００年に襲った東海豪雨を機に、ハード対策に偏重した水害対策が見直されたことがあります。「みずから守るプログラム」では、特に防災における地域コミュニティの役割に焦点があてられており、その中心事業のひとつが、「手作りハザードマップ作成支援事業」です。

手作りハザードマップ作成支援事業は、町内会など地域住民組織によるハザードマップの作成を支援する事業です。この事業に申し込んだ地域住民組織は、印刷費をはじめ、地図作成に必要な費用の補助を受けることができます。さらに、希望すれば、防災ＮＰＯに地図作成のファシリテート（参加者の意欲を引き出す上手な進行）を委託することができ、このＮＰＯへの委託費用の補助も受けることができます。特にファシリテーターへの委託費用に対する補助は、同事業の特筆すべき点といえます。というのも、手作りハザードマップを作成していく際、参加住民に対する事前の勉強会、街歩き、地図への書き込みといった一連の作業をリードする人が必要になります。こうしたファシリテーターには、防災や災害についての知識に加え、ワークショップなどを手際よく運営するスキルが求められます。繰り返しになりますが、手作りハザードマップは地図を作成する過程に大きな意味があります。そのためファシリテーターの役割はとても重要になります。

手作りハザードマップ作成支援事業では、次の三つのプロセスを通してハザードマップが作成されます。ここでは愛知県の取り組みを紹介しますが、類似したプロセスで手作りハザードマップを作成している事例は、この他にも多く存在しています。

最初のプロセスは、参加住民を対象とした勉強会です。ここでは、手作りハザードマップや防災に対する参加住民の理解が促されます。具体的には、ファシリテーターにより、手作りハザードマップを作成することの意義や、地図の作成手順の説明が行われるとともに、防災や災害に関する一般的な話題や、地域の環境について講義が行われます。市区町村の職員が話題を提供するケースもあります。

二つ目のプロセスは、参加住民による街歩きです。地図を作成する範囲が広い場合は、いくつかのグループに分かれて行われることもあります。ここでは、街を歩きながら、災害時に危険な場所や役立つ情報を見つけ出し、地図やノートに記録します。もちろん、防災に関わる情報の収集が目的ではありますが、歩いていると自ずと地域の様々な情報が飛び込んできます。こうした情報をもとに、地域の環境をみつめなおすことも重要になります。というのも、地域の情報はどのようなものであっても、多かれ少なかれ防災とどこかで関わるからです。例えば、「歩くと思ったよりもきつい坂だった」、「新しいアパートが建った」といったことに気がついたとしましょう。これらは直接防災と関係するものではないですが、避難経路の考案や、災害時にサポートが必要な人の有無の確認といった点で防災と間接的に関わってくる情報といえます。街歩きによる情報収集は、様々な立場の人が参加しているとより充実します。同じ街でも、大人か子どもか、男性か女性かによって、気になる情報が異なる場合があります。また、昔から住んでいる人が参加していれば、かつての土地利用と対比しながら地域をみることも可能になるかもしれません。街歩きは、気にかける機会が少なくなった地域の環境や特徴を再確認する時間であり、この時間自体が防災力の向上につながるものといえるでしょう。

最後のプロセスは、ハザードマップの作成です。ここでは、街歩きで収集した情報の地図化と参加住民間での共有化が目指されます。メインの作業は、都市計画図など大縮尺の地図に、参加住民が防災に関する情報や避難経路を書き込み、文字通り手作りのハザードマップを作成することです。顔を合わせながら作業をすることで、他の人がどのような情報を収集したのか聞くこともできます。ただし、地図化の際には、闇雲に情報を書き込んでいくと読みにくいものになってしまいます。そのため、例えば、より安全な避難経路の確認をテーマにするなど、地図の主題を明確にする工夫も時には必要となるでしょう。

以上の三つのプロセスを経て、手書きのハザードマップが出来上がります（図４・１）。ただし、手書きのままでは読みづらいので、後日、ファシリテーターによるパソコンでの清書を経て、手作りハザードマップは完成となります（図４・２）。

完成した地図は、各戸に配布したり、案内板に掲示したり、使い方は様々です。もちろん、行政の作成したハザードマップと同様に、古紙回収に回されるケースもあるでしょう。しかし、手作りハザ

図 **4.1**　参加者が作成した地図(筆者撮影).

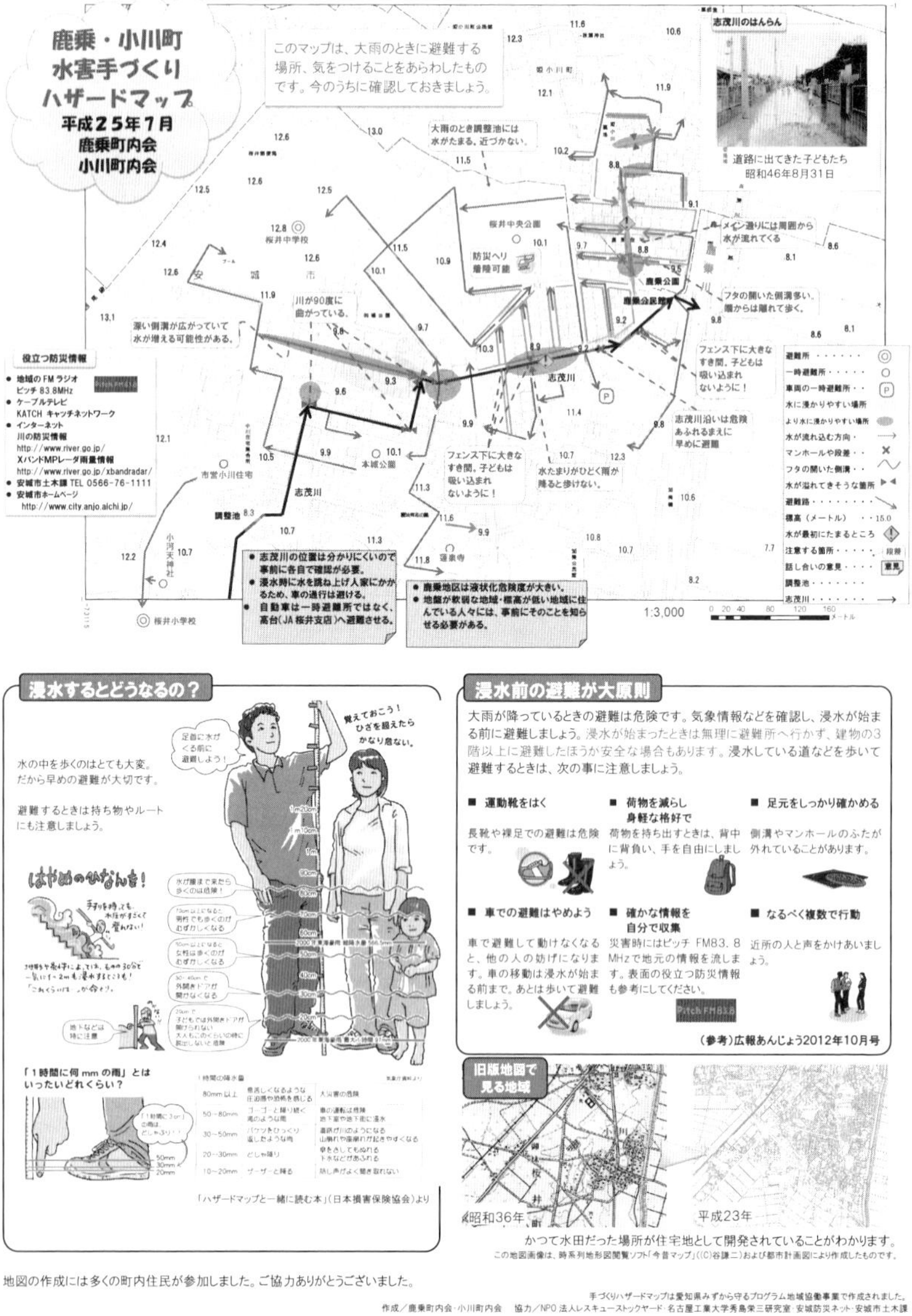

図 **4.2**　完成した手づくりハザードマップ.

ードマップは、一般のハザードマップよりも身近なスケールの地図であるため、気を引く情報をあわせて掲載するなど、工夫次第ではより読まれる地図になるポテンシャルを有しているのではないでしょうか。なお、「みずから守るプログラム」では、「大雨行動訓練」という、手作りハザードマップを使用した避難訓練の支援事業も展開しています。ここでも、防災ＮＰＯにファシリテーターを依頼することができます。このように実際に地図を活用する機会を作ることは、ハザードマップへの関心を高める有効な方法といえるでしょう。

手作りハザードマップの作成は、防災力を高める試みといえますが、いくつか課題も抱えています。ここでは課題を3点、指摘しておきたいと思います。

1点目は、ファシリテートの難しさです。手作りハザードマップは、作成過程に大きな意義がありますが、この過程の充実度は、ファシリテーターの力量に拠るところが大きいといえます。上述したように、ファシリテーターは、防災や災害に関する知識に加え、住民の主体性を尊重しつつ作業を適切に進めていくスキルが求められます。近年では、ＮＰＯなどに、災害現場での活動の経験や防災の専門知識とともに、ファシリテーター経験の豊富な人材の蓄積がみられるようになってきています。ファシリテーターの確保については、愛知県の事例のように、防災ＮＰＯとの連携がひとつの方法ですが、連携可能なＮＰＯが存在しない地域もあるでしょう。いずれにしても、まずはファシリテーターの役割をしっかりと認識しておくことが肝要ではないでしょうか。

2点目は、参加住民を幅広く募ることの難しさです。多くの場合、手作りハザードマップの作成主体は、町内会などの地域住民組織となっています。そのような場合、参加住民が、役員や班長といった役付きの住民や、地域活動に積極的な「いつもの」メンバーになりがちです。例えば、しばしば災害弱者とみなされる外国人にとって、防災知識の獲得はより重要と考えられますが、外国人が手作りハザードマップの作成に参加しているケースは稀です。また、ワンルーム・マンション居住者をはじめ、町内会に参加していない住民も増えてきています。こうした住民は、仮にその地域で手作りハザードマップを作成することになったとしても、その情報すら手に入らない可能性があります。加えて、町内会がしっかりとした地域であっても、町内会の枠からこぼれ落ちている人が確実にいることに注意が必要です。重要なのは、町内会で手作りハザードマップを作成したからといって、その地域で生活する人みながその成果を享受できているわけではないことを認識しておくことでしょう。同時に、小学校やサークル活動を巻き込むなど、町内会など地域住民組織のみに頼るかたちにならない方法も考えていく必要があるのではないでしょうか。

3点目は、更新の問題です。地域の環境は変化していくものです。例えば、「側溝に蓋がついた」、「新しく高い建物が建った」、「田んぼが宅地に変わった」といったことは珍しいことではありません。こうした変化は手作りハザードマップの内容と関わるため、そのような時は、地図を新しく作り直すことがベストですが、短期間のうちに繰り返し地図を作成し、再配布するのは金銭的にも時間的にも現実的ではありません。しかし、ハザードマップと現実とがあまりに乖離してしまうと、読み手の関心も薄れてしまいます。そうならないように、完成した手作りハザードマップに地域の変化を反映させる仕組みも考えていく必要があります。

Ｗｅｂ-ＧＩＳの利用

手作りハザードマップの作成をめぐっては、いくつかの課題があります。３点目については、ＧＩＳを使用することで克服する動きもあります。ここでは「ｅコミマップ」というWeb-GISを用いた取り組みを紹介したいと思います（独立行政法人防災科学技術研究所 http://ecom-plat.jp/ に詳しい情報が掲載されています）。

ｅコミマップとは独立行政法人防災科学技術研究所が開発し、提供しているオープンソースのウェブマッピングシステム（Web-GIS）です。ファシリテーターの力を借りつつ、ｅコミマップ上で手作りハザードマップを管理すれば、新たに入手した情報を地図上に追加したり、古くなった情報を更新したりといった作業がスムーズに実施できます。ｅコミマップは、操作のために特別なソフトウェアは不要で、インターネットに接続されたパソコンであれば利用可能です。慣れてくれば、ファシリテーターを介さず、住民が直接情報の追加・更新作業を行うこともできます。その他、インターネットを通じて、手作りハザードマップを住民同士や住民と行政の間で共有したり、既存のハザードマップを外部から取得し、手作りハザードマップに重ね合わせたりといったことも可能となります。逆に、外部には公開しないようにＩＤとパスワードによる閲覧制限の設定もできます。

実際にｅコミマップを手作りハザードマップに活用している例があります。図４・３は、名古屋市南区の星崎学区の住民が、ＮＰＯ法人ドゥチュウブのサポートのもとで、ｅコミマップを用いて独自に作成した手作りハザードマップです（星崎学区連絡協議会 http://community.dochubu.com/hoshizaki/）。地図作成の過程は、上述した手作りハザードマップ作成支援事業のケースと類似していますが、星崎学

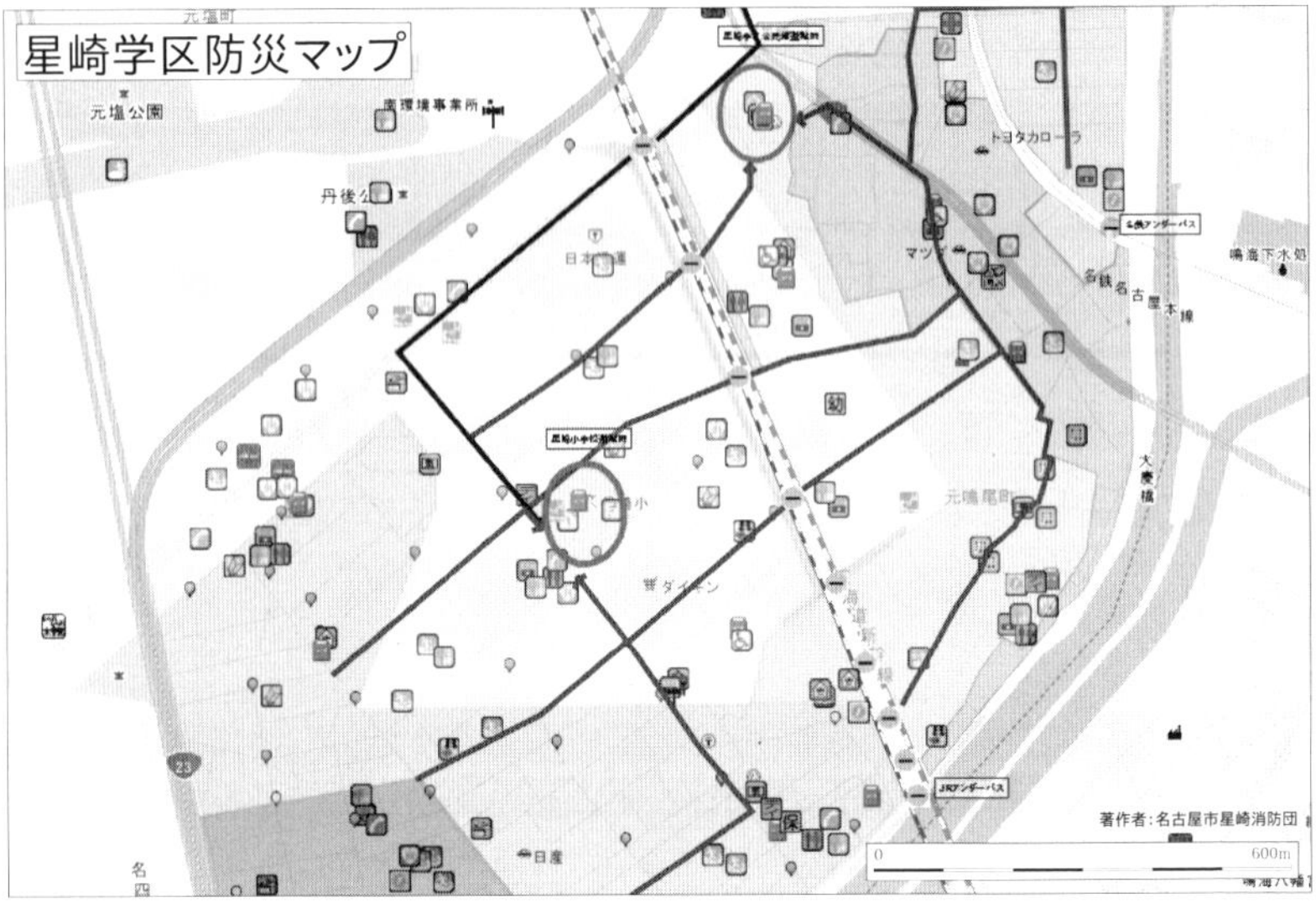

図 **4.3**　e コミマップを使用した手作りハザードマップ.

区の住民は、手書きのハザードマップを作成した後に、ファシリテーターから助言を得ながら、自らの手で、eコミマップを用いて地図の清書を行いました。その後も、住民により情報の更新が行われるとともに、新しい項目が適宜追加されています。

eコミマップを使った手作りハザードマップには、情報の追加・更新以外でもGISの長所が発揮されています。一般の紙地図だと情報が多すぎると読みにくくなるため、掲載できる情報は限られてしまいます。しかし、eコミマップでは、クリックひとつで画面上に表示する情報を取捨選択できるため、見やすさを心配して、掲載する情報を制限する必要がありません。そのため、より詳細な情報を載せることができます。例えば、星崎学区の地図では、災害時の危険場所として、「危険道路」、「危険箇所」、「水が最初にたまるところ」、「アンダーパス」といった項目を設けています。このように、危険な場所ひとつとっても、収集した情報をより詳細に分類して掲載することも可能になります。さらにこの地図は、マークのある場所にカーソルを合わせてクリックすると、具体的にどのような危険があるのか写真つきで示されるように工夫されています。

GISを使用することで、手作りハザードマップは、地域の防災情報を幅広く収集・統合・整理する媒体となる可能性を持ちます。こうした情報の蓄積は、防災に役立つとともに、説得力のあるデータに基づいて行政と議論することを可能にするので、様々な面で地域コミュニティの力になるでしょう。eコミマップのようなWeb-GISを地域で使いこなすには、まだNPOや行政による技術的サポートが必要ですが、今後の展開が注目される動きといえます。

以上、手作りハザードマップについてみてきましたが、再度、強調しておきたいのは、街を歩いて、地域の環境や特徴を体験的に知ることの重要性です。昨今、街歩きがブームになっていますが、まずは街を歩くことの楽しさに触れることからはじめてもよいのではないでしょうか。

外国人向けハザードマップ　近年、日本に在住する外国人の増加を受けて、外国人向けのハザードマップを作成する自治体が増えてきた。これは大いに歓迎すべきことではあるが、単に作っただけでほとんど活用されていないのが現状のようである。それには二つの原因がある。

第一は、多くの自治体で、日本語版をそのまま各国語に翻訳して外国語版としていることである。とくに地図面では、地名の一部が翻訳されているのみである。これでは、外国人にとって位置を把握するのは困難だと思われる。一般に行政のハザードマップには、ランドマークとして少数の公共施設しか記されておらず、日本語が不自由で地域に不慣れな外国人にとっては、ハザードマップの中に自宅の位置を見つけ出すことさえ難しい。

第二は、配布方法の問題である。多くの自治体で、ハザードマップの日本語版は全戸配布されるが、外国語版は市役所や国際交流協会などの窓口におかれ、希望者のみに手渡されるのが普通である。この方法だと、外国人にはほとんど行き渡らない。印刷した外国語版ハザードマップのほぼすべてが在庫のまま保管されているという自治体も珍しくない。

こうした問題点を克服する工夫について、かつて愛知県三好町（現、みよし市）が行った取り組みが参考になる。2007年に外国人向け防災マップを作成する際、まず町の広報紙を通じて日本人と外国人の作成ボランティアを募集した。そして、ボランティア9名が半年間に7回会合を開き、アイデアを出し合った。その結果、まず地図面に関しては、ランドマークとしてスーパーマーケットの位置を入れることにした。また、トヨタの工場や、外国人が多く居住する県営住宅、町営住宅の位置も記入した。これで、外国人にとって地図がずっと見やすくなった。

　ハザードマップの裏面には防災情報を載せたが、どのような防災情報を載せるべきかを、他の自治体のハザードマップなどをもとにボランティアで検討した。防災情報には、英語、ブラジル人向けのポルトガル語、中国語に加え、やさしい日本語を併記した。やさしい日本語を併記したのは、英語、ポルトガル語、中国語以外の言語を母語とする外国人もいるためである。また、日本語が併記されていれば、ハザードマップを使って、日本人と外国人がコミュニケーションをとりやすい。やさしい日本語については、日本語教師のボランティアに相談し、「かなが多いとかえってわかりにくい。修飾語が多いとわかりにくい」といった意見をハザードマップに反映した。ハザードマップの配布方法は、役場で新来者に配布したほか、外国人が多い企業、留学生のいる大学、県営住宅、保育所を通じて配布した。このように、行政が出す災害情報とボランティアやＮＰＯの活動を組み合わせることによって、外国人にも使いやすいハザードマップを作成・提供することができる。

　上記の第二の問題に関して、ハザードマップが外国人に行き渡らない背景として、かつては外国人が住民登録制度の適用外であったため、どこに外国人が居住しているかを自治体が把握していないということがあった。しかし、２０１２年に外国籍住民も住民基本台帳法の適用対象になり、役場が外国人の住所を把握できるようになった。したがって、工夫次第では、より多くの外国人にハザードマップを届けることができる可能性がある。

3　学校でハザードマップを教える

学校でのハザードマップの活用

本節では、主に学校教育におけるハザードマップの利用について考えたいと思います。近年、ハザードマップの利用を含め、学校での防災教育の充実を図る動きがみられます。特に最近の学習指導要領の改訂は、防災教育を後押しする内容になっています。地理関連の科目を例にとると、２００９年に改訂された高等学校学習指導要領における、地理Aの内容が注目されます。２章でも述べられているように、この改訂により地理Aには、「自然環境と防災」という防災を明示した項目が新設されました。さらに、同項目の内容の取り扱いに関して、「地形図やハザードマップなどの主題図の読図など、日常生活と結びついた地理的技能を身に付けさせるとともに、防災意識を高めるよう工夫すること」(文部科学省『高等学校学習指導要領解説』)と記されているように、ハザードマップも学習指導要領で言及されるようになりました。もう一方の地理Bでは、学習指導要領において防災を明示した項目は新設されませんでしたが、学習指導要領の解説の中での、防災や災害に関する記述が充実しています。また従来、学習指導要領において防災が言及されていた中学校社会の地理的分野においても、２００８年の改訂に伴い、学習指導要領の解説の中での、防災や災害に関する記述量が増加しています。さらに、２０１４年の学習指導要領解説の一部改訂により、中学校の地理的分野と、高校の地理A・Bの同解説における災害の記述がいっそう充実しました。

こうした変化は、教科書の防災やハザードマップに関する記述にも影響しています。高校の学習指導要領改訂前の高校教科書における災害の記述は、地形だけでなくボランティアや都市化などと関連づけられていました。その中でハザードマップは地図の利用などと結びつけて地理Aと地理B合わせて19の教科書のうち5教科書に記載されているにすぎませんでした。改訂後は特に地理Aで防災関連の記述が大幅に増え、「生活圏の諸課題の地理的考察」に関する編の中で約20ページ程度の章が設けられ、多くの事例をあげながら自然地理学をローカルなスケールで学べるように工夫されており、人間生活も関連づけられています。その中でハザードマップはすべての教科書で図版があり、一部の教科書ではコラムを設けて詳解されたり、地形図から災害と土地利用を考えさせたり、また、「生活圏の地理的な諸課題と地域調査」の中で身近な地域の災害を調査することが推奨されたりしています。中学教科書でも同様な傾向が見られ、改訂後はどの教科書にも「日本の様々な地域」を詳解する中でハザードマップが図版入りで紹介されています。昨今の防災教育の充実化の動きに伴い、地域ごとに異なる災害に対する授業が求められており、ハザードマップは各地域における災害リスクを示す主題図として授業で使用されるケースが増えていくのではないでしょうか。

これまでも地理をはじめ、いくつかの科目でハザードマップを使用した授業が行われており、教材開発も進んでいます。ここからは具体的な授業例に目を向けていきたいと思います。

ハザードマップに関する学校教育での取り組みを概観すると、大きく二つのタイプを見出すことができます。一つ目は地域の環境を理解するためにハザードマップを用いるもの、そして二つ目は地域の環境や防災に関する事柄を地図化するものです。

まず一つ目ですが、ハザードマップとともに、地形図などその他の地図を使用したり、フィールドワークを織り交ぜながら、地域の環境や防災に関する事柄や、災害のメカニズムなどを学んでいくタイプのものです。このタイプの例として、新潟県立新津工業高等学校の地理Aの授業を取り上げてみたいと思います。この授業は、地図学習と、水害を主とした防災学習とを組み合わせたもので、高校周辺を対象地域として行われました。具体的にみていくと、まず地形図の基礎を学び、その上で、川の周辺の地形と土地利用の読図を行います。さらに、旧版地形図（古い地形図、3章2節参照）も使用しながら、高校周辺の環境をより詳細に把握し、水害の危険性を理解していく構成となっています。その後、災害図上訓練（Disaster Imagination Game: DIG）や、図4・4に示したワークシートを使用しながら、ハザードマップの読図を行う防災学習へと展開していきます。

この授業は、はじめに地形図から水害の危険性を読み取り、それをハザードマップで再確認するかたちになっています。同じ一つ目のタイプでも逆の展開をしている授業もあります。例えば、千葉県のある高校の地理Aの授業は、液状化危険度マップの内容を、東日本大震災での実際の液状化被害の分布や、地形図や土地条件図を用いて検証するかたちで構成されています（千葉県教育庁教育進行部指導課『平成23・24年度高等学校教科研究員研究報告書（地歴）』）。

ハザードマップを使用してそれまでの学習内容を確認したり、ハザードマップの内容を検証したりと、ハザードマップの授業での用いられ方は様々です。授業でハザードマップを使用する際に留意が必要なのは、ハザードマップがあくまでハザードを表現した主題図のひとつに過ぎないということです。災害や防災への理解をより深めていくには、ハザードマップのみに頼るのではなく（ハザードマッ作業8　ハザードマップを利用して、通学路や自宅の付近の避難所を探そう。

（1）現在の地形図に、新津工業高校から自宅までの道筋を青で書き入れなさい。(自宅が地図の外にある場合は書けるところまで。電車通学の場合は高校～駅～使う路線をなぞる。)

（2）ハザードマップと自分の地図を見比べて、次のことを確認しなさい。

①自宅までの道筋は、何色の場所を通りますか。

新津工業高校→［　　］→［　　］→［　　］→［　　］→自宅（自宅方向）

②自宅までの道筋の近く、もしくは自宅付近にある避難所の番号を書きなさい

番号	避難所名	番号	避難所名	番号	避難所名

別紙を参考にして、番号を書いた避難所の名前を書き入れなさい。

災害（水害）が起きたときに気をつけることは・・・

①

②

③

「地形図に親しもう」の授業を受けての感想

図 **4.4**　ハザードマップの読図に使用されたワークシート．

プを用いることに必ずしも固執せず）、災害の種類に応じて適当な地図を組み合わせて使用することが求められます。その際、地形図は最も基礎的かつ有効な情報を提供する地図といえるでしょう。

地形図をはじめ、様々な地図とあわせてハザードマップを使用することは、地図リテラシーの涵養にも寄与すると考えられます。特に近年では、インターネットを通じ、多様な主題図、さらには高解像度の航空写真や衛星画像も容易に入手できるようになってきています。例えば、グーグル・アースやフリーのGISを使用して、ハザードマップを衛星画像と重ね合わせて理解する方法も提案されています（伊藤智章「ハザードマップの教材化（いとちりの防災教育にGIS（2））」地理月報）。比較的容易に使用できるGISも普及するようになっており、防災教育と地理情報教育との連携もまた期待されます。

二つ目は、フィールドワークや様々な資料を活用し、児童や生徒が自ら防災に関わる情報を集め、防災に関する地図を作成するタイプのものです。これは、2節で詳述した「手作りハザードマップ」と類似したものになります。このタイプは、小学生でも比較的取り組みやすいものであり、学校種を問わず普及しています。ただし、小学生など、地域調査のスキルが十分に備わっていない段階では、防災に関わる情報を首尾よく集めることが容易ではないため、予め調べる項目を絞り込む工夫も必要となるでしょう。例えば、小学校5・6年生の「総合的な学習の時間」において、地震と水害に関する手作りハザードマップを作成した愛知県春日井市の神領《じんりょう》小学校では、図4・5のようなチェックリストを用い、街歩きの中で集めてくる情報を限定しています。

こうした地図作成もまた、授業の展開によっては様々な教育効果が生み出されます。上述の神領小学校では、NPO法人ドゥチュウブのサポートのもと、収集した情報の地図化作業を、ウェブマッピ

チェックカード (地震・水害)

担当　エリア　　　　名前

シール番号	選んだ理由	写真番号
①	(　　) 水害時に逃げ込めそうな3階以上の高いビルなど (　　) 地震時に安全が確保できそうな広場など その他 (　　　　　　　　　　　　　　　)	
②	(　　) 水害時に逃げ込めそうな高いビルなど (　　) 地震時に安全が確保できそうな広場 その他 (　　　　　　　　　　　　　　　)	
③	(　　) 水害時に逃げ込めそうな高いビルなど (　　) 地震時に安全が確保できそうな広場 その他 (　　　　　　　　　　　　　　　)	
④	(　　) 水害時に逃げ込めそうな高いビルなど (　　) 地震時に安全が確保できそうな広場 その他 (　　　　　　　　　　　　　　　)	
⑤	(　　) 水害時に逃げ込めそうな高いビルなど (　　) 地震時に安全が確保できそうな広場 その他 (　　　　　　　　　　　　　　　)	

(書き方)
- あてはまるものがあれば、(　　) に○をつけてください。
  あてはまるものがなければ、その他に文で書いてください。
- セキュリティロックなどがあり、住民以外が自由に出入りできないマンションなどは、選ばないでください。
- 写真は、場所が分かるように撮ってください。人の顔、表札、家の中などを撮影しないように注意しましょう。
- 写真番号は、撮った順に①②…と記してください。

記録用紙 (地震・水害)

担当　エリア　　　　名前

自分のエリア以外で 選んだ場所があれば、記録してください。

早く調査が終わったら、 自分のエリア以外での災害時に避難の仕方について話し合い、 おおまかな意見を、記録してください。
(例)・水害がおきたら、逃げこむ場所がない。ふだんから天気予報に注意し、大雨には気をつけるよう心がけたい。

図 **4.5**　調査項目のチェックリスト.

ングシステム（Web-GIS）eコミマップを用いて行っており、地理情報教育の側面も有しています。また、宮城県のある小学校の、「総合的な学習の時間」を用いた地震を想定した防災マップ作りの授業では、防災マップの作成と同時に、地図、統計、聞き取りなどによる地域特性の理解や、地震被害が生じるメカニズムの習得が図られています（村山良之「地域の特性をふまえた防災ワークショップの実践」、今村文彦編『防災教育の展開』東信堂）。さらに、作成した地図をもとに、災害図上訓練を実施している授業例もあります。

一方、高校生くらいになると、小学生と異なり単独での地域調査も十分可能です。例えば、各生徒が災害や防災に関する事象を写真に収め、簡潔なレポートを作成するとともに、各自の撮影地点を、災害や防災に関する事象を色塗りした地形図に示し、壁に張り出すという興味深い授業例もあります（佐藤修子「四つのフォト報告」新潟地理フォーラム）。この取り組みはもともと地形図の使用やフィールドワークの機会を増やすことをねらって実践されたものです。一つ目のタイプと同様に、地図作成もまた防災教育に留まらない展開がみられます。

ここでは、簡単にではありますが、ハザードマップを使用した授業例をみてきました。冒頭でも述べたように、防災教育の充実が図られる中、今後、学校教育においてハザードマップが使用される機会は増えていくと考えられます。学校の外にも眼を向けると、ハザードマップを使用した、一般向けの防災啓発のノウハウは豊富に蓄積されています。また、阪神・淡路大震災以降、災害や防災に関する高度な知識や豊富な経験を有したＮＰＯやボランティア団体が増えてきています。こうした団体やノウハウが、学校教育と重層的に結びついていくことで、ハザードマップや地図作成を基点とした防災教育の新たな展開が期待されます。

その一方で、学校教育におけるハザードマップの使用に際しては課題も存在します。中でも大きな課題として、授業時間の確保が挙げられます。特に地理や社会といった教科教育においては、限られた時間内に教科書の内容をまんべんなく取り扱う必要があり、防災に十分な時間を割くことは容易ではありません。とりわけ手作りハザードマップのように、ワークショップ形式となると、ある程度まとまった時間が必要となります。そのため、「総合的な学習の時間」を利用しているケースが多いのですが、こうした時間もまた防災教育のためだけに設けられているものではありません。そのような中、ハザードマップは、防災のみならず、地域調べや地図学習、さらには地誌教育において活用していくことも考えられるでしょう。

また、ハザードマップでリスクが高いと示された地域に住んでいる児童や生徒への配慮という課題もあります。そのような地域は、住んではいけない地域でもないし、住みづらい地域であるとも限りません。あくまで、特定の災害に対してリスクが高いと想定されたに過ぎないのです。重要なのは、居住地をはじめ、自分と関わりのある場所にどのようなリスクがあるのか理解することです。地域に対する安易なレッテル貼りになることを避けるためには、ハザードマップの学習の前提として、地域を多面的に捉えるといった、地理の基礎的な力を涵養することが求められるのではないでしょうか。

地域を捉える力

ここまで、学校でのハザードマップの使用について述べてきましたが、そもそもなぜ防災教育が重要視されるようになっているのでしょうか。理由のひとつに、２節でも述べましたように、以前より災害が見えにくくなったことが挙げられるでしょう。従来、土地利用は自然条件とより結びついていたため、災害のリスクは景観からある程度読み取れるものでした。しかし、アスファルトやコンクリートに覆われた景観から、災害のリスクを読み取るのは容易ではありません。日常生活と災害との乖離が進んだことで、しっかりと防災を学ぶ必要が生じてきたといえます。

その際、ハザードマップは、防災を学ぶ有効なツールになるでしょう。ここでは、こうした学びを充実したものにするには、地図のリテラシーや、地域を多面的に捉えるといった、地理の基礎を習得することが大切であることを確認したいと思います。

ひとくちにハザードマップといっても、想像力の働かせ方によって、引き出される情報は大きく異なってきます。文章が順序立てて事象を伝える有用なツールであるのに対して、地図は空間情報を伝達するのに有用なツールです。文章から情報を引き出すには、文章を的確に読み取るとともに、文章には表されていない行間を読み取っていく必要があります。地図も同様で、ハザードマップから情報を引き出すには、地図を的確に読み取るとともに、地図を通して想像を膨らませていく必要があります。地図を的確に読み取るには、縮尺や方位記号の意味など、地図の基礎的リテラシーが求められます。一方で、想像を膨らませるには、地域を様々な角度から捉える力が必要になってくるでしょう。この点については、次のような例を通して考えてみたいと思います。

洪水ハザードマップにおいて、「浸水深2・0メートル以上、5・0メートル未満」の浸水が予想されている地域があるとします。例えば、建築形態に着目すれば、戸建て住宅が卓越している地域なのか、マンションが林立している地域なのかで、災害の性格や災害時の対応は大きく異なってきます。また、人口に着目すれば、子育て世代の割合の高い地域なのか、高齢者の割合の高い地域なのかでは、避難時に必要なサポートは異なってくるでしょう。さらに、同じ地域でも昼夜で性格が異なることがあります。今日、住む場所と働く場所とが大きく隔たれていることは珍しくありません。その結果、多くの地域において、昼夜間で人口差が生じています。例えば、住宅が卓越している地域では夜間人口が、オフィスや工場の多い地域では昼間人口が多くなります。住商工が混在している地域では複雑です。数字上は昼間人口と夜間人口とが拮抗していたとしても、その地域に住んでいる人が地域内で働いているとは限りません。こうした昼夜間人口の量的、質的差異もまた、災害時の対応に影響するものでしょう。

このような読図の観点はハザードマップには指示されていません。そもそものような観点は無数にあるものなので、載せるときりがありません。ハザードマップをいかに読むかは、読む側がいかに地域を様々な角度から捉えられるかにかかっているといえるでしょう。

ところで、本項の冒頭において、今日では景観から災害のリスクを読み取ることが難しくなっていると述べましたが、よく見ると、アスファルトやコンクリートに覆われた景観の中にも、災害の痕跡やもともとの環境を表す手がかりが多く存在します。例えば、これらを読み取る術は、地域を捉える際の重要な視角のひとつになります。地理学の観点からすると、自然災害と地理学には二つの関係があります。ひとつは現在目にする地形が、火山噴火、地震による地殻変動、洪水や土砂災害による土地の侵食や堆積といった災害になりうる自然現象の積み重ねによって形成され、今後も同様な営みが継続するという関係で、これは地形がわかれば災害の発生源を知ることができることを意味します。もうひとつは、現在の地形やその成り立ちが災害をもたらす自然現象に影響を及ぼすという関係です。これはリアス式海岸や半島部で津波が高くなることや、旧河道などの軟弱地盤で地震の被害が大きくなることを指し、地形から災害の危険度を知ることができるということを意味します。どちらの関係においても、災害の自然的要因は地理学的要素と密接な関係があることを意味します。したがって、地形や環境の成り立ちを探る地理学的知識はそこで起こりうる災害をイメージすることを可能とし、ハザードマップを深く読み取ることへとつながります。

現実には、都市域の宅地化、大規模な農地改良、大規模なリゾート開発といった人工的な改変によって地理学的な作用の痕跡は、しばしば消えてしまっています。しかし、改変される前の自然の地形やそこに住む人々の土地利用が示されている旧版地形図や終戦後に米軍や国土地理院によって撮影された航空写真を利用することで、もともとの地形が見えてきます。また、地形条件が示されている土地条件図を用いることで、土地利用や開発と地形との関係を知ることができます。これらから得られる情報をもとに、地域の景観を見渡すと、改変され住宅地に埋もれてしまった坂と地形の境界となる崖との関係やコンクリートで蓋をされてしまった川などを発見することも可能になります。これらとハザードマップを比較することで、ハザードマップで表現されていることの意味をより深く探ることができるでしょう。

最後に学校教育に話を戻しますと、ハザードマップを有効活用していくには、こうした地域を捉える視角といった地理の基礎を学校でしっかりと涵養することが重要だと考えます。その際、地域の自然環境や人文・社会的背景とともに、さらに自然現象と人文・社会現象との相互作用に目を向ける教育も大切でしょう。例えば、上述の地形を単なる自然現象として捉えるのではなく、それぞれの地域の自然環境を人類がどのように活用してきたのか、文化や社会の成り立ちまで含めて考えると、現在の土地利用のあり方が適正なのかをはじめ、ハザードマップや身近な景観は多くのことを訴えかけるようになるでしょう。ただし、自然環境や社会・文化の成り立ちは地域ごとに多様であるため、画一的なマニュアルはなく、実際の地域の捉え方や地域を捉える能力の育成は、教える側に委ねられてしまう部分が大きくなってしまいます。しかし、近年、地理を教えられる教員の不足の声も聞かれます（例えば、文部科学省「社会・地理歴史・公民専門部会に係る意見について」http://www.mext.go.jp/b_menu/shingi/chukyo/chukyo3/020/siryo/04110901/004/009.htm）。そうした中、地理の本質をしっかりと教授できる教員の養成もまた重要な課題でしょう。

4　3Dグラフィクスや GISを活用する

地形を3Dで見る

これまで紹介のあった各種ハザードマップが実際に力を発揮する条件として、筆者は①自身の暮らす土地の地形とその生い立ちを3D空間のなかで俯瞰して読み解く視点、②それを現場でリアルな身体感覚に落とし込む「体感」、の両者が欠かせないと考えています。

①は箱庭の中の人形になった自分自身を箱庭の外から眺めるようなイメージ、そして②は箱庭に飛

び込んで（すなわち現場に入って）「腑に落ちる」という感覚と言い換えてもよいかもしれません。

例えば図4・6は、気仙沼市波路上《はじかみ》付近における、2011年東北地方太平洋沖地震に伴う津波の遡上範囲を示したマップと鳥瞰図です。いずれも地形に加えて建築物や道路などを表現していますが、とくに鳥瞰図をみると、津波がどこを乗り越えどこで内陸奥まで遡上したか、あるいは集落の位置と浸水域との関係はどうか、また適切な避難経路はどこかなどを直感的に理解することができます。

そして図4・7は、図4・6中の地点Xから海の方を望む1枚のスナップ写真です。見方によっては平凡な、日常のありふれた風景に過ぎないかもしれません。しかし、今回の津波によって地点X付近は背丈を越える高さまで浸水しました。地点Xに降り立ったとき、この事実をどのくらいリアルに感じられるでしょうか。

これら「俯瞰」「体感」は表裏一体であり、地形と津波の関係、また集落や道路網の立地条件をリアリティをもってイメージする際に欠かせないでしょう。今回の津波遡上の検証や今後の防災計画策定、あるいはＤＩＧ（災害図上訓練）などに役立つことも期待されます。津波にとどまらず、地震など他の種類の災害を読み解く際にも不可欠です。

こうした問題意識を背景とする本節のキーワードは「３Ｄ」です。ハザードマップを正しく読み解くため、地形を３Ｄで読み解くスキルや、過去に遡って当時の地形を知る方法、またＧＩＳ（地理情報システム）の活用に言及します。

地形を３Ｄで読み解くスキルとしては、航空写真の実体視判読やＤＥＭ（数値標高モデル）の活用が挙げられます。前者についてまず紹介しましょう。

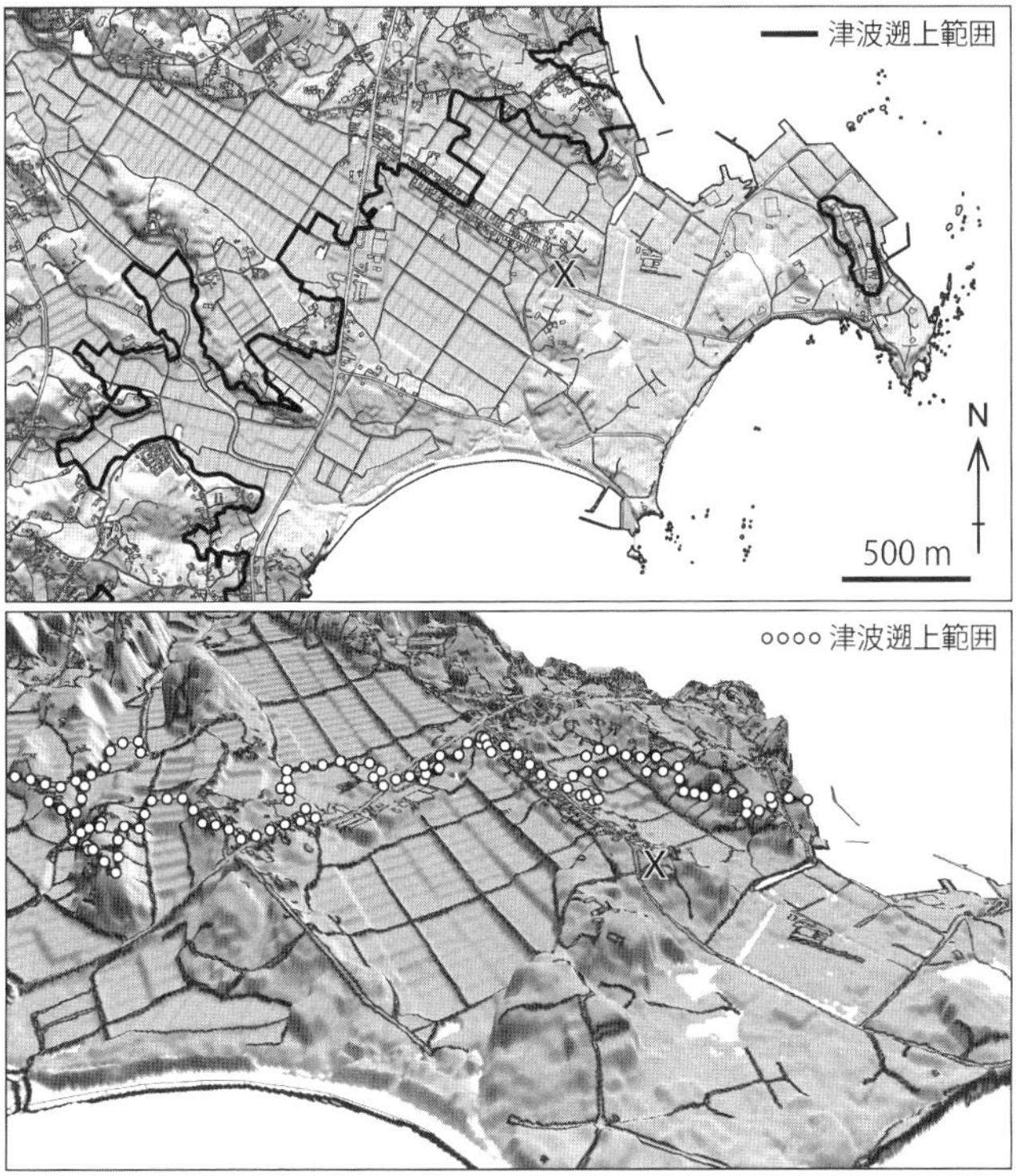

図4・6 気仙沼市波路上付近における、2011年東北地方太平洋沖地震に伴う津波の遡上範囲を示したマップと鳥瞰図。基図は国土地理院の基盤地図情報を用いて作成した。津波遡上範囲は日本地理学会災害対応本部津波被災マップ作成チームによる。

図4.7 図4.6中の地点Xから南東方を望む(2012年10月16日筆者撮影).

航空写真の実体視判読に役立つソフトウェアには、Esri社ArcGISやAdobe社Photoshopなど有償の専門的ソフトウェアもありますが、ここでは無償で入手でき使い方もシンプルな「ステレオフォトメーカー」（むっちゃん・tomo・Aiくん）を紹介します。

このソフトウェアは、ダウンロードすればインストール作業なしにそのまま起動できます。他に必要な材料は2枚の写真（同じ対象を異なる角度から撮影したもの）の電子ファイルのみで、とても手軽に扱えるソフトウェアです。航空写真であれば、国土地理院ホームページから高解像度のものが無償で入手できます。ふだん撮影するスナップ写真についても、同じ対象を異なる角度から撮影しておけば（1枚撮影した後、少し横に移動して撮影する）、同じように立体像を得ることができます。

「ステレオフォトメーカー」は使い方も簡単です。「ファイル」から「左右の画像を開く」を選択し、実体視に用いる二つの写真ファイルを左側の画像、右側の画像の順に選択すると、図4・8のように実体視ペアがすぐに表示されます。キーボードの上下左右キーで写真の表示位置を調整でき、「表示」の「左右画像の入れ替え」をクリックすれば左右が入れ替わります。そのため平行法（左目で左側の画像を、右目で右側の画像を見る）と交差法（平行法の逆）のいずれでも実体視できます。また、「ステレオ形式」からアナグリフを選び、「調整」の「簡単位置調整」で重なり具合を設定することで、赤青メガネで実体視可能となります。実体視ペアおよびアナグリフの作成は、以上の簡単な作業によって短時間で行うことができます。

なお、実体視については、慣れる（＝頭の中で立体的な像を得る）までにやや時間がかかることもありますが、例えば「浮き出すアニメ」と原理は一緒です。画像の表示位置を調整しながら焦らず何度か

図 **4.8** 「ステレオフォトメーカー」による航空写真実体視ペアの表示例．航空写真は国土地理院による(KT638X-C2-2, 3)．少し練習が必要だが，右目で右写真，左目で左写真を見ると地形が立体的に浮き上がって見える．

チャレンジすれば、いずれ実体視できるようになるでしょう。アナグリフはその点馴染みがよいかもしれません。赤青メガネも安価で入手できますし（多数同時購入で割引になる店舗やオンラインショップもあります）、プロジェクターでスクリーンに映して大人数で同時に検討できるメリットも注目されます。図４・８は伊豆大島、元町付近です。２０１３年10月に土砂災害が発生した地域が含まれています。そして図４・９はこの地域のマップと鳥瞰図です。Ａ～Ａ′に沿う地形断面図も示しています。図４・９をみると、斜面崩壊に起因する土石流が、図４・９中の地点Ｘ付近より山側（東側）においては崩壊範囲や地形勾配などの影響で一面にひろがったこと（図４・10）、また下流側（西側）においては相対的な低所、すなわち主に大金沢や八重沢などに沿って流下したこと（図４・11）がわかります（３章４節のコラムを参照）。こうした土石流の流れ方は、図４・８を実体視して地形を３次元的に読み解くことによって理解することができます。

図４・６や図４・９の作成にはＤＥＭも使用していました。次項ではこうしたＤＥＭの作成や活用についても紹介していきます。

地形を測る

ハザードを定量的に評価するためには、例えばその場所の標高など、地形を測る必要があります。ここでは、その地形を測る方法について紹介します。

「地形を測る」というと、メジャーなどを地面にあてたり、三脚に据え付けた望遠鏡のような機器をのぞき込んで測量している光景を思い浮かべるかもしれません。もちろん、地形を知りたい場所ま

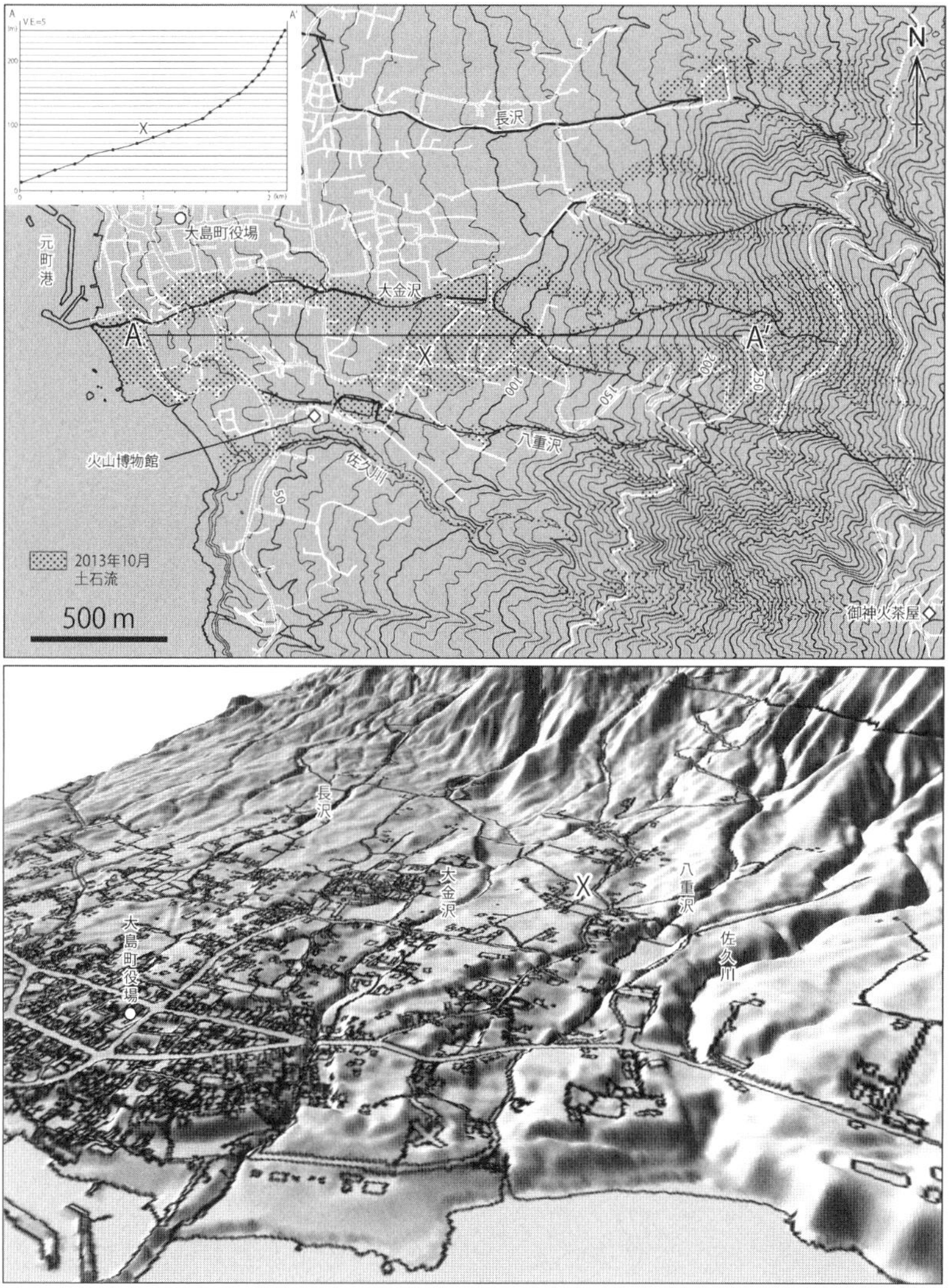

図 **4.9** 伊豆大島，元町付近のマップと鳥瞰図．基図は国土地理院の基盤地図情報を用いて作成した．上図の等高線間隔は 10 m．土石流の範囲は国土地理院による．

図 4.10　図 4.9 中の地点 X から東方を望む(2014 年 9 月 3 日筆者撮影).

図 4.11　図 4.9 中の地点 X やや北西より，西方の大金沢下流部を望む(2014 年 9 月 3 日筆者撮影).

で出かけていって、直接的に測量するのも地形計測の重要な手段のひとつです。しかし、少し考えるだけで、これがいかに時間と労力を要するものであるか、そして、直接的な地形測量によって地形図を作成するのがいかに大変であるか、容易に想像できます。

地形図は航空写真から作成されるのが主流です。航空写真測量といいます。航空機から精密なカメラで地上を撮影し、その写真を写真測量用の特殊な器械で解析することによって、撮影時の地形を室内でミニチュアとして再現するかのようにして計測できるのです。これにより、広範囲を効率的に、均質かつ高精度に計測することができます。原理は人が両目で奥行きを感じるのと同じです。目の前にある物体を右目と左目でみると、見え方がわずかに異なります（これを視差といいます）。視差は手前にあるものほど大きくなるので、視差の大きさを測ることによって奥行きを計測できます。先に紹介した実体視判読もこの視差を活用しているわけですが、これと同じことを写真測量でも行っています。すなわち、巨人になって上空から地上を見下ろすつもりで、右目と左目に相当する航空写真を撮影し、視差を計測することで標高を計測できます。航空機に搭載するカメラは、現在ではデジタル化が進んでいますが、かつては約23センチメートル四方のフィルムが使用されていました。また、航空写真の解析機器もかつてはアナログの、車の大きさほどもある器械だったものが、現在はデジタル化されており、一般的なコンピュータでも動作するソフトウェアとなっています。

近年、地形を計測する画期的な手法が開発され、実用化されています。航空レーザ測量（LiDAR: Light Detection and Ranging、ライダー）と呼ばれる技術で、上空からレーザ光を地上に照射し、反射光が返ってくるまでの時間を計測することで、地形を計測できます。計測された成果（DEM）は、国土地理院のホームページから「基盤地図情報（数値標高モデル）」という名称でダウンロードすることができます。

これらの「航空写真測量」と「航空レーザ測量」は、それぞれどのくらいの精度で地形を計測できるのでしょうか。航空写真測量は撮影縮尺にもよりますが、一般的な1万分の1縮尺の場合、20～30センチメートル程度の誤差で標高を計測することができます。また、航空レーザ測量については、国土地理院のホームページによれば、計測精度は概ねプラスマイナス15センチメートルとされています。

ここまで、航空写真測量や航空レーザ測量について説明してきましたが、航空写真測量は高い専門技術と1台数百万円という非常に高額な専用ソフトウェアの使用が前提であり、一般に扱えるものではありません。しかし近年、コンピュータ画像処理の高速化によって、簡易な操作で写真から地形モデルを作成できるソフトウェアが開発され、普及し始めています。このようなソフトウェアは現時点でいくつか存在しますが、ここでは「Photo Scan Pro」を紹介します。このソフトウェアは従来の大変高価な写真測量用ソフトウェアの性能に迫る能力を持っていて、なおかつ写真測量の技術を身につけていない人でも直感的に操作できます。航空写真測量では通常、厳密な設定（例えば、カメラレンズの焦点距離や歪み、撮影時のカメラ姿勢など）をしなくてはなりません。しかし、その手順を踏むことなく、航空写真を入力することでほぼ自動で地形モデルを作成できます。このようなことができるようになった背景には、画像マッチングというコンピュータ画像処理技術が高速化・高精度化したことがあります。画像マッチングは、二つ以上の画像に写っている同じものを抽出して、画像上での位置を特定する技術です。これにより、前述の視差を自動で計測することができるので、標高を測ることができるのです。作成された地形モデルを使えば、自由に鳥瞰図を作成できます。その例を図４・12に示しました。この地形モデル作成は、僅か数時間で可能です。

基盤地図情報（数値標高モデル）　国土地理院のホームページからダウンロードすることができる「基盤地図情報（数値標高モデル）」のデータには5メートルメッシュDEMと10メートルメッシュDEMの2種類がある。5メートルメッシュDEMは主に航空レーザ測量により計測されたものであるが、10メートルメッシュDEMは主に既存の2万5千分の1地形図の等高線から作成されており、作成方法が根本から異なるため、精度もまったく異なることに注意が必要である。地形図を介して作成されたDEMは地形図作成時に生じる誤差をそのまま継承している。2万5千分の1地形図には図上0.7ミリメートル、すなわち現地では17.5メートルの誤差が、標高は等高線間隔の2分の1、すなわち5メートルの誤差が許容されている。さらに、記号や地名などで等高線の一部を隠す処理がされている場合があり、このような場所では標高の情報が失われてしまっている。

昔の地形を見る・測る

過去の地形を計測することは、ハザードマップを作る際に非常に重要です。例えば、丘陵地の宅地造成地における地盤災害を考える際には、造成される前の地形を正確に計測する必要があります。2011年東北地方太平洋沖地震時には、仙台市の丘陵部における造成宅地で多くの建物被害が生じました（3章3節のコラムを参照）。建物被害の発生箇所は、ほとんどが盛土部と切盛境界部に集中したことも明らかにされました。したがって、丘陵地で大規模な宅地造成が行われている場所において切盛分布図を作成し、切盛境界線を把握することが重要です。

切盛分布図は、造成後の現在の地形（現地形）と造成前の地形（旧地形）とを差し引きすることにより作成できます。国土地理院はその手順をまとめた『人工改変地形データ抽出のための手順書』（以下、手順書）を公表しており、この手順書に従い作業を行うことで、大規模な切土盛土が行われた可能性がある場所をピックアップすることができます。手順書では旧地形を計測する方法として、二つの手法が提示されています。昔の航空写真を用いた写真測量による地形計測と、昔の地形図から地形を復元する手法です。

昔の航空写真を使って写真測量をする場合、いくつかクリアしなくてはならない問題があります。航空写真測量では、地表を正確に計測するために、３次元座標（緯度・経度・標高）が既知の地点を対象地域にバランスよく配置する必要があります。この座標が既知の点を地上基準点（GCP: Ground Control Point）といい、通常はＧＰＳ測量などにより現地で測量します。しかし、昔の航空写真を使用する場合、地形改変などにより、撮影時の状況が保存されていない（現在は消失している）ことが少なくありません。昔から変化していない地点を選び、かつ平面的にバランスよく配置する必要があります。

昔の地形図から旧地形を計測する場合、手順書では、できるだけ良い精度を保持した計測が行われるよう、大縮尺の地形図を優先的に使用するよう記されています。大縮尺の地形図は従来は平板測量によるものが主流でしたが、１９５０年代の３千分の１地形図からは航空写真測量が本格的に導入されはじめました。この航空写真測量は、１９５２年の講和条約発効により、戦後初めて日本人による飛行と航空写真撮影が可能となって実現したもので、資料としての価値も高いものです。3千分の1地形図の整備範囲は都市域とその周辺に限られていますが、日本各地で大規模造成が行われる前の旧地形を知ることができるため、きわめて貴重な資料です。地形の情報を抽出するためには、地形図中の等高線と独立標高点をデジタイズします。そして、メッシュ化してDEMを作成します。

これで旧地形のDEMを用意できました。現在のDEMには「基盤地図情報（数値標高モデル）」を利用できます。これらを差し引きすれば、切盛分布図を作成できます。次に、切盛分布図の作成事例を紹介します。造成前のデータとして使用したのは、1940年代に米軍により全国的に撮影された航空写真（米軍写真）と、1950年代の3千分の1地形図です。造成後のデータには、基盤地図情報（数値標高モデル）の5メートルメッシュのDEMを使用しました。図4・13は同一の場所の航空写真・地形図です。Aが米軍写真、Bが1950年代の3千分1地形図、Cが1965年に撮影された航空写真です。BとCの間に造成が行われたことがわかります。また、図4・14は図4・13と同じ範囲の造成前後の地形変化を、鳥瞰図で表したものです。造成前の地形データは、米軍写真の写真測量により作成しました。尾根を削り、谷を埋めることによって宅地造成が行われたことがわかります。

さらに、現地形と旧地形のDEMを差し引きして切盛分布図を作成します。図4・15は現地形の5メートルメッシュDEMから米軍写真によるDEMを差し引いた結果を、造成後に撮影された航空写真に重ね合わせたものです。盛土地において色の濃さは盛土の量を示しています。尾根を削って谷を埋めて、平坦に整地している様子がわかります。このように、正確に地形を計測することは、その場所がどのような地形改変の上に成り立っているかを理解し、災害のリスクをより具体的に想像したり

図 **4. 12**　Photo Scan Pro で作成した DEM の鳥瞰図の例(宮城県女川町，2008 年撮影航空写真から作成)．僅か数時間で作成可能である．

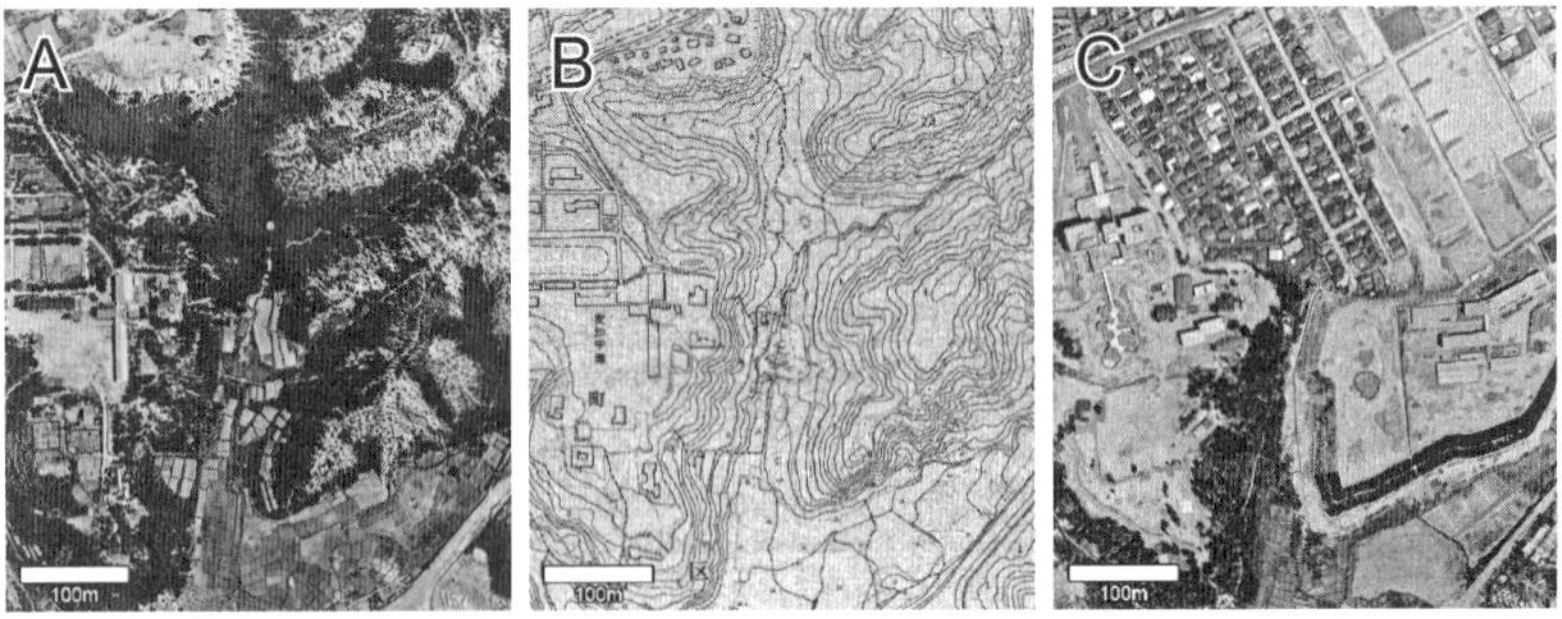

図 **4. 13**　同一の場所の造成前後の比較．1949 年撮影米軍航空写真(A)，1956 年に作成された 3 千分の 1 地形図(B)，1965 年撮影航空写真(C)．B と C の間で造成が行われたことがわかる．

図 **4.14**　同一場所の造成前(左)と造成後(右)の鳥瞰図(高さは 3.5 倍に強調). 使用写真と地形データは, 造成前が米軍写真とその写真測量による DEM, 造成後は 1965 年航空写真と航空レーザ測量により作成された DEM. 尾根を削って谷を埋めて整地した様子がわかる.

図 **4.15**　図 4.13 で示した範囲の切盛分布図の例. 尾根を削り谷を埋めて造成した結果, 宅地の中に切盛りの境界があることがわかる. 盛土地のうちグレーが濃い場所で盛土が厚い.

予測することにつながります。さらにＧＩＳを高度に活用してリスク理解を深めることができる事例を紹介します。

リスク理解に役立つＧＩＳ

地域のハザード理解にＧＩＳが活用できることは先に紹介しました。ここでは、ＧＩＳを用いたハザード情報の活用が、ハザードによるリスク理解、リスクへの対策立案、さらには、対策の効果や課題抽出に役立つことを実際の分析事例を通じて紹介します。なお、ここで取り上げる分析事例では、有償のＧＩＳソフトウェアであるEsri社のArcGIS、および研究者による利用を想定しArcGISのアドインツールとして実装されているＳＡＮＥＴ（http://sanet.csis.u-tokyo.ac.jp/index_jp.html）を用いています。

まず紹介するのは、ＧＩＳによる地理情報の重ね合わせ分析と空間検索の事例です。ＧＩＳを用いて、ハザード情報に様々な地理情報を重ね合わせることで、予測されるハザードに対してどのようなリスクがあるのかをより容易にかつ詳細に検討することができます。例えば、図４・16はハザード情報（津波浸水深）と幼稚園・保育所の立地地点情報を重ね合わせたものです。移動速度が遅く、１人では避難できない幼児たちを引率して避難しなければならないというリスクの高い施設がどこに分布しているのかを一目で把握できます。また、想定される浸水深ごとにデータを作成した上で、空間的な位置関係に基づく空間検索を実施すれば、浸水深ごとに施設を抽出することが可能となり、リスクの有無に加えてリスクの程度も併せて把握できます。

以上のような複数の地理情報の重ね合わせは、紙媒体であっても可能ではあるものの、紙媒体では修正・更新の問題や、様々な地理情報を掲載すると煩雑になりわかりにくくなるという問題がありま す。ＧＩＳでは重ね合わせた地理情報の表示のオンオフをいつでも切り替えることができるため、必要なときにのみ該当する地理情報を重ね合わせることができます。この点もハザード情報を通じたリスク理解をＧＩＳによって行う大きなメリットといえます。

次に、ＧＩＳの距離計測機能を活用した分析事例を紹介します。図４・17は、任意の地点から道路距離で最も近い避難所を探索し(最近隣勢力圏分析)、避難所ごとの勢力圏を求めたものです。図４・17を見れば、任意の地点から最も近い避難所がどこにあるのかを容易に把握できます。また、図４・18は避難所から道路距離５００メートル圏を求めたものです。図４・18を見れば、避難所までの距離が遠く避難に時間を要する地域、すなわち災害時にリスクの高い地域とそこに位置している施設などを把握することが容易になります。津波の危険性の高い地域に避難所が配置されているかどうかといった、避難所の適正配置を考える上で有効です。さらに進んで、例えば人口分布についての地理情報と図４・17に示した避難所ごとの最近隣勢力圏とを重ね合わせて分析すれば、避難所ごとにどれくらいの人たちが避難してくるのかを概算でき、概算結果から避難所ごとの物資備蓄量を検討したり、既存の備蓄量を見直したりといったことにもつながります。以上のように、ハザード情報をＧＩＳによって扱うことで、リスクに応じた避難所の適正配置を考えることや、物資備蓄量の検討といったリスクへの対策立案を効率的・効果的に実施することが容易になります。

最後に、避難行動について、時間ごとの人々の位置をＧＰＳによって取得し、分析した事例を紹介

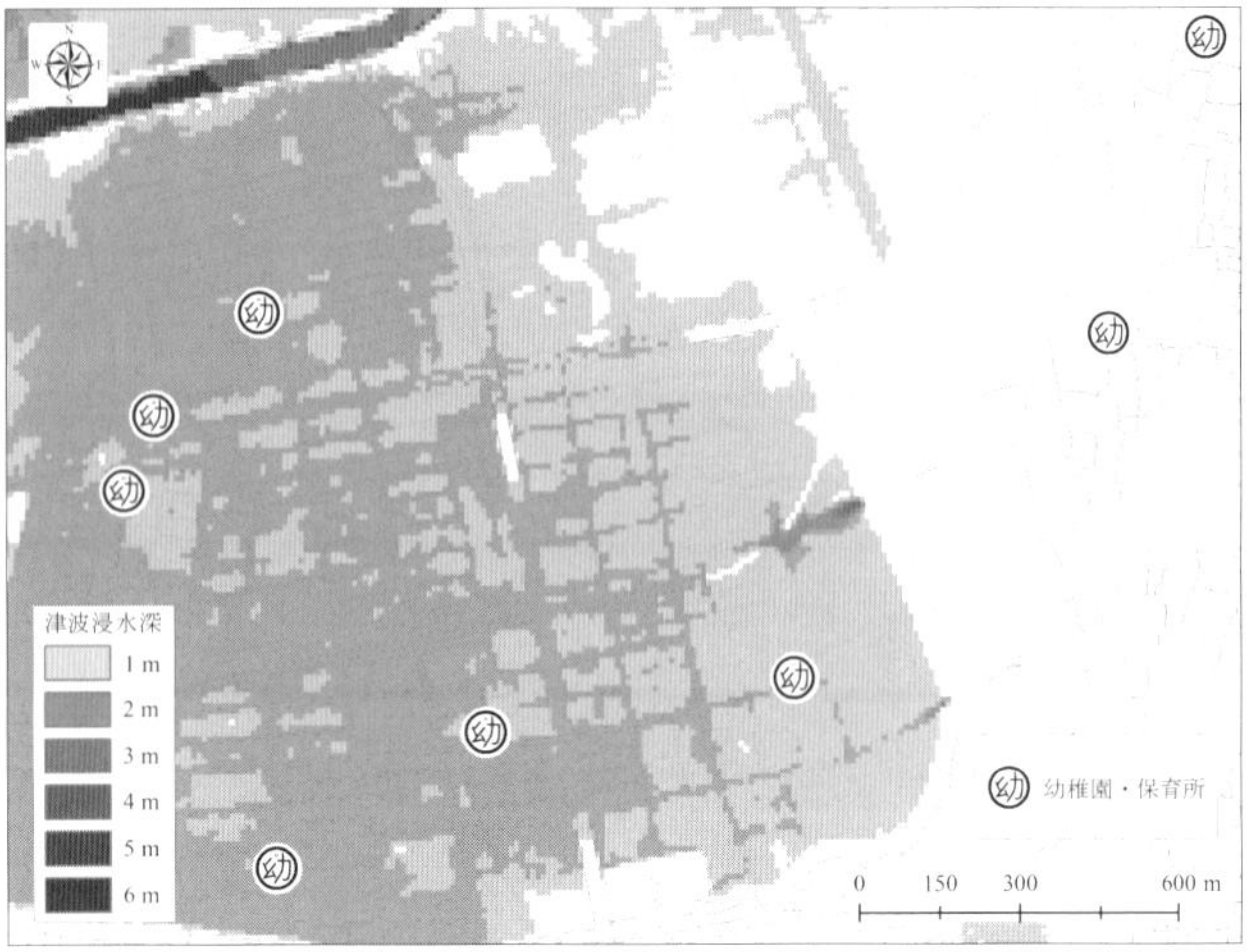

図 **4.16**　ハザード情報と幼稚園・保育所の立地地点情報の重ね合わせ.

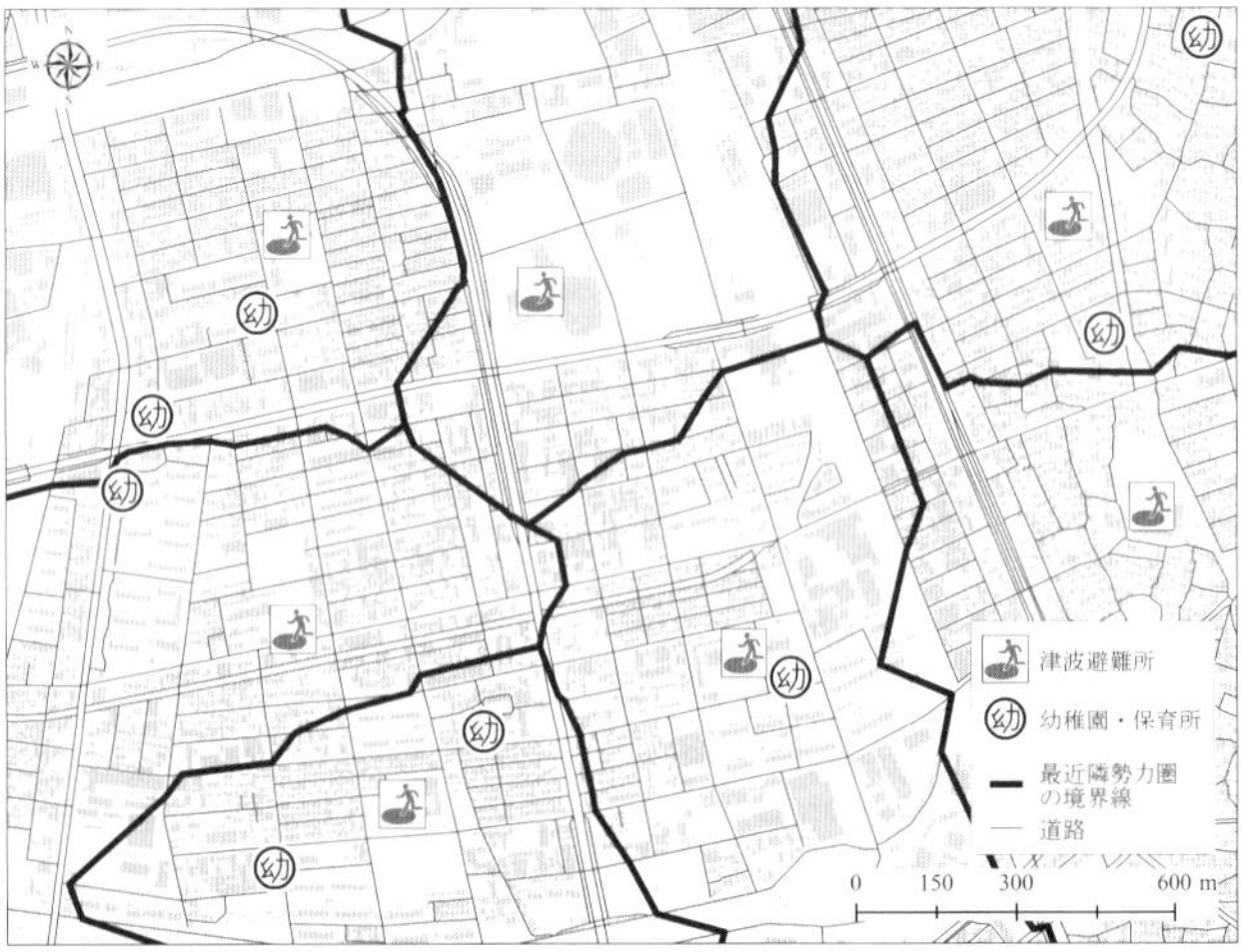

図 **4.17**　道路距離を用いた津波避難所の最近隣勢力圏分析(ArcGIS と SANET を用いて分析).

します。図4・19は、愛知県南知多町の内海小学校における津波避難訓練時のクラス単位での集団避難行動の様子を示したものです。図中の太線(ラインデータ)が、避難場所に向かっている2年生の1クラス(約25名)を表しています。ラインデータを作成するために、避難行動をしているクラス先頭と最後尾の1秒おきの位置情報をハンディGPSによって取得しました。先頭データは、先頭で児童を引率するクラス担任の教員にハンディGPSを装着してもらい、最後尾データは、最後尾の児童を追跡した調査員がハンディGPSを装着して取得しました。そして、取得した先頭と最後尾の同時刻の位置情報を避難経路に沿って結ぶことでラインデータを作成しました。

時刻ごとのラインデータの長さを計測すれば、例えばクラスの隊列がいつどこで長く伸びたのか、すなわち隊列が長くなることでクラス全体に担任が注意を向けることが難しくなる場所を特定することができます。図4・19からは、傾斜がきつく速度差のつきやすい曲がりくねった山道でクラス隊列が長くなっていたことがわかります。そして最もクラス隊列が長くなったのは、小学校を出てから交差点に至るまでの経路であったことがわかります。この箇所は、平坦かつ直線道路であるため、訓練以前には集団での避難行動にさほど問題がないと思われていた箇所です。しかし、実際にはクラス隊列が最も長くなることがわかりました。その理由は、先頭を行くクラス担任(大人)や駆け足の得意な児童にとっては平坦かつ直線であるが故に速度が出しやすく、クラス最後尾、つまり駆け足が苦手な児童との速度差が大きくなるためです。このように、GISを用いて集団避難行動を分析することで、避難行動というリスク対策の効果や課題の抽出を行うことも容易になります。

以上、ここでは地域のリスク理解にどのようにGISが活用できるのか、三つの分析事例をもとに

図 **4.18**　避難所から道路距離 500 m 圏(分析には ArcGIS のエクステンションソフトである Network Analyst を用いた).

図 **4.19**　2 年生クラスの避難行動の様子(国土地理院による電子国土基本図(地図情報)に加筆して作成).

紹介しました。ここで挙げた以外にもＧＩＳには多様な分析機能があります。それらの機能を駆使することで地域のリスク理解や対策立案、対策の効果検証にＧＩＳが役立つことは間違いありません。

　このように、近年では、航空写真の実体視判読やＤＥＭの活用に役立つソフトウェア、ＤＥＭ作成向けのソフトウェア、また無償で利用できる Web-GIS あるいはＧＩＳソフトウェアの開発が着々と進んでいます。そして、ＧＩＳで利用可能な無償の地理情報の公開もすすんでいるため、ＧＩＳを用いてハザードマップを効果的に活用していく環境が整いつつあります。今後、地形や集落、道路網などを「俯瞰」「体感」しながら、こうしたソフトウェアの諸機能を地域の実情に応じて的確に利用できる人材育成が期待されます。

おわりに

地図には「語りかけてくれる生きた地図」と、「何も語らない無機的な地図」があります。先日、ある出版社の編集者から愛知県岡崎市の康生《こうせい》通り商店街の古い地図をいただきました。1953年に手書きで描かれた味わいのある絵地図で、私はつい引き込まれて何時間も見入ってしまいました。そこは私がまだ生まれる前のふるさとでした。それでも私が知っている街角の風景もあって、幼い日に両親につれていってもらった洋食屋やおもちゃ屋、中学生の頃に友達と立ち寄った本屋などが、昔の記憶どおりの場所に見つかりました。そのうち、あたかも昔の自分が通りに沿って歩き、雑踏の音が聞こえてくるかのようです。地図をくださった編集者は、名古屋の絵地図を集めた本を最近出版した経験から、「お年寄りには記憶を蘇らせるリハビリになる」と言われました。それがふるさとの地図であれば、地図が語る言葉を聞き取り、地図と会話できるのかもしれません。

しかし、未知の世界でも、鉄道路線図と時刻表を見てその世界にはまり込む鉄道ファンもいますね。山歩きをする人は地形図を見ながら、登山計画を思い描きます。旅行に行く前に地図を見て、わくわくすることもあります。その場所を必ずしも知らなくても、興味があって、前に同様の経験があれば、地図の世界を疑似体験することもできるということなのでしょう。地図とは不思議な世界です。考えてみれば人間の叡智の結集として、この世界を紙に書いてしまおうとしたものであり、その力の大きさは計り知れません。

本書の著者は全員、こうした地図の力を長年感じてきた地理学者です。そして阪神・淡路大震災や東日本大震災のような自然災害で、社会が打ちのめされる光景を目の当たりにして、なんとか私たちなりに防災・減災に貢献したいと考えてきました。近年、ハザードマップが数多く作られるようになり、地図で防災・減災が叶うなら、それこそは我々の働きどころだとも感じるようになりました。地図の力を信じるからこそでもあります。

しかし、現状のハザードマップは「生きた地図」なのか「無機的な地図」なのか、という疑問を感じます。行政機関がハザード情報を、むしろ行政側の都合で情報公開するためや、避難計画を単に住民に周知するだけのものであれば、「生きた地図」になるはずがありません。最近では、津波や洪水や地震の揺れをコンピュータで計算できるようになり、それは良いことですが、自ずと限界もあります。そのため、計算結果をそのまま載せただけの地図は「無機的」です。ハザードマップを作る側に、市民を守りたいという熱い思いがなければ、「語れない」地図になるのは当然のことです。

一方、地図を見る側にも、「地図の声を聴けるか」という問題があります。カーナビに頼り切って、「右・左」と機械に指示されるままにハンドルを切るだけでは、たどった道も記憶に残りません。地図はスマホに表示される単なる背景画で十分なのでしょうか? なんとも地理学者としては寂しい現状なのですが、こうした時代に、ハザードマップはどうやったら役に立つのでしょう?

本書はタイトルを決めるときに随分迷いました。「ハザードマップを知る」とか「ハザードマップ活用術」では、現状のいわゆるハザードマップだけを取り上げるという印象になってしまいます。我々の思いとしては、知りたいのは「災害そのもの」であり、「どうやって地図を使ってそれをイメージするか」、そして「命を守るためにどのように活かせるか」が重要でした。現状のハザードマップの多くは残念ながら「無機的」です。どうやってそれに命を吹き込んで蘇らせるか、地図が語る声をどうやって聴くかを具体的に示すことにチャレンジしようというのが本書のねらいでした。

著者は自然地理学者11名と人文地理学者4名からなります。自然地理学者は日頃はそれぞれ、河川地形学、火山地形学、活断層・変動地形学、あるいはリモートセンシングに没頭しています。それぞれ深くはまっているからこそ見えてくる防災論があります。一方、人文地理学者は、社会地理学、行動地理学、GISといった世界を探求し、人間や社会の視点から、防災の実現は自然地理学者や防災研究者が言うほど簡単なものではないという思いを持ちつつ、それでも諦めずに粘り強く提言しています。

我々は共同で本書を書くため、一年をかけて、地理学の研究成果やものの見方のうちで何が防災・減災にとって重要か、今のハザードマップに欠けているものは何かを話し合ってきました。そしてできあがったのが本書です。まだまだ不十分ですが、防災・減災の道のりは一朝一夕ではいかない長期戦なので、今後は防災地理学のようなものを立ち上げて、じっくり取り組んでいきたいと思います。

今回、岩波書店の加美山亮氏には、一年間の話し合いにも毎回参加していただき、大人数の著者の議論をうまくとりまとめていただきました。本書の執筆にあたり、お世話になった方々に厚く御礼申し上げます。

最後になりましたが、本書を纏めたいという思いは、2011年東日本大震災の教訓からでした。

岩手県宮古市重茂《おもえ》姉吉《あねよし》にある石碑は、「ここより下に家をつくるな」という先人の言葉を明確に伝え、標高40メートル近くまで遡上した津波から村人を救いました。その存在は重く、深く胸に刻まれました。震災の記憶がしだいに遠のく中で、様々な教訓をいかに次世代に伝えるかがますます重要になります。そのためにも、ハザードマップが真に防災・減災に有効なものとなるよう努めることは、大震災を経験した我々世代に課せられた重要な責務であると思います。大震災で被災された多くの方々へ、改めて哀悼とお見舞いを申し上げます。

二〇一五年三月一一日

鈴木康弘

5刷にあたっての追記

本書刊行後の二〇一五年五月の水防法改定により、洪水ハザードマップには「想定最大規模の洪水浸水想定区域」を表示することになりました。最新の状況については国土交通省ハザードマップポータルサイト（https://disaportal.gsi.go.jp/）でご確認ください。

また、二〇一五年七月には活動火山対策特別措置法（活火山法）が改定され、活動的火山について火山ハザードマップの作成が義務化されました。

参考文献

環境と災害について学ぶための一般図書

池谷　浩『土石流災害』岩波新書一九九九
池谷　浩『火山災害―人と火山の共存をめざして』中公新書二〇〇三
石橋克彦『南海トラフ巨大地震―歴史・科学・社会』岩波書店二〇一四
伊藤和明『日本の地震災害』岩波新書二〇〇五
伊藤和明『日本の津波災害』岩波ジュニア新書二〇一一
大矢雅彦『河川地理学』古今書院一九九三
大矢雅彦ほか『自然災害を知る・防ぐ　第二版』古今書院一九九六
大矢雅彦ほか『地形分類図の読み方・作り方[改訂増補版]』古今書院一九九八
貝塚爽平『日本の地形―特質と由来』岩波新書一九七七
貝塚爽平『東京の自然史』講談社学術文庫二〇一一
片田敏孝『人が死なない防災』集英社新書二〇一二
河田惠昭『これからの防災・減災がわかる本』岩波ジュニア新書二〇〇八
木村周平ほか『災害フィールドワーク論』古今書院二〇一四
小山真人『富士山―大自然への道案内』岩波新書二〇一三
寒川　旭『地震の日本史―大地は何を語るのか』中公新書二〇〇七
消防科学総合センター『地域防災データ総覧　地震・火山災害編(改訂新版)』消防科学総合センター一九九八
消防科学総合センター『地域防災データ総覧　風水害編(改訂版)』消防科学総合センター二〇〇一
消防科学総合センター『地域防災データ総覧　ハザードマップ編』消防科学総合センター二〇〇三
鈴木隆介『建設技術者のための地形図読図入門』(全4巻)古今書院一九九七―二〇〇二
鈴木康弘『活断層大地震に備える』ちくま新書二〇〇一
高橋　誠ほか『スマトラ地震による津波災害と復興』古今書院二〇一四
高橋　裕『国土の変貌と水害』岩波新書一九七一

高橋　裕『川と国土の危機―水害と社会』岩波新書二〇一二
武村雅之『地震と防災―〝揺れ〟の解明から耐震設計まで』中公新書二〇〇八
土木学会『火山とつきあうQ&A99』土木学会二〇〇二
土木学会『知っておきたい斜面のはなしQ&A斜面と暮らす』土木学会二〇〇六
中林一樹監修『大地震　あなたのまちの東京危険度マップ』朝日出版社二〇一一
中村一明『火山の話』岩波新書一九七八
日本応用地質学会編『山地の地形工学』古今書院二〇〇〇
ハザードマップ編集小委員会『ハザードマップ―その作成と利用』日本測量協会二〇〇五
松田時彦『活断層』岩波新書一九九五
水谷武司『自然災害の予測と対策―地形・地盤条件を基軸として』朝倉書店二〇一二
宮村　忠『水害―治水と水防の知恵』中公新書一九八五
目黒公郎監修・遠藤宏之著『首都大地震　揺れやすさマップ』旬報社二〇一三
守屋以智雄『自然景観の読み方1火山を読む』岩波書店一九九二
矢守克也ほか『防災・減災の人間科学―いのちを支える、現場に寄り添う』新曜社二〇一一
渡辺満久『土地の「未来」は地形でわかる―災害を予測する変動地形学の世界』日経BP二〇一四
渡辺満久・鈴木康弘『活断層地形判読―空中写真による活断層の認定』古今書院一九九九

松多信尚（まつた のぶひさ）岡山大学大学院教育学研究科教授，博士（理学）．専門：自然地理学・変動地形学・災害の地理学．担当：3 章 1 節，4 章 3 節，コラム（p. 69，71）

村山良之（むらやま よしゆき）山形大学大学院教育実践研究科教授，博士（理学）．専門：地理学・防災教育．担当：コラム（p. 106）

森田匡俊（もりた まさとし）岐阜聖徳学園大学教育学部准教授，博士（地理学）．専門：人文地理学・地理情報科学．担当：4 章 2 節（p. 191-194），4 章 4 節（p. 222-227）

渡辺満久（わたなべ みつひさ）東洋大学社会学部教授，理学博士．専門：自然地理学・変動地形学．担当：3 章 5 節，コラム（p. 135，137，152）

執筆者一覧

鈴木康弘(すずき やすひろ) 名古屋大学減災連携研究センター教授，博士(理学)．専門：自然地理学・変動地形学．担当：1章，2章1，2節

石黒聡士(いしぐろ さとし) 独立行政法人国立環境研究所環境計測研究センター特別研究員，博士(地理学)．専門：自然地理学・リモートセンシング．担当：4章4節(p. 212-222)，コラム(p. 217)

宇根　寛(うね ひろし) 日本地図センター客員研究員，専門地域調査士，技術士(応用理学)．専門：自然地理学・応用地形学・地図学．担当：2章3，4節，3章3，6節，コラム(p. 35，42，152，164)

岡本耕平(おかもと こうへい) 名古屋大学大学院環境学研究科教授，博士(地理学)．専門：人文地理学・都市地理学．担当：4章2節，コラム(p. 194)

久保純子(くぼ すみこ) 早稲田大学教育・総合科学学術院教授，博士(理学)．専門：自然地理学．担当：3章2，3節，コラム(p. 95)

熊木洋太(くまき ようた) 専修大学文学部環境地理学科教授，専門地域調査士，技術士(応用理学)．専門：応用地理学・防災地形学．担当：4章1節

黒木貴一(くろき たかひと) 福岡教育大学教育学部教授，博士(理学)，専門地域調査士，技術士(応用理学)．専門：環境地理・応用地質．担当：コラム(p. 99)

杉戸信彦(すぎと のぶひこ) 法政大学人間環境学部専任講師，博士(理学)．専門：自然地理学・変動地形学．担当：3章1節，4章4節(p. 207-212，213-214)，コラム(p. 69，71)

鈴木毅彦(すずき たけひこ) 首都大学東京都市環境学部教授，理学博士．専門：自然地理学・火山灰編年学．担当：3章4節，コラム(p. 112，127)

廣内大助(ひろうち だいすけ) 信州大学教育学部教授，博士(地理学)．専門：自然地理学・変動地形学．担当：コラム(p. 153)

前田洋介(まえだ ようすけ) 新潟大学教育学部准教授，博士(地理学)．専門：人文地理学・社会地理学．担当：4章2節(p. 183-194)，3節

鈴木康弘
1961年，愛知県岡崎市生まれ
名古屋大学減災連携研究センター教授
主著：『原発と活断層』(岩波書店，2013年)

防災・減災につなげる ハザードマップの活かし方

2015年3月27日　第1刷発行
2020年1月15日　第5刷発行

編　者　鈴木康弘《すずきやすひろ》

発行者　岡本　厚

発行所　株式会社 岩波書店
〒101-8002 東京都千代田区一ツ橋2-5-5
電話案内 03-5210-4000
https://www.iwanami.co.jp/

印刷・製本　法令印刷

ISBN 978-4-00-005838-4　Printed in Japan